高等学校应用型本科经管类基础课"十二五"规划教材

应用文写作（第二版）

YINGYONGWEN XIEZUO

▶ 主编 曾 军 胡胜强
▶ 参编 刘云祥 刘明静

華中科技大學出版社
http://www.hustp.com
中国·武汉

图书在版编目(CIP)数据

应用文写作/曾军,胡胜强主编. —2 版. —武汉：华中科技大学出版社,2012.2
ISBN 978-7-5609-7577-1

Ⅰ.①应… Ⅱ.①曾… ②胡… Ⅲ.①经济-应用文-写作-高等学校-教材 Ⅳ.①H152.3

中国版本图书馆 CIP 数据核字(2011)第 254840 号

应用文写作(第二版) 曾 军 胡胜强 主编

责任编辑：赵巧玲
封面设计：龙文装帧
责任校对：马燕红
责任监印：朱 玢
出版发行：华中科技大学出版社(中国·武汉) 电话：(027)81321913
武汉市东湖新技术开发区华工科技园 邮编：430223
录 排：华中科技大学惠友文印中心
印 刷：武汉华工鑫宏印务有限公司
开 本：710mm×1000mm 1/16
印 张：15
字 数：292 千字
版 次：2018 年 2 月第 2 版第 9 次印刷
定 价：38.00 元

前　言

编者有一位王姓朋友，在香港企业界颇具名气。他的生意做到了美国、德国、英国、澳大利亚，以及亚洲的日本、韩国。他的生意不仅做得大，而且做得扎实，得益于以前在香港摆地摊。他摆地摊的时候，细心观察市场动态，潜心研究消费者心理，谋划如何捕捉商机。他一步一个脚印：摆地摊、开店、建公司，由点到面、从小做大、由弱做强。

总结王先生的经验，可以归纳为三点：善于积累、从小做起、勤于研究。

应用文写作规律也是如此。

应用文写作的第一步是要善于积累。首先是知识的积累，知识的积累就如同商人积攒财富一样，要非常吝啬，一点点地积攒，才能形成资本。知识的积累，不一定只关注某个专业，而应博览群书，文理交融，兼收并蓄，只有这样，才能形成知识的网络，运用起来方能得心应手。其次是写作材料的积累。俗话说“巧妇难为无米之炊”，没有材料，任何人都不能写文章，更不用说好文章。积累材料要做有心人，要处处留心：从生活中、从书本里、从网络中积累。不管从哪方面得到的材料，都必须对材料进行分类、研究，挖掘材料深层次的意蕴，这样用起来既得心应手，又别有新意。材料的积累要像韩信点兵，多多益善。最后是写作技法的积累。任何人的写作技法都不是天生的，都需要经过漫长的学习过程。写作方法和技巧的学习也应该由点到面，由浅入深。不断学习，不断实践，不断总结。写多了，自然而然有了体会，就能感悟写作方法和技巧的妙处。写作就得写，且要多写，也就是实践出真知。写作的妙处不是别人能够传授的，而是自己慢慢摸索，慢慢体会得到的。当你的写作方法和技巧得到了提高，能有意识地运用某些写作方法和技巧时，你会很兴奋，会觉得很有成就感。可是不久你就会碰到另一个问题，感觉自己写出的文章总不尽如人意，到底该怎么写，拿不定主意，甚至一片茫然。于是又得慢慢总结，慢慢地体会，坚持下去，必有茅塞顿开的一天，到了那个时候，你的写作方法和技巧就臻于纯熟，写作起来会得心应手。达到这种程度，就可以体会文章有大法而无定法的道理了。

应用文写作的第二步是从小事做起。学习写作，尤其是初学写作的人，不要想一鸣惊人，而应该从小题做起，因为小题容易深入。研究某个问题，到了一定的深度，必然会接触到不少的新问题。这些新问题也许就是新的课题，慢慢地拓展下去，就会形成一个系统。初学写作的人，功力有限，要解决大的问题，必然会力不从心。如同一根针要插进书桌，一般的人可以插进去，可以使其立起来，但如果用一根五毫米粗的钢钉，一般人就很难插进去，当然也就立不起来，不是钢钉不能插进书桌，而是人的力量有限。学习、做学问的道理也是如此。经验不足，储备有限，研究问题和解决问题的能力不足，就应该选择小课题，不要贪大求全。

学习应用文写作的第三步是勤于思考、勤于研究。事事留心皆学问，勤于思考，勤于研究，这是学习写作的基本条件。研究方法很多，这些方法都是前人根据自己的实践总结出来的。我们应该借鉴，但必须以我为主，选择适合自己的研究方法，拓展下去，从中体会某种研究方法的妙处。千万不要唯方法论。在学术界，没有哪一种方法是绝对的好，也没有绝对的不好。要量体裁衣，择优录用，适合自己的就好。要务实，千万不能务虚。在写作过程中不断总结，体会多了必将有所感悟，这种感悟出来的东西才是自己的，才是难能可贵的。

本教材本着务实的原则，遵循应用文写作规律，结合三本院校学生的实际，解决学生人人都会，但又很难提高的写作难题。本教材有三个突出特色：一是由浅入深。应用文重在用，学会了，练多了方能得心应手。本教材根据学生实际，循序渐进，由浅入深，如学术论文，先讲解学术论文开题报告的写法，再自然地过渡到学术论文上。在选用文种上，我们注意了文种的合理布局，便于学生自学和教师教学。二是实用性强，本教材使用对象主要是经济类学生，以求解决学生毕业以后从事经济工作中的实际问题，因而所选文书，有行政公文、事务文书、经济专业文书、礼仪文书、学生的学术类论文（如开题报告和学术论文）等，如能下工夫学好，必将受益终身。三是较强的系统性，行政公文尽管是重点阐述了几个使用频率较高的文种，但对其他文种也作了必要的交代；事务文书部分是本教材最具特色的地方，它的特色就在于选用了不为学科和学者们注意的一些文种，如申请、借据、欠条、请假条、收据、证明、求职简历、自荐信、介绍信、海报、广播稿、通讯稿和检讨书等。这些文种看似容易撰写，因而很多的应用文教材都将之排除在外，其实这些文种应该是每个学生必须学会和掌握的，这种由浅入深，由简到繁，凸显了本教材的特色和较强的系统性。

试着用这一思路编写教材，是一个新的举措。目前，很多三类本科学校大多用的是一类本科学校的教材。三类本科和一类本科的学生在基础知识和职业指向上应该存有一定的差异，而现在很多学校却忽略了这一差异，教材相同，教师相同，以及授课方法相同，这样就违背了因材施教的原则。经过反复探讨，为了更好地培养复合型人才，打造自己的品牌，我们编写了这本体现自身特色的教材。本教材编写分工如下：全书由曾军组稿、统稿；第一章、第四章由胡胜强撰写；第二章、第三章中的机关事务文书由刘云祥撰写；第三章中的日常事务文书、第六章由刘明静撰写；第五章、第七章由曾军撰写。吴瑕和李莹两位老师在书稿的校对上付出了辛勤的劳动。因为能力与时间关系，书中还会有不尽如人意之处，希望能得到学生、老师，以及专家的指正。

编　者

2011 年 11 月 10 日

目　录

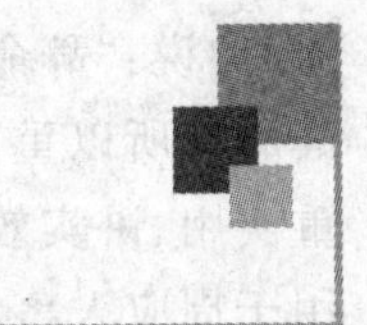

第一章　绪　论

美国未来学家托夫勒在他的《预测与前提》一书中说，在工业时代，我们关心的是怎样制造东西。现在，我们关心的是怎样进行管理……知识就是力量的旧观念，现在已经过时了，今天要想取得力量，须要具备关于知识的知识。托夫勒的名言表面上否定知识就是力量，实际上是把知识推向了一个更高的境界。

在当今世界，掌握了某一方面的科学和技术，并不一定有很大的力量。而只有具备驾驭、控制知识的能力，重新组合知识的能力，使自己掌握的知识得到充分发挥的能力，才能演变成移山倒海、呼风唤雨、改造世界的巨大力量。

应用文具有交际、管理、规范、纽带、凭证的功能和作用，应用文写作是一门综合学科。掌握这门学科，并转化为能力，必将对一个人的发展产生不可估量的作用和影响。应用文的学习，不是仅凭多看一些教科书就能学好的，更不能完全依赖课堂学习。阅读教科书和课堂学习只能解决入门的途径，要写出好的应用文，还必须要广泛阅读，具备政治学、哲学、社会学、管理学、心理学、成功学等方面的知识，并不断观察社会，深入分析和研究社会现象和问题，不断总结，才能取得长足进步。

第一节　应用文的概念及作用

应用文是人们在日常生活、学习、工作中交流思想、处理事务、解决问题、互通情况所经常运用的工具。应用文写作能力是现代人必须具备的能力之一。

一、应用文的概念

“应用文”一词，最早见于北宋苏轼的《答刘巨济书》。他在文中说：“向在科场时，不得已做应用文，不幸为人传写，深为羞愧。”苏轼的这篇科场作文，题为《为政之宽严》，是一篇策论，如同今天的申论。南宋张侃的《跋陈后山再任教育谢启》一文的开篇就是“骈四俪六，特应用文耳”。可见在宋朝，很多应用文都是用骈体形式写作，但“骈四俪六”并不限于应用文，并可见，宋代虽用过应用文这个名称，但不是真正意义上的应用文，更没有把它作为专用的文体概念，对这个名称也没有作内涵和外延的界定。

明确地将“应用文”作为文体概念提出的是清代文论家刘熙载，他在《艺概·文概》中说：“辞命体，推之即可为一切应用之文。应用文有上行，有平行，有下行，重其辞乃所以重其实也。”刘熙载虽然没有全面阐述应用文的概念，但指出了应用文重实用、讲实效的特点。后来，徐望之在《尺牍通论》中对此作了进一步的阐述：“有用于周应人事者，若书札、公牍、杂记、序跋、箴铭、颂赞、哀祭等类，我名之曰‘应用之文’。”徐望之对应用文包含的文种，作出了具体的界定。20 世纪 20 年代以后，有不少应用文著作出版，其中代表性很强的是陈子展的《应用文做法讲话》(1931)。该著作从社会上经常使用的文种中，择出公牍文、电报文、庆吊文、联语文、契据文、广告文、规章文、题署文九种，“每论一体，于其类别、法式、得失、源流，莫不一一指陈”。他对应用文的界定近乎今天对应用文的界定。新中国成立以后，“应用文”这一概念被广泛使用。应用文的含义也有了一致的看法：应用文是指国家机关、企事业单位、社会团体、人民群众在日常生活、学习、工作中处理公共事务或私人事务所使用的具有某种惯用格式和直接应用的文章，包括机关应用文和私人应用文两类，或称为公务文书和私务文书。

二、应用文的作用

应用文的作用是由应用文特殊的社会地位所决定的，自古以来被人们所重视，主要作用有如下几点。

1. 联系沟通作用

社会生活中存在多种多样的公共关系，人类社会就是人际关系的网络。国家与国家、政府与公众、单位与单位、单位与个人、个人与个人，等等，要运用各种不同的联系与沟通的方法、工具与手段，然而在联系和沟通中最为重要、运用最多的是文字媒介——应用文。例如，社会中的上下级关系、平行关系和不相隶属关系需要行政公文来联系和沟通；制定政策、发布规章，商洽工作、交流经验或请示汇报、答复事项，或向有关团体、组织、个人发出邀请，或传递信息、情况，或调查研究问题，或签订契约，等等，都需要应用文来完成。

2. 管理指导作用

社会事务的管理，大到国家，小到行政机关，都需要应用文这个管理工具。党和国家行政机构颁布的命令、决定和各级权力机构发布的法规、规定、规则、办法等都是党和国家方针政策的具体体现，对下级机关、各项事业都具有领导作用。这类应用文具有权威性、法定性特点，一经签发并颁布后，下级部门必须遵照执行。如胡锦涛 2011 年 7 月 1 日在《在庆祝中国共产党成立 90 周年大会上的讲话》，这篇讲话稿就具有极强的权威性，它要求坚持中国共产党的领导，中国共产党党员要继续发扬革命传统，做中国进一步改革开放的先锋，要严于律己，坚决反对并严厉惩治党内出现的腐败现象和行为。这篇讲话稿是中国共产党在今后一段时间里的行为准则。再如2011年7月9日温家宝在全国水利工作会议上的讲话就是我国近阶段水利工作的纲领性文件，具有极强的领导和指导作用。

3.宣传教育作用

应用文的宣传教育作用有其独特之处，主要体现在：第一，在一定范围内宣传党和国家的方针政策，如党和国家的重大决策，以及重大的立法都需要自上而下进行意见征求并告知广大人民群众，让广大人民群众理解并接受，这个过程就是特定的宣传过程；第二，科学文化知识可以通过应用文进行传播，如国家制定开发"云计算"这个世界最先进的科学技术的举措，除了大力实施外，对广大的人民群众也具有宣传作用；第三，应用文本身所具有的一些文种，如广告、简报、调查报告等文种，其本身具有宣传职能，它们的宣传面还非常广泛。

4.凭证作用

在处理完公务和私务之后，应用文将作为档案保留下来，成为一段时期工作或某项工作的凭证，主要表现在三个方面。第一，国家、单位、部门及社会团体在执行某项工作时，要有法可依，有证可查，那么这个可依之法和可查之证就是应用文，所以说，应用文是处理问题、解决问题、管理实务的凭证。第二，任何方针、政策的制定和完善，都要经过一个从理论到实践，从实践到理论的过程，这个过程中产生的已经成为档案的文件，都详尽地记录着这一过程的历史，以及方针政策的延续性，它为后来者研究这一时期的历史提供了凭证。第三，尤其是有些经济应用文，如合同、协议书等，其本身就是为了更好履行各自的权利和义务，以达到互相协作、共同发展的目的。这类应用文的凭证作用更直接、更显露、更突出。

第二节 应用文的特点和分类

应用文也是文章，它具有一般文章的共性，比如说，要有明确的主题，要有充足的材料，语言要求准确等，但应用文也必然有它不同的特点和不同的分类。

一、应用文的特点

应用文具有以下几个特点。

1.政策性

党和国家的方针政策是一切经济工作的生命线，也是应用文写作的准则和依据。首先，应用文中有一部分本身就是党和国家的经济方针、政策和法律、法规的载体。其次，多数应用文直接或间接地在不同程度上反映出党的路线、方针和政策。如可行性研究报告、招投标书、经济合同等。最后，相当一部分应用文是制定相关政策的依据。如经济评论、经济学术论文、市场调查报告等。

2.求实性

求实是经济应用文的生命。经济应用文的求实性主要表现在以下几个方面。一是写作态度的求实。应用文的作者在很多情况下是群体作者，而且往往代表着单位发布文章，体现着组织的意志和意图，必须对组织负责。二是写作材料的真实。经济应用文所反映的事实不仅要实事求是、真实可靠，写作时要对事实进行反复核对，而且还必须对所用材料的说明范围进行研究。如果用得不恰当，也会失真。三是在经济应用文中所提出的办法、措施要切实可行。经济应用文很多是针对现实经济问题制作的，具有很强的针对性。文中提出的办法、措施都必须是科学的、客观的、切实可行的。

3.效益性

经济活动和其他活动的不同点就是它的效益性，追求经济效益是经济工作的根本目的。作为反映经济活动、实施经济管理的经济应用文的讲求效益是由其写作对象决定的。经济应用文的经济效益主要表现在以下几个方面。第一，经济应用文写作是经济管理工作的重要环节。经济应用文既是经济管理的工具，又是一切管理之母。从工具的角度看，它可以对经济工作的方针、政策、内容、方法等进行管理并保证实施。从管理之母的角度看，任何管理理念都是从经济活动现象到经济本质的概括，没有经济活动的实践，就不可能产生新的管理理念。只有从实践出发，尊重科学，尊重经济工作的规律，才能产生较大的效益。第二，很多经济应用文本身就是获得经济效益的凭证。如经济合同、招投标书等。这些文书都必须是在合法的基础上才能产生效益，才能作为经济效益的凭证。

4.规范性

尽管经济应用文的文种繁多，形式多样，但它应该，也必须有相对的规范性。规范的应用文，可以更好地发挥应用文应有的作用。应用文的制作如果没有一个相对的规范标准，必然会影响应用文发挥效益和作用。另一方面，行文的规范性，可以促进行文更加科学、简明和标准，有助于写作效率的提高和经济工作、经济管理工作效率的提高。经济应用文的规范性，是在长期实践中形成的。很多文种经过长期的应用，形成了约定俗成的规范形式，得到了使用者的普遍认同。也有一些是经过权力机关用法律的形式固定下来的规范。遵守经济应用文的规范，是每个制作经济应用文的人必须注意的问题。其中，尤其要注意行政公文，行政公文是国家行政机关的管理工具，如果使用混乱，势必影响行政机关的权威性和行政效率。这类文种是不能随意创新的，这类文种的使用，只能是止于规范。但是，经济应用文的规范只是相对的，在特定的场合，可以根据经济工作的实际，进行必要的创新，才能使经济应用文更好地服务于经济工作。

二、经济应用文的分类

经济应用文分为四大类。我们在介绍经济应用文的分类时，不可能将所有文种进行介绍，只能对其中有代表性的文种进行说明。

1.管理通用文书

管理通用文书是指党政机关、企事业单位、人民团体在管理过程中使用的文书。这类文书在各行各业里通用，使用频率较高。管理通用文书包括党政公文、一般公务文书和公关文书三类。

党政公文是指国务院办公厅 2012 年 4 月 16 日发布的《党政机关公文处理工作条例》中规定的 15 种文书，即决议、决定、命令(令)、公报、公告、通告、意见、通知、通报、报告、请示、批复、议案、函、纪要。

一般公务文书是指《国家行政机关公文处理办法》中未作规定而在党政机关、企事业单位、人民团体中经常使用的公务文书。如调查报告、总结、简报、声明、启事、条例、规定、办法、细则、章程、公约、制度、计划，等等。

公关事务文书是指党政机关、企事业单位、人民团体在开展公共关系活动时所使用的文书，如柬帖、聘书、书信、演说辞等。

2.经济专用文书

经济专用文书是指经济活动开展的不同阶段、经济项目实施的不同环节所使用的专业文书。包括预测决策文书、招标投标文书、经济契约文书、评估检查文书等。

(1)预测决策文书

预测决策文书是指在预测决策过程中确定经济目的、制订实施计划时所产生的文书。常见的预测决策文书有市场调查报告、市场预测报告、项目建议书、预测性研究报告、项目专题研究报告、可行性研究报告、项目评估意见、项目决策方案、设计任务书或计划任务书等。

(2)招标投标文书

招标投标文书是指项目立项后围绕项目建设在招标、投标这一商品交易行为过程中所使用的各种文书的总称。常见的招标投标文书有招标公告、招标邀请通知书、招标书、招标章程，投标书、投标须知、综合说明书、总预算表、书面咨询等。

(3)经济契约文书

经济契约文书是指订立契约过程中当事人之间为实现一定的经济目的、明确双方权利和义务所签订的各种文书。常见的契约文书包括会议会谈备忘录、商谈纪要、意向书、协议书、经济合同、涉外经济合同等。

(4)评估检查文书

评估检查文书是指项目完成后用于总结评估鉴定，或在生产经营过程中用于财经税务检查工作的文书。常见的有总结报告、经济活动分析报告、专家鉴定意见书、评估验收意见、查账报告、审计报告、取证报告等。

3.信息传播文书

信息传播文书是指向大众传播经济信息，使大众了解企业的生产经营状况、国内外的经济信息、产品的特点、性能等方面情况的文书。包括商业广告文书、经济新闻等。

(1)商业广告文书

商业广告文书包括商业广告和产品说明书两类。商业广告是企业为了某种商业需要或目的，通过一定的媒介方式、广泛地向社会公众或目的受众传播信息的宣传性文书。常见的商业广告有商品广告、服务广告和观念广告。产品说明书是生产单位向用户介绍某一种产品的性能、特点、功用、基本结构、使用方法等的说明性材料，其作用是直接为社会和人们生活服务。

(2)经济新闻

经济新闻是指对经济领域新近发生或发现的具有经济价值和经济意义的事实所做的报道。常见的经济新闻有经济消息、经济深度报道和经济述评。

4.理论研究应用文

经济研究应用文是指运用经济专业知识和理论思维，对经济问题进行分析和研究，并对研究成果加以描述的一种文章样式。主要包括经济评论和经济学术论文。

(1)经济评论

经济评论是对经济领域新发生的重要事件进行评论和议论的一种文章样式。常见的经济评论有社论、经济评论员文章、经济短评、编者按和经济杂文。

(2)经济学术论文

经济学术论文专门对经济领域的各种问题进行研究、讨论，以议论的方式标明作者的独到见解，揭示经济的客观规律，发展经济学科理论、指导实际工作的理论性文章。常见的经济理论文章有总结实践经验的理论文章，探讨经济理论和政策的文章和研究经济工作方法的理论文章。

第三节　应用文主体素质要求

应用文的主体就是应用文的作者。应用文质量的高低、优劣取决于作者的写作水平和素质,作者的素质主要体现在以下两点。

1. 理论素质

要熟练撰写应用文,并写出高质量的文章,作者必须要有较高的政治理论修养和较完善的写作技能。

应用文作者的理论素质是一个综合体现,包括具有政治素养、哲学素养、美学素养,以及管理学、文学、宗教学等方面的丰富知识。它既影响制约着人的信仰、观点、品德、节操等,同时又制约着人们对客观事物的鉴别、分析和概括。对撰写应用文而言,可以直接影响文章的立意,影响文章的政治取向。因此,理论素质对应用文作者撰写应用文至关重要。

提高理论素质是每个应用文作者所必须经历的一个过程。怎样提高理论素质呢?首先要加强马克思主义理论学习,结合中国特点,对毛泽东思想、邓小平理论、关于建设有中国特色社会主义的科学发展观进行学习和研究,了解和掌握中国特色社会主义的特质,掌握所在单位和部门的中心工作和性质,做到不断分析、不断研究。才能用科学观点去审视事物,才能准确抓住事物的本质,才能写出高质量的应用文。

2. 读写素质

西汉刘向说:“书犹药也,善读之可以医愚。”

德·安德静·莫洛娃说:书籍是人们终身的伴侣。

也有人说,文明是世世代代知识和经验的结晶,要享有它,就要阅读。读写首先要读,阅读是人类获取知识的重要途径。尽管获取知识的途径很多,如可以直接从生活中获取,也可以通过眼、耳、鼻、舌、身这些器官从生活中获取,但所获取知识的量要受到时间和空间的制约;可以通过视听这种综合官能获得一定的知识,但所获知识的范围要受到艺术形式的制约,同时还受到量的限制。因而,人们要想获得知识,提高写作技能,最直接的方法就是广泛阅读,除此之外,别无他法。

阅读是一种能力,这种能力包括四个层次:认读能力、理解能力、鉴赏能力、阅读速度和记忆的能力。下面主要介绍前三种能力。

(1)认读能力

认读能力主要解决认字的问题。

据专家研究,扫盲的标准,要认识 1 500 个汉字。一个普通的高中毕业生,能认识近 2 500 个汉字。汉语言文学家吕叔湘教授曾说:“十年时间,二千七百多课时,用来学本国语言,却大多数不过关。”仅汉民族就有近 6 万个文字,而汉民族的语言是世界 100 多种语言中的一种。也就是说,一个普通的高中生,只是掌握了 100 多种语言中的 1 种的 1/25,这数字如同露珠与茫茫大海。正因如此,在校大学生第一步首先要解决也是最急迫的学习任务就是认读,丰富自己的词汇,提高理解能力,为写作打好基础。

(2)理解能力

理解能力是以认读能力为基础的。没有掌握丰富的词汇,很多文字都不认识,理解能力则无从谈起。理解能力是理解语言、词汇,以及文章所蕴含意义的能力。比如说“巴豆不可轻用”里的“轻”,有人理解轻与重相对,不可轻用,就应重用。传说一个江湖郎中,在大街上设摊卖药,把自己吹得比华佗的医术还高。当他正在自我标榜的时候,一个老汉急急忙忙地来了,要这个江湖医生到家里去给儿子看病。江湖郎中到老汉家里给他儿子一把脉,开了一服药,巴豆三两。老汉到药店把药买回来,熬好后给儿子喝,儿子喝了后,眼一翻,腿一蹬,呜呼哀哉了。老汉到街上,拉着这个江湖郎中去见县官。县官问这个江湖郎中,你开药看过药书没有?回老爷,我看过书,郎中回答。书上怎么说的,县官问。书上说“巴豆不可轻用”。不可轻用你还开了那么多?县官问。郎中回答说,正因为不可轻用,所以我才重用。县官骂道,你是个混蛋,书上说不可轻用是要人们慎重、小心地使用巴豆。药书里的“轻”是轻易的意思,与慎重相对。不可轻易使用,是指要慎重使用。这也许是个传说,但至少可以说明一个问题,理解能力的重要性。

理解是有层次的,理解能力首先指的是要理解字词的意义,把字词的意义把握准了,才能进入对句子的理解,对段落的理解。把各个基本的意思搞清楚了,才能进入对篇章的把握。理解的第一步是解决文字表达的意义。第二步解决作者寄托在文字之外的意义。没有对事物、问题的理解能力,没有对事物的分析概括能力,写作水平是无法提高的。

(3)鉴赏能力

鉴赏能力是通过读书来分辨好坏、摒弃糟粕、汲取精华的一种能力,是深刻领会文章的一种能力。这种能力是在具备了一定认读能力、理解能力基础上的较高层次的能力。

俗话说:“会看的看门道,不会看的看热闹。”读书亦然。有些人读书是在看热闹,他们追求故事情节,追求片面的华丽词句。这些人喜欢看艰险曲折的侦探小说、离奇古怪的传奇小说、卿卿我我的爱情小说。这些小说中当然也不乏优秀作品,但这些读者很难去作理性的分析,或没有能力去作理性的分析。一部作品或一篇文章，好在哪里、坏在哪里，优点在哪里、缺点在哪里，读完后，应该做深入的思索，综合的评估，只有这样，读书才能算是进入了门道。鉴赏能力直接影响着作者分辨善与恶，好与坏，美与丑，也直接制约着作品的优劣和品位。

一个人要想尽善尽美地表现自己，就得有一个理想的平台。这个理想的平台得靠写作来搭建。写作是一条由奴隶通向自由的必然之路。美国黑人弗雷德里克·道格拉斯，小时候是一个农庄的奴隶。农庄主的女主人很喜欢他，教他读书，教他写作。男主人看到后很生气，对女主人说："你如果教他读书、写作，他以后就会变成自由人，我们也就无法控制他了。"这句话让弗雷德里克·道格拉斯明白了一个道理，要想成为自由人，就要读书，就要写作。于是他抓紧一切时间，如饥似渴地读书、写作。正因为如此，他后来成为几任美国总统的顾问，成为黑人中的佼佼者。这个故事告诉我们，要想实现自己的理想和抱负，你就要善写。只有通过写，才能让人们认识你，让人们欣赏你，社会才会给你实现自我价值的平台。

写作有很多方法，学习写作最基本的方法就是多写。人们的认识往往是随着社会生产力的发展而逐渐深入的。比如说，工业革命初期，谁也没有注意到工业会给人们生活带来很多的负面作用，甚至严重地影响人们的生活和身体，但当生产力发展到了一定时期，人们才认识到这个问题，并着手解决这些负面的影响。学习写作也一样，如果不写，即使别人认为是很好的写作方法，自己也没办法理解，更不用说接受了。只有通过自己的不断写作，不断总结，有了写作实践，才可能理解那些写作方法和技巧的妙处。所以要想把握写作方法和技巧，首先就得多写。

学习写作方法之一就是要有明确的目的。学习写作不是为了写作而写作，一定要有很强的目的性。写作要和自己的理想和抱负结合起来，要和自己的兴趣结合起来，同时也要制订一个切实可行的学习写作的计划。根据自己的特点，规划自己的发展方向。如果你想从事经济工作，你就要较全面地学习经济应用文的写作方法和技巧；如果你想从事管理工作，你就要较全面地学习管理类应用文的写作方法和技巧；如果你想做作家，你就要学习文学性文章的写作方法和技巧，等等。写作方法的取得，除了多写之外，还必须博览群书，这是一个大前提，因为语言表达是写作的基本功。

学习写作方法之二就是要多看、多想。事事留心皆学问。要注意观察人、观察事物的发展变化，要注意观察和研究政治形势的发展和变化，注重研究经济形势的发展和变化。只有这样，你写出来的文章，才会拨动时代的脉搏，也才会有现实价值。写多了，经验丰富了，方法和技巧运用自如了，你成为笔杆子，社会必然会承认你，你就有很广阔的发展空间，也就有了展示自己的理想平台。

第四节 应用文写作方法和技巧

应用文就是实用文,是人们应社会生活之用的文种。随着社会发展,应用文的使用更加广泛,因而得到人们的广泛关注。现代大学生应该掌握这门工具,尤其是文科专业的学生,更应该学习和掌握应用文的写作方法和技巧。

应用文写作是一种行为过程,这种行为过程的最终成果就是文章——应用文。应用文是利用书面语言符号传递经济信息,表达思想感情,结构完整、独立成篇的文字材料。

应用文的写作过程包括准备材料、构思谋篇、执笔起草、修改定稿等几个环节。这里重点讲述前两个环节。

1. 准备材料

准备材料是写作的第一步。俗话说,巧妇难为无米之炊。没有材料,任何写作高手都会无能为力,尤其是经济应用文的作者。准备材料就是根据写作需要而收集、整理一系列的文件、资料、情况、事实、数据等。写作前,掌握充足的写作材料,才能将经济应用文写得内容充实,言之有据、言之成理。

写作活动中材料的准备有两种情况。一种是将材料收集整理作为一种日常工作常抓不懈,随时留心收集和整理日常工作资料,以及个人感兴趣的材料,日积月累。一旦有了写作任务,组织材料就得心应手,左右逢源。还有一种就是有了写作任务,根据写作任务去收集整理材料。这种收集由于有了具体的目标和任务,对于材料的要求也很明确,有很强的针对性。

2. 构思谋篇

经济应用文的写作,在准备了充足的材料之后,就要根据写作目的和任务进行构思谋篇了。构思是写作过程中最为关键的一步。在写作准备阶段,写作主体要解决的是"写什么"的问题;进入构思阶段,写作主体要解决的是"怎么写"的问题。在构思谋篇阶段,要确定文章的主旨,要厘清思路,要选择材料及编写提纲。

构思就是对文章的具体设计。构思的过程,实际是作者的一种思维活动过程。在这个过程中,作者的认识要完成由粗到细、由浅入深、由抽象到具体、由模糊到鲜明的转变及飞跃。这个思维过程一经完成,在许多作者手里,就会形成一份详略可见的提纲。这个提纲是作者构思完成以后的确定形式。

经济应用文的构思过程主要有以下两个步骤。

第一步,深化认识,确定主旨。在经济应用文写作的构思阶段,在确立主旨的过程中,作者应从两个侧面深化认识,努力避免认识的一般化。一是对文书写作所要实现的写作意图即写作目的要有深刻的认识,二是对文书为实现其写作意图而必须涉及的客观事物的内在本质与规律要有深刻把握。由这样两个侧面构成的认识，作者实际上早在写作的初步准备的阶段已开始形成，但往往是零碎的、不确定的，还必须经过构思阶段冷静、理性、深入的分析、思索使其进一步深化，从而形成文章明确而确定的主旨。

主旨的提炼要尽量避免一般化，应形成有理论深度和独到见解的主旨。要在构思阶段避免认识的一般化，促进认识的不断深入，确定科学合理有效的文章主旨，作者应从以下几方面解决认识一般化的问题。

(1)联系实际，分析矛盾

联系实际，在思考问题的时候多问几个为什么，这是克服认识一般化的良药。社会是非常复杂的，世界充满着矛盾，旧的矛盾可以引发新的矛盾。旧的矛盾解决了，新的矛盾又产生了。社会就是在矛盾中发展前进的。要更好地解决矛盾，就必须站在时代的制高点，深入分析，抓住主要矛盾，找到矛盾的内在规律和联系，才能够避免认识的一般化。

(2)比较借鉴，同中求异

不去进行比较和借鉴是造成认识一般化的重要原因。要避免这个问题，就要善于把别人对同一问题的认识拿来同自己的进行比较，同中求异，探索新意。客观事物的本质是十分丰富的，人们对客观事物的认识的角度不同，得出的结论也不相同，进行认真的比较和借鉴，必然会有很大的启发，有利于自己深入分析问题、解决问题，这是避免认识一般化的又一个方法。

(3)突破禁锢，力图创新

社会现实中，不论是我们认识问题，解决问题，抑或从事写作，都会受到程序化这个无形东西的束缚。为了提高认识，使自己写的东西有新意，就必须要突破禁锢。创新是社会发展的主题。墨守成规必将被社会所淘汰。要做到创新不是一件容易的事。首先是思想认识要摆脱固有的思维模式。每个人思考问题，都有自己的思维定式，在思考问题的时候，要敢于否定自己，否定自己的过去，吸收先进、科学的思维方法，才能够突破禁锢，才能够创新理念。

第二步，厘清思路，优化结构。文章的主旨明确了，准备好供文章使用的材料，就要考虑厘清文章思路，优化结构，安排好经济应用文的层次格局、先后详略、首尾过渡等问题。

厘清文章思路，就是认识条理化、系统化的过程。主要表现在以下几点。

(1)选好思路，厘清文脉

要根据文章写作意图与主旨的要求，恰当地反映事物的内部规律与人们对事物的认识规律，还要适应应用文的特点去选定思路，厘清文脉。任何事物都有其发生发展的内部规律，如：有其内在的逻辑性。人们对事物的认识规律要符合事物发展的内部规律，如：任何事件都会有发生、发展、高潮的过程；解决任何问题都会有提出问题、分析问题、解决问题的过程；任何事物都会有形状、性质、特征、功用的特征，等等。构思文章结构时不违反事物的内在规律，也就符合了人们认识事物的认识规律，文脉也就厘清了。

(2)删繁就简，主次分明

文章的结构，最忌繁复臃肿。要做到主次分明，重点突出，就必须要删繁就简。常常看到这种现象，有的人写的文章重点不突出，主次不分明，经常是一个意思引出另一个意思，一个段落引出另一个段落，造成文章很长很长，读之后不知主要问题在哪里，文章的主干在哪里。这样的文章就是没有做到删繁就简，主次分明。要做到主次分明，就必须反复研究文章的主旨和主旨之下各部分的逻辑关系；就必须对所用的材料进行反复的选择，选择那些典型的、最具代表性的材料。

(3)精选材料，锦上添花

一篇文章，思路明晰，文脉畅通，纲举目张，并井然有序，这就说明构思基本上是成功的。仅这样，文章还不够完美，还必须将选的材料恰到好处地组织到文章中。精选和组织材料也是厘清思路的一个重要方面。精选材料就是通过深入分析、比较，在已备材料库中选取真实、典型、新颖、新鲜又类型多样的事实材料与理论材料，合理安排在文章之中。

思考与练习

1. 应用文在社会生活中起什么作用？
2. 应用文包括哪些类别？
3. 怎样厘清文章思路？厘清文章思路有哪些方法？
4. 怎样精选写作材料？

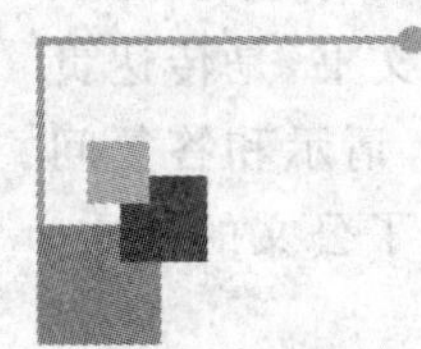

第二章　党政公文

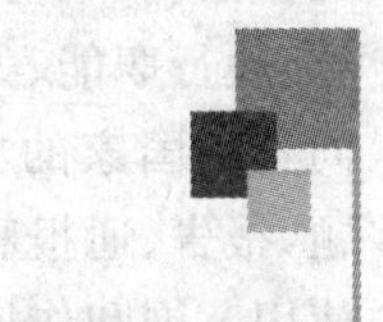

公文即公务文书。它是党政机关、社会团体和企事业单位在管理国家和处理公务时依据法定的职权范围，经过特定的处理程序，按照特定的体式制作的文章。公文有广义和狭义之分。广义的公文泛指党政机关和事业单位、社会团体处理公务时所使用的具有一定体式的各种文书；狭义的公文专指法定公文即 2012 年 4 月 16 日中共中央办公厅、国务院办公厅以中办发〔2012〕14 号文件联合印发的《党政机关公文处理工作条例》(以下简称新《条例》)规定的 15 种公文。本章讲述的专指新《条例》规定的党政公文。

党政公文是党和国家机关工作管理活动的重要产物，是党和国家机关、企事业单位、社会团体行使职权、实施管理的重要工具。党和国家方针、政策的传达，各类法规和规章的发布，指导和部署工作，记录公务往来活动等情况，都需要运用公文进行联系。所以党政公文是国家机器正常运转、各项管理活动正常进行、社会安定繁荣的重要保证。

公文撰写能力是党和国家机关工作人员的一项基本素质，也是一项不可缺少的职业技能。如今无论是公司和企业，还是党和政府及事业单位，对有公文写作特长的人都非常重视。特别是国家各级党政机关每年举行的公务员考试中，其中一个重要内容便是党政公文的写作和处理。即使是在日常工作中，它也是作为衡量一个人工作能力高低的重要标志之一。

因此，无论是作为现行的党和国家工作人员，还是未来即将走向党和国家机关、企事业单位工作的青年学生，都应了解学习党政公文的基本知识、掌握党政公文写作的基本技能。本章将全面介绍中共中央办公厅、国务院办公厅发布的《党政机关公文处理工作条例》规定的 15 种公文的基本知识、规范体式和写作方法，力求使读者对党政公文有一个全面的了解，提高写作能力，以适应中国特色社会主义建设的需要。

第一节　党政公文的概念、特点及作用

一、党政公文的概念

中共中央办公厅、国务院办公厅 2012 年 4 月 16 日发布的《党政机关公文处理

工作条例》中对党政公文的概念有明确规定："党政机关公文是党政机关在实施领导、履行职能、处理公务过程中形成的具有特定效力和规范体式的文书，是传达贯彻党和国家的方针政策，公布法规和规章，指导、布置和商洽工作，请示和答复问题，报告、通报和交流情况等的重要工具。"这一段话，从本质上揭示了公文的性质、使用范围和作用。

二、党政公文的特点

党政公文（以下简称公文）与一般文章、文学作品相比较，具有其自身的鲜明特点。

1. 作用的策令性

公文是党和国家机关进行管理的工具，是公务往来活动情况的系统记录。其基本内容是党和国家机关的指挥意志和行动意图，直接反映党和国家的方针政策和根本利益，为建设中国特色的社会主义现代化服务，具有鲜明的策令性。公文是法定职权范围内制发的，是法定机关的喉舌，代表着制发机关的意志，具有法律规定的强制性，受文机关必须严肃对待、认真理解、严格遵照执行。

2. 作者的法定性

公文体现着党和国家政权的管理职能，因此必须由法定的作者在法定范围内行使职权时制作和发布。所谓法定作者，有它的特殊含义。它不是指具体撰写公文的机关文字工作者，而是指依法成立并能以自己的名义行使职权和担负义务的组织、机关或其领导人。党和国家机关、企事业单位、人民团体都是合法存在的法定作者。在特殊情况下，以机关负责人名义签署的公文仍是代表法定机关，体现法定机关的职权和意图。

3. 运行的程序性

程序性是指公文从制作、审核、签发直到生效，必须经历一个严格的程序化的过程。一般性的公文，须经机关负责人进行全面审核后再签发。法规性公文，一定要经过正式会议审核通过，才能由主管领导签署发布。为了加强责任感，避免公文的遗失或者接而不办，公文的收发还规定了严格的处理程序。发文办理一般包括草拟、审核、签发、复核、缮印、用印、登记、分发等程序。收文办理一般包括签收、登记、审核、拟办、批办、承办、催办等程序。任何人不得擅自更改各环节。公文运行的程序性是公文独有的特点。

4. 体式的规范性

党政公文具有独特而统一规定的体式，这种体式是通过长期的实践，并且吸收了历史上和现实中正反两方面的经验教训而总结出来的基本形式，目的是保证公文准确、完整、统一、有效，以及公文的正常运转并发挥其效用。党政公文体式的规范性是指公文的种类、格式、项目结构、行文关系、使用范围、习惯用语、排版印装及用纸，2012年新《条例》对其都有严格的规定和要求，任何人不得滥造乱用。

三、党政公文的作用

党政公文是党政机关实施管理、开展公务活动的工具，具有明确的现实目的和实际效用。概括而言，大致有以下几种作用。

1.领导和指导作用

党和国家的领导，主要是通过路线、方针、政策的传达贯彻来实现的。公文是贯彻党和国家的方针政策、各项指令的有效形式。各级党政机关经常通过公文对所属下级机关部署工作，传达上级机关的意见和决策，对下级的工作进行具体的领导和指导。

2.规范和约束作用

公文中的相当一部分，是制定和发布全国和地方性的各种法律、法规和行政规章或规范性文件。这些文件是进行各项工作和各种活动的规范和准绳，一经制定和颁布生效后，就必须强制贯彻执行。各级机关和相关人员在它的有效期和实施范围内，必须坚决执行，严格遵守，不得违反，否则就要受到处罚，甚至法律制裁。

3.组织和协调作用

公文是公务活动中沟通联系上下左右的纽带和桥梁。各级党组织之间、各级政府之间、部门之间、单位之间，通过制发公文来传递信息、洽谈工作、交流经验、协调矛盾，从而使各单位加强了解，分工合作，密切配合，协调一致，保证工作的顺利进行。

4.依据和凭证作用

公文是联系和开展工作的书面凭证。一方面，它是下级机关执行上级机关决定的凭证；另一方面又是上级机关答复下级机关的依据。即使是平级机关和不相隶属的机关往来的公文，同样也是交流情况、商谈工作、协调意见、处理问题的依据和凭证。此外，公文在实现了现行效用后，就要立卷归档，作为历史档案保存，在需要查询、引用或研究时，它可以起到“千年文字会说话”的凭证作用。

第二节 党政公文的种类与格式

一、党政公文的种类

从不同角度，根据不同标准，党政公文可以进行不同的分类，现行公文常用分类法有五种。见表2-1。

表 2-1 党政公文分类

序号	划分标准	种类(名称)
1	按公文用途、使用范围划分	决议、决定、命令、公报、公告、通告、意见、通知、通报、报告、请示、批复、议案、函、意见、纪要
2	按公文行文方向划分	上行文、平行文、下行文
3	按公文内容、性质划分	指挥性公文、报请性公文、商洽性公文
4	按公文秘密等级划分	绝密、机密、秘密、普通公文
5	按公文紧急程度划分	特急、加急、平急

二、党政公文的书面格式

公文格式是指公文的构造项目要素在文面上排列的规格样式，是公文的外部结构形态。公文书面格式分通常格式和特定格式。通常格式即文件式格式，特定格式包括信函格式、命令格式、纪要格式。

2012 年中共中央办公厅、国务院办公厅发布的《党政机关公文处理工作条例》，对公文的结构要素作了明确的规定："公文一般由份号、密级和保密期限、紧急程度、发文机关标识、发文字号、签发人、标题、主送机关、正文、附件说明、发文机关署名、成文日期、印章、附注、附件、抄送机关、印发机关和印发日期、页码等组成。"并将组成公文的版心内各要素划分为版头、主体、版记三部分。明确页码位于版心外。下面分别叙述。

1. 文件式公文格式

(1)版头(文头部分)

版头包括份号、秘密等级和保密期限、紧急程度、发文机关标志、发文字号、签发人、分隔线。

①份号　它是同一公文印数的份数序号。涉密公文应当标注份号，如果确有必要，非涉密公文也可以编制份号。份号顶格标识在书写区左上角第一行，一般采用 3—6 位阿拉伯数字，可以虚位。即编号为"001"、"0001"、"00001"、"000001"。

②秘密等级和保密期限　秘密等级是指公文秘密程度的等级。国家秘密程度的等级分为秘密、机密、绝密三级。保密期限是指公文保密的时间期限。保密期限根据《国家秘密保密期限规定》，按"绝密级事项三十年，机密级事项二十年，秘密级事项十年"认定秘密等级和保密期限，顶格标识在版心左上角第二行，两者之间用★隔开。

③紧急程度　紧急程度是对公文传递和处理的时限要求。紧急程度分为特急和加急。顶格标识在书写区左上角第三行，两字之间空一格；没有标注的即为

平件。

④发文机关标识　发文机关标识是眉首的核心部分，它表明制发文件的主体，显示公文的合法性、权威性和约束力。发文机关标识由发文机关全称或规范化简称加“文件”二字组成，也可以使用发文机关全称或者规范化简称，用大字套红标识于版头的中间。联合行文时，发文机关标识可以并用联合发文机关名称，也可以单独用主办机关名称。

⑤发文字号　发文字号是发文机关一年中所发各文件的顺序编号，便于公文登记、分类、保存和查询。它由机关代字、年份和序号三者组成。如国发〔2011〕10号，“国发”是机关代字，〔2011〕是年份，10是序号。联合发文，只标明主办机关发文字号。

⑥签发人　即代表机关最后审核并批准公文生效的负责人姓名。签发人只适用于上行文，在发文字号同一行右侧标识“签发人”，后加冒号，再标识签发人姓名。发文字号居左空一格，签发人居右空一格。

⑦分隔线　版头中的分隔线位于发文字号下方，通常为一条红色实心横线，用以将版头和主体隔开，以使版头部分更加鲜明醒目。

(2)主体(行文部分)

主体包括标题、主送机关、正文、附件说明、发文机关署名、成文日期、印章、附注、附件。

①标题　标题是对公文中心内容的高度概括与提炼，是整个公文内容的总括。标题置于分隔线正下方，由发文机关、事由和文种三部分组成。如《国务院关于城镇住房制度改革的通知》。

公文标题的撰写应注意七个问题：一是拟写公文标题应该做到准确、鲜明、简洁；二是发文机关使用全称或规范化简称；三是事由必须简明扼要地概括公文的主要内容，用介词“关于”和表达公文主要内容的中心词构成介词结构“关于……”，作为文种的定语；四是文种根据行文目的、行文关系和内容需要准确选择；五是公文标题中除法规、规章名称加书名号外，一般不用标点符号；六是公文标题除三要素齐备的写法以外，也可用省略式，或省略发文机关，或省略事由，或只写文种。如何省，应视行文情况而定，但文种不能省；七是标题分一行或多行居中排布；回行时，要做到词意完整，排列对称，长短适宜，应当使用梯形或菱形。

②主送机关　主送机关是行文的对象，也就是公文要求主办或答复的主要受理机关。主送机关要求使用全称或规范化简称。其位置在标题之下，正文之上，靠左顶格书写，换行时仍顶格，在最后一个主送机关名称后标全角冒号。

主送机关有以下几种情况。

其一，上级机关对下级机关的普发性公文，主送机关按惯例排列。如国务院下发文件，主送机关即是各省、自治区、直辖市人民政府，国务院各部委、各直属机构。

其二，下级机关报送的上行文，一般只写一个主送机关，不可多头主送，如需同时报送另一上级机关，可采取抄送形式。

其三，凡是直接向社会和群众发布的公文，如公告、通告这类公文，主送机关可以省略。

③正文　正文是公文的核心部分，用来表示公文的内容和制文机关的行文意图。在主送机关之下左侧空两格书写。数字、年份不能回行。

不同文种的正文有不同的特点和要求，从结构上说，一般都由开头、主体、结尾三部分组成。开头要简明扼要地说明制文的原因、目的或重要性，要求文出有因，落笔扣题。主体陈述内容事项，要求做到具体、准确，叙述条理清楚、中心突出。结尾一般表述发文机关对公文办理的要求，使用惯用语结束时，要符合行文规范。

④附件说明　附件是附属于公文正文的其他公文或文字材料，是公文的重要组成部分。公文如有附件，在正文下左空两格标识"附件"，后标全角冒号，注明附件顺序和名称，附件名称后不加标点符号。

常见的公文附件有两类。一类是批转、转发、发布(印发)的文件。这类公文中附件才是发文的真正目的，主件正文很简短，只起发文的作用。另一类是补充说明主件正文某一方面内容的附件。如有关的图表、统计数字及其他说明正文中提及的事项、数字等材料。

⑤发文机关署名　发文机关署名是公文的法定作者。机关负责人的署名又叫签署。发文机关署名位于正文或附件说明右下方适当的位置。署名应注意四点：一是发文机关名称应写全称或规范化简称；二是如以负责人名义行文的，应加盖签名章，姓名前冠以职务身份；三是几个机关联合发文，应将主办机关排在前；四是单一机关发文或两个及两个以上机关联合制发的公文均需标注发文机关署名。

⑥成文日期　成文日期是公文生效的时间。确定成文日期，以发文机关负责人签发的日期为准；联合行文以最后签发机关负责人的签发日期为准；经过会议通过的，以会议通过的日期为准。成文日期标识在发文机关署名的右下方，要求用阿拉伯数字标识，年、月、日标全。

⑦印章　印章是发文机关对公文生效负责的标志。公文除"会议纪要"外，一般均应加盖印章。

加盖印章有两种情况：

一是单一机关发文，印章端正，居中下压发文机关署名和成文日期，使发文机关署名和成文日期居印章中心偏下位置，印章顶端应当上距正文(或附件说明)一行之内。

二是联合行文时，发文机关署名按照发文机关顺序整齐排列在相应位置，每排最多排三个，印章端正、居中下压发文机关署名，最后一个印章端正、居中下压发文机关署名和成文日期，首排印章顶端应当上距正文（或附件说明）一行之内。

⑧附注　附注是对公文的发放范围、使用时注意的事项、请示的联系人姓名及电话的说明。附注标在成文日期下一行，居左空两格并加圆括号。

附件　附件应当另面编排，并在版记之前，与公文正文一起装订。“附件”二字及附件顺序号顶格编排在版心左上角第一行。如附件与正文不能一起装订，应当在附件左上角第一行顶格编排公文的发文字号并在其后标注“附件”二字及附件顺序号。

（3）版记（文尾部分）

版记包括分隔线、抄送机关、印发机关和印发日期，标识在公文最后一面的下方。

①分隔线　版记中的分隔线长度与版心宽度等同。首条分隔线与末条分隔线用粗线，中间的分隔线用细线。首条分隔线位于版记中第一个要素之上，即抄送之上，末条分隔线与公文最后一面的版心下边缘重合。

②抄送机关　抄送机关是指除主送机关外需要执行或知晓公文内容的其他机关。如有抄送机关，在首条分隔线下，左空一个字拟写“抄送”二字，后标全角冒号，冒号后标注抄送机关名称。同一系统内同级机关之间用顿号分隔，不同系统之间用逗号分隔，最后一个抄送机关名称后标句号。回行时与冒号后的抄送机关名称对齐。不再使用“抄报”、“抄发”之类以前曾用过的词语。

③印发机关和印发日期　印发机关指负责印发公文的办公部门，印发日期指公文印制的时间，用阿拉伯数字标识。一般在公文末尾横隔线上标注。左空一格标识印发机关，右空一格标注印发日期。如“××省人民政府办公厅 2010 年 2 月 1 日印发”。

（4）页码

新《条例》将页码作为公文格式的要素，这表明页码是公文格式的组成部分。页码一般采用阿拉伯数字，置于版心下边缘之下。页码数字左右两边各空一个半角空格，然后再各放一条“一”字线。“一”字线距版心下边缘 7 毫米，排在页码数字上下居中的位置。

如果版记前有空白页，空白页和版记页均不编排页码，也不用标注“（此页无正文）”。公文的附件与正文一起装订时，页码应连续编排。附件不能与正文一起装订时附件另编页码。

2. 信函式公文格式

信函式格式用于处理日常事务的平行文或下行文，而且使用频率较高。主要用于函、议案、部分通知、批复或部分意见来询问、答复、解释或说明某件具体事项。

以“信函格式”行文，应注意选择使用与行文方向一致、与公文内容相符的文种。

信函格式的发文机关标识由发文机关全称组成，不标识“文件”二字。发文机关名称上边缘距上页边30毫米。发文机关名称下标识一条武文线(上粗下细)，距下页边20毫米处标识一条文武线(上细下粗)，两条线长与书写区等宽170毫米。发文机关名称及双线均为红色。信函式公文的份号、密级、紧急程度可以放在武文线下左上角顶格(一般信函式公文很少同时出现这三项)，发文字号放在武文线下右上角顶格。标题居中编排，与其上最后一个要素相距两行。首页不标注页码，从第二页开始标注页码。版记中不设分隔线，不设印发机关和印发日期，只设抄送机关。其他各要素的标识方法均同于文件式公文格式。

3.命令式公文格式

命令式格式用于内容比较简单的公文和公布性公文。主要用于命令(令)、公告、通告等文种。特殊标识的项目要求如下。

①命令式格式发文机关标识由发文机关全称加文种组成，不能用规范化简称。上边缘距书写区上边缘20毫米，大字套红。如《中华人民共和国外交部公告》《××省人民政府令》。

②命令式格式不标识发文字号和分隔红线，但要在版头下空两行居中标识令号、公告号和通告号，如“第×号”。

③命令式格式的公文，其行文对象不写主送机关和抄送机关，而用分送标识在抄送机关的位置。

④在签名章或落款下空一行右空两格的位置标识成文日期。

4.纪要格式

纪要格式只适用于纪要文种。

发文机关标识采用：“××××纪要”形式，大字套红。

纪要的编号作用等同于发文字号，一般采用“第×期”或“第×号”形式，不编虚位。发文机关标识下空二行，红色分隔线上居中编排编号。

纪要应标注出席人员、请假人员和列席人员。在正文(或附件说明)下空一行左空两个字的位置标注“出席”二字，后标全角冒号，冒号后标注出席人单位、姓名。同一单位不同人员之间，不同单位人员之间采用哪种标点符合可根据实际情况确定，回行与冒号后的第一个字对齐，最后的人员姓名后用句号。请假人员标注在出席人员下一行，列席人员标注在请假人员下一行，标注方法与出席人员相同。

纪要不加盖印章。

纪要格式如图2-1至图2-4所示。

00001
机密★一年
特急

××省××厅文件
××厅
××〔20××〕×号

×××关于××××的通知

×××、×××、×××：

××。

附件：1. ××××××××××××
2. ××××××××××××

印　　印
×××省×××厅
20××年×月×日
章　　章

（××××××）

抄送：××××××，××××××，××××××。

××省××厅办公室　　20××年×月×日印发

图 2-1　下行文书写区格式示意图

00001
秘密
特急

××省人民政府文件

×政发〔20××〕×号　　签发人：×××

×××××关于××××的请示

×××：

××。

附件：××××××××××××

印
××省人民政府
20××年×月×日
章

××省××厅办公室　　20××年×月×日印发

图 2-2　上行文书写区格式示意图

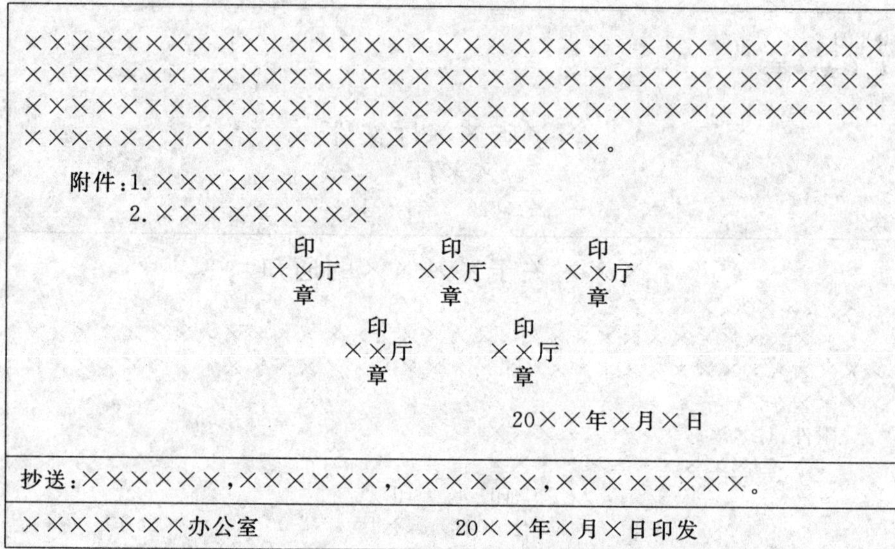

××××××××××××××××××××××××××××××××××
××××××××××××××××××××××××××××××××××
××××××××××××××××××××××××××××××××××
××××××××××××××××××××××××。

附件：1. ××××××××××
　　　2. ××××××××××

印　　　　印　　　　印
××厅　　××厅　　××厅
章　　　　章　　　　章

印　　　　印
××厅　　××厅
章　　　　章

20××年×月×日

抄送：××××××，××××××，××××××，××××××××。

×××××××办公室　　　　20××年×月×日印发

注：1. 版记仅为示意图，在印制公文时置于最后一页下方。
　　2. 书写区实线框仅为示意图，在印制公文时并不印出。

图 2-3　联合行文公文末页书写区格式示意图

××省人民政府办公厅

00001
机密

×政办函〔20××〕×号

××省人民政府办公厅
关于××××××××××××的函

×××××：

××××××××××××××××××××××××××××××××
××××××××××××××××××××××××××××××××××
××××××××××××××××××××××××××××××××××
××××××××××××××××××××××××××××××××××
××××××××××××××××××××××××××××××××××
××××××××××××××××××××××××××。

附件：××××××××××××

印
××省人民政府办公厅
20××年×月×日
章

图 2-4　信函式公文首页书写区格式示意图

第三节　党政公文的写作

2012 年中共中央办公厅、国务院办公厅发布的《党政机关公文处理工作条例》将党政公文分为十五种。下面据此介绍各类文种的概念、种类、写法和写作要求。

一、决议

(一)决议的概念

决议是经过党政会议讨论通过才能生效并由党政领导机关发布的，内容事关重大决策事项，并要求贯彻执行的一种重要的领导性、规定性、约束性的下行文。

(二)决议的种类

决议按其内容的不同，一般划分为四类：

1. 审议批准性决议。即为审议批准法律、法规、文件、组织等发布的决议。如《全国人民代表大会常务委员会关于公布〈中华人民共和国香港特别行政区基本法(草案)〉的决议》。

2. 方针政策性决议。这类决议着眼于宏观，特别是从路线、方针、政策上统一人们的思想认识，以确定大政方针。例如《中国共产党中央委员会关于建国以来党的若干历史问题的决议》。

3. 专门问题性决议。即就某一有关专门问题作出决定后而发布的决议。例如《中共中央关于增强党的团结的决议》。

4. 公布号召性决议。这类决议主要用来宣布某一重要会议的精神及所取得的成果，号召人们认真贯彻会议要求，循此前进。例如《中国共产党第十七次全国代表大会关于十六届中央委员会报告的决议》

(三)决议的写法

1. 标题

决议的标题由发文机关或会议名称、事由和文种构成。

2. 成文时间

决议的成文时间是决议正式通过的日期。一般放在标题下，在小括号内注明会议名称及通过时间，也可只写年、月、日。

3. 正文

正文一般由决议缘由、决议事项和结语三部分组成。

(1)决议缘由

简要说明有关会议审议决议涉及事项，陈述作出决议的原因、根据、背景、目的或意义等。决议缘由要高度概括，开门见山，揭示主旨。

(2)决议事项

写明会议通过的决议事项。或会议对有关文件、事项作出的评价、决定，或对有关工作做出的部署安排和要求、措施。决议事项要定位准确，评价中肯，分析严谨，观点和材料统一。对于作出的部署安排和要求、措施、要围绕主旨，分段表述。

(3)决议结语

一般紧扣决议主旨，有针对性地提出希望、号召和执行要求。

【例文1】

中国共产党第十八次全国代表大会关于十七届中央委员会报告的决议

(2012年11月14日中国共产党第十八次全国代表大会通过)

中国共产党第十八次全国代表大会批准胡锦涛同志代表十七届中央委员会所作的报告。报告高举中国特色社会主义伟大旗帜，以马克思列宁主义、毛泽东思想、邓小平理论、“三个代表”重要思想、科学发展观为指导，分析了国际国内形势的发展变化，回顾总结了过去五年的工作和党的十六大以来的奋斗历程及取得的历史性成就，确立了科学发展观的历史地位，提出了夺取中国特色社会主义新胜利的基本要求，确定了全面建成小康社会和全面深化改革开放的目标，对新的时代条件下推进中国特色社会主义事业作出了全面部署，对全面提高党的建设科学化水平提出了明确要求。报告描绘了全面建成小康社会、加快推进社会主义现代化的宏伟蓝图，为党和国家事业进一步发展指明了方向，是全党全国各族人民智慧的结晶，是我们党团结带领全国各族人民夺取中国特色社会主义新胜利的政治宣言和行动纲领，是马克思主义的纲领性文献。

大会认为，报告阐明的大会主题对我们党带领人民继往开来、奋勇前进具有十分重大的意义。全党要高举中国特色社会主义伟大旗帜，以邓小平理论、“三个代表”重要思想、科学发展观为指导，解放思想，改革开放，凝聚力量，攻坚克难，坚定不移沿着中国特色社会主义道路前进，为全面建成小康社会而奋斗。

大会强调，当前，世情、国情、党情继续发生深刻变化，我们面临的发展机遇和风险挑战前所未有。全党一定要牢记人民信任和重托，更加奋发有为、兢兢业业地工作，继续推动科学发展、促进社会和谐，继续改善人民生活、增进人民福祉，完成时代赋予的光荣而艰巨的任务。

大会高度评价十七届中央委员会的工作。十七大以来的五年，是我们在中国特色社会主义道路上奋勇前进的五年，是我们经受住各种困难和风险考验、夺取全面建设小康社会新胜利的五年，各方面工作都取得新的重大成就。

大会同意十七届中央委员会对十六大以来十年奋斗历程的基本总结，认为我们紧紧抓住和用好我国发展的重要战略机遇期，战胜一系列重大挑战，奋力把中国特色社会主义推进到新的发展阶段，巩固和发展了改革开放和社会主义现代化建设大局，提高了我国国际地位，彰显了中国特色社会主义的巨大优越性和强大生命力，增强了中国人民和中华民族的自豪感和凝聚力。

大会强调，总结十年奋斗历程，最重要的就是我们坚持勇于推进实践基础上的理论创新，围绕坚持和发展中国特色社会主义提出一系列紧密相连、相互贯通的新思想、新观点、新论断，形成和贯彻了科学发展观。科学发展观是马克思主义同当代中国实际和时代特征相结合的产物，是马克思主义关于发展的世界观和方法论的集中体现，对新形势下实现什么样的发展、怎样发展等重大问题作出了新的科学回答，把我们对中国特色社会主义规律的认识提高到新的水平，开辟了当代中国马克思主义发展新境界。科学发展观是中国特色社会主义理论体系最新成果，是中国共产党集体智慧的结晶，是指导党和国家全部工作的强大思想武器。科学发展观同马克思列宁主义、毛泽东思想、邓小平理论、“三个代表”重要思想一道，是党必须长期坚持的指导思想。

大会指出，九十多年来，我们党紧紧依靠人民，把马克思主义基本原理同中国实际和时代特征结合起来，独立自主走自己的路，历经千辛万苦，付出各种代价，取得革命建设改革伟大胜利，开创和发展了中国特色社会主义，从根本上改变了中国人民和中华民族的前途命运。中国特色社会主义道路，中国特色社会主义理论体系，中国特色社会主义制度，是党和人民九十多年奋斗、创造、积累的根本成就，必须倍加珍惜、始终坚持、不断发展。在新的历史条件下夺取中国特色社会主义新胜利，要牢牢把握以下基本要求：必须坚持人民主体地位，必须坚持解放和发展社会生产力，必须坚持推进改革开放，必须坚持维护社会公平正义，必须坚持走共同富裕道路，必须坚持促进社会和谐，必须坚持和平发展，必须坚持党的领导。只要我们顽强奋斗、艰苦奋斗、不懈奋斗，就一定能在中国共产党成立一百年时全面建成小康社会，就一定能在新中国成立一百年时建成富强民主文明和谐的社会主义现代化国家。全党要坚定这样的道路自信、理论自信、制度自信！

大会认为，根据我国经济社会发展实际，要在十六大、十七大确立的全面建设小康社会目标的基础上努力实现新的要求：经济持续健康发展，人民民主不断扩大，文化软实力显著增强，人民生活水平全面提高，资源节约型、环境友好型社会建设取得重大进展。全面建成小康社会，必须以更大的政治勇气和智慧，不失时机深化重要领域改革，坚决破除一切妨碍科学发展的思想观念和体制机制弊端，构建系统完备、科学规范、运行有效的制度体系，使各方面制度更加成熟更加定型。

大会同意报告关于我国社会主义经济建设、政治建设、文化建设、社会建设、生态文明建设的部署。大会强调，要加快完善社会主义市场经济体制和加快转变经济发展方式，把推动发展的立足点转到提高质量和效益上来，着力激发各类市场主体发展新活力，着力增强创新驱动发展新动力，着力构建现代产业发展新体系，着力培育开放型经济发展新优势，使经济发展更多依靠内需特别是消费需求拉动，更多依靠现代服务业和战略性新兴产业带动，更多依靠科技进步、劳动者素质提高、管理创新驱动，更多依靠节约资源和循环经济推动，更多依靠城乡区域发展协调互动，不断增强长期发展后劲，促进工业化、信息化、城镇化、农业现代化同步发展；要坚持走中国特色社会主义政治发展道路和推进政治体制改革，发展更加广泛、更加充分、更加健全的人民民主，坚持党的领导、人民当家作主、依法治国有机统一，以保证人民当家作主为根本，以增强党和国家活力、调动人民积极性为目标，扩大社会主义民主，健全社会主义协商民主制度，完善基层民主制度，加快建设社会主义法治国家，健全权力运行制约和监督体系，发展社会主义政治文明；要扎实推进社会主义文化强国建设，坚持社会主义先进文化前进方向，推动社会主义文化大发展大繁荣，兴起社会主义文化建设新高潮，提高国家文化软实力，发挥文化引领风尚、教育人民、服务社会、推动发展的作用；要在改善民生和创新管理中加强社会建设，从维护最广大人民根本利益的高度，以保障和改善民生为重点，提高人民物质文化生活水平，多谋民生之利，多解民生之忧，加快健全基本公共服务体系，加强和创新社会管理，推动社会主义和谐社会建设；要大力推进生态文明建设，树立尊重自然、顺应自然、保护自然的生态文明理念，把生态文明建设融入经济建设、政治建设、文化建设、社会建设各方面和全过程，加大自然生态系统和环境保护力度，努力建设美丽中国，实现中华民族永续发展。大会强调，必须坚持以国家核心安全需求为导向，按照国防和军队现代化建设“三步走”战略构想，加紧完成机械化和信息化建设双重历史任务，建设与我国国际地位相称、与国家安全和发展利益相适应的巩固国防和强大军队。

大会强调，全面准确贯彻“一国两制”、“港人治港”、“澳人治澳”、高度自治的方针，必须把坚持一国原则和尊重两制差异、维护中央权力和保障特别行政区高度自治权、发挥祖国内地坚强后盾作用和提高港澳自身竞争力有机结合起来。必须坚持“和平统一、一国两制”方针，巩固和深化两岸关系和平发展的政治、经济、文化、社会基础，开创两岸关系和平发展新前景，团结台湾同胞维护好、建设好中华民族共同家园，为和平统一创造更充分的条件。

大会同意报告对国际形势的分析和提出的对外工作方针，强调中国将继续高举和平、发展、合作、共赢的旗帜，坚定奉行独立自主的和平外交政策，始终不渝走和平发展道路，始终不渝奉行互利共赢的开放战略，坚决维护国家主权、安全、发展利益，坚持在和平共处五项原则基础上全面发展同各国的友好合作，推动建设持久和平、共同繁荣的和谐世界，同各国人民一道为人类和平与发展的崇高事业而不懈努力。

大会强调，形势的发展、事业的开拓、人民的期待，都要求我们以改革创新精神全面推进党的建设新的伟大工程，全面提高党的建设科学化水平。全党要增强紧迫感和责任感，牢牢把握加强党的执政能力建设、先进性和纯洁性建设这条主线，坚持以人为本、执政为民，坚持解放思想、改革创新，坚持党要管党、从严治党，全面加强党的思想建设、组织建设、作风建设、反腐倡廉建设、制度建设，增强自我净化、自我完善、自我革新、自我提高能力，建设学习型、服务型、创新型的马克思主义执政党，确保党始终成为中国特色社会主义事业的坚强领导核心。

大会强调，反对腐败、建设廉洁政治，是党一贯坚持的鲜明政治立场，是人民关注的重大政治问题。反腐倡廉必须常抓不懈，拒腐防变必须警钟长鸣。要坚持中国特色反腐倡廉道路，坚持标本兼治、综合治理、惩防并举、注重预防方针，全面推进惩治和预防腐败体系建设，做到干部清正、政府清廉、政治清明。

大会强调，党的集中统一是党的力量所在，是实现经济社会发展、民族团结进步、国家长治久安的根本保证。党面临的形势越复杂，肩负的任务越艰巨，就越要加强党的纪律建设，越要维护党的集中统一，形成全党上下步调一致、奋发进取的强大力量。

大会强调，面对人民的信任和重托，面对新的历史条件和考验，全党必须增强忧患意识，谦虚谨慎，戒骄戒躁，始终保持清醒头脑；必须增强创新意识，坚持真理，修正错误，始终保持奋发有为的精神状态；必须增强宗旨意识，相信群众，依靠群众，始终把人民放在心中最高位置；必须增强使命意识，求真务实，艰苦奋斗，始终保持共产党人的政治本色。

大会号召，全党全国各族人民高举中国特色社会主义伟大旗帜，更加紧密地团结在党中央周围，为全面建成小康社会而奋斗，不断夺取中国特色社会主义新胜利，共同创造中国人民和中华民族更加幸福美好的未来！

(四)决议的写作要求

1. 要把握会议的中心，吃透会议文件精神，了解决议事项有关内容，认真听取参会人员的意见。

2. 语言要精练，通俗易懂，观点明确，便于理解，有利于贯彻执行。

3. 在写法上要讲究技法，做到叙议结合，既要把事实叙述清楚，又要把道理讲透。行文要富有逻辑力量，激发人们执行决议的积极性和自觉性。

二、决定

(一)决定的概念

决定是党政机关、社会团体和企事业单位对重要事项作出决策和部署，奖惩有关单位及人员，变更或者撤销下级机关不适当的决定事项时所使用的一种具有决策、指挥性质的公文。

(二)决定的种类

根据决定的适用范围,可以分为三类。

1.指挥性决定

适用于对重要事项作出决策和部署。如《中共中央关于经济体制改革的决定》。

2.奖惩性决定

适用于奖惩有关单位及人员,又可分表彰性决定和惩处性决定两种。如《国务院关于授予×××、×××全国劳动模范的决定》。

3.变更性决定

主要用于变更或撤销下级机关不适当的决定事项。常有几种情况:变更废止一些已经不适应现实情况的法规和章程;撤销某种机构设施;撤销下级机关的错误决定等。如《湖北省人民政府关于废止部分政府规章和政策措施的决定》。

(三)决定的写法

决定一般由标题、题注、正文、署名与日期四个部分组成。

1.标题

决定通常用完整式标题,即发文机关、事由和文种构成。如《国务院关于环境保护工作的决定》。

2.题注

标题下有题注。即标题下方居中写上决定通过的日期,并用圆括号括起来。如果是会议通过的决定,写上会议名称和通过日期。

3.正文

(1)开头

写明发布决定的目的及意义,交代背景,使人们了解发布这一决定的原因及其必要性。这部分要求简明扼要、理由充分,为引出决定事项做好铺垫。

(2)主体

写明具体决定事项。主要包括开展工作的有关政策原则、执行事项及有关规定要求等。这一部分的写作,要根据决定内容的多少和工作需要来决定。如果事项的内容比较简单,可以采取篇段合一的写法。如果事项内容较多,宜采用分条式或分题式表述。

(3)结尾

决定结尾一般要提出要求、发出号召或说明有关事项,但不是每篇决定都必须写这些内容。

(4)落款

在正文右下方写明发文机关名称。发文日期写在发文机关下一行右空四格的位置。

【例文 2】表彰性决定

教育部关于授予胡吉伟同学“舍己救人的
优秀大学生”荣誉称号的决定
(2001 年 9 月 12 日)

胡吉伟同学生前系华中科技大学经济学院 2000 级学生，共青团员。2001 年 7 月 31 日为救一名落水的小学生献出了年轻的生命。

胡吉伟同学一向勤奋好学，关心集体，乐于助人，是一名品学兼优的好学生。在高中时连续三年被评为三好学生、优秀学生干部。在华中科技大学学习期间曾担任班长，并向党组织递交了入党申请书。

胡吉伟同学舍己救人的英雄事迹，在高校和社会各界引起了强烈反响。他舍己救人的行为反映了崇高的思想境界，展示了当代大学生的崭新的精神面貌，是当代大学生的优秀代表。为表彰胡吉伟同学的英雄事迹，教育部决定授予胡吉伟同学“舍己救人的优秀大学生”荣誉称号。号召全国广大学生向胡吉伟同志学习，学习他富有理想、乐于奉献、助人为乐的优秀品质；学习他勤奋学习、刻苦钻研的求知渴望；学习他挺身而出、舍生忘死的革命英雄主义精神。

各地教育行政部门和各高校要在大学生中广泛开展宣传教育活动，并将学习胡吉伟同学与宣传、学习本地和本校的先进人物结合起来，要教育广大学生进一步提高思想政治素质和精神境界，努力学习，承担起中华民族伟大复兴的历史重任。

(印章)

××××××

2001 年 9 月 12 日

【例文 3】惩罚性决定

关于开除×××公职的决定

我公司职工×××，男，46 岁，家住本市。

×××自 2007 年至 2010 年间，利用工作之便，将公司积压报废的设备销售给××市×机电服务部。×××从中收受贿赂款达 10 万余元，索取照相机一部。为严肃国家法律，市人民法院判处×××有期徒刑 7 年。为此，公司决定自 2010 年 5 月 7 日起开除×××公职。

×××有限责任公司

2010 年×月×日

(四)决定的写作要求

对于所决定的事项，表达要完整周密，用语准确。表彰处分等决定，对人和事的评价要实事求是，恰如其分。

三、命令(令)

(一)命令(令)的概念

命令(令)是依照有关法律公布行政法规和规章,宣布施行重大强制性措施,批准授予和晋升衔级,嘉奖有关单位及人员时所使用的带有强制性、领导性、指挥性要求的一种文书。

(二)命令(令)的种类

命令(令)在使用时大多数称之为“令”。根据其不同内容和用途可分为公布令、行政令和嘉奖令三种。

1. 公布令

公布令主要用于依法公布法律、发布重要行政法规和规章。它一经发布,就要求全体公民、有关单位和人员无条件地遵照执行,具有极强的规定性和约束力。这类命令之后,需附上相应的法律、法规全文。

2. 行政令

行政令用于宣布实施重大强制性行政措施,实施行政领导与指挥。如《国务院关于在我国统一实行法定计量单位的命令》。

3. 嘉奖令

嘉奖令适用于嘉奖有关单位及人员。用于表彰有重大成就和突出贡献的单位或个人。嘉奖令规格很高,发令机关一般要求省部级以上。

(三)命令(令)的写法

命令(令)一般由标题、发文编号、正文、署名与日期几部分构成。

1. 标题

公布令的标题由发机关名称或领导人职务和文种构成。如《中华人民共和国主席令》《湖北省人民政府令》。

行政令的标题一般由发文机关名称、事由和文种构成。如《国务院中央军委2011年冬季征兵命令》

嘉奖令的标题一般由发文机关、被嘉奖对象及事由和文种构成。如《湖北省人民政府关于×××同志的嘉奖令》。

2. 发文编号

发文编号在标题下方标明令号,如“第×号”。

3. 正文

公布令的正文比较简单,一般由公布对象(即法律或行政法规的文件名称)、公布根据(即文件由什么时间、什么会议通过)和实施日期(即公布令生效、执行的时间要求)三部分构成。最后签署发令人的职务、姓名,注明发令时间。

行政令的正文一般由命令缘由(发令的原因、根据、目的)、命令事项(具体事项、规定、要求)、执行要求(执行命令的总的要求)三部分组成。

嘉奖令的正文一般要写明嘉奖对象的主要事迹与对事迹的分析评价,以及予以嘉奖的具体内容,然后有针对性地提出要求或发出号召。

4. 落款

不管何种命令都要签署发令机关或领导人的职务、姓名,注明发令时间。

【例文 4】公布令

中华人民共和国主席令

第十五号

《中华人民共和国合同法》已由中华人民共和国第九届全国人民代表大会第二次会议于1993年3月15日通过,现予公布,自1999年10月1日起执行。

中华人民共和国主席江泽民

1999年3月15日

【例文 5】行政令

中华人民共和国公安部通缉令

各省、自治区、直辖市公安厅、局:

李洪志组织和利用"法轮大法"研究会及其操纵的"法轮功"组织,宣扬迷信邪说,蒙骗他人,致人死亡,并未经依法申请和许可,组织、策划集会、示威、聚众扰乱公共秩序等活动,涉嫌犯扰乱公共秩序罪,经北京市人民检察院批准逮捕,现予以通缉。

李洪志,男,原名李来,汉族,初中文化,一九五二年七月七日生于吉林省公主岭市,原家庭住址吉林省长春市绿园区静安街十二号,现移居美国,居民身份证号码220104520707361,中国护照号码140522510,回美证号码C001106787,身高约1.78米,八字眉、单眼皮,体态微胖,讲普通话,带东北口音。

请各地公安机关和各边防检查站接此通缉令后,立即部署查缉工作。

(印章)

××××××

×××年×月×日

(四)命令的写作要求

命令是一种庄重严肃的公文,极具权威性、强制性,行文时要注意精炼、准确、庄重、严肃。

使用命令这个文种,发文机关的级别要求较高。根据我国《宪法》规定,全国人大常委会及其委员长、国家主席、国务院和总理、各部部长、各委员会主任、县以上

(含县)人民政府、人民代表大会可以发布命令,其他任何机关或个人无权发布命令。

四、公报

(一)公报的概念

公报是党政机关公开发布重要决定或者重大事项时使用的文种。

公报作为文种,具有庄重性、严肃性,公报的使用者只能是党和国家机关,普通基层单位不能使用公报。公报内容发布的是需全国广大人民群众周知且国内外关注的重大事件或重大决策,因此公报具有权威性、指导性和新闻性。

(二)公报的种类

公报按其内容不同,可分为以下三种。

1.会议公报

这类公报的内容多数是关于党的重要会议的基本情况,报道会议的活动内容及决定事项、并以会议的名义发布。例如,中国共产党第十八届中央委员会第一次全体会议公报。

2.事项公报

这类公报内容发布重大情况、重要事件。例如,中华人民共和国 2011 年国民经济和社会发展统计公报。

3.联合公报

这类公报内容发布国家之间、政党之间、团体之间经过会议达成的某种协议。例如,中俄联合公报、上海合作组织成员国政府首脑(总理)理事会会议联合公报。

(三)公报的写法

1.首部。一般包括标题和时间。

(1)标题

公报的标题常见的有三种形式:一是直接写文种,如《新闻公报》;二是由会议名称和文种构成,如《中国共产党第十八届中央委员会第一次全体会议公报》;三是联合公报,由发表公文的双方或多方国家的简称、事由、文种构成,如《中国人民共和国和美利坚合众国关于建立外交关系的联合公报》。

(2)时间。在标题下正中位置用括号注明公报发布的年、月、日。

2.正文

包括前言,主体两部分。

(1)前言。事件性公报要求用最鲜明、最精练的语言概述事件的核心内容,即何时、何地、发生了什么重大事件;会议性公报要求概述会议的名称、时间、地点、参加人员等；联合公报要求概述公报的来由，即在何时、何地、谁与谁举行了什么会谈或谁对谁进行了什么性质的访问等。

(2)主体。要求把公报的内容完整、系统、有序地表述清楚。常见的有三种写法：第一种是分段式，即以每个事项一段或每项决定一段的形式进行表述；第二种是序号式，多用于内容复杂、问题头绪较多的公报，以数码编序，分层来写；第三种是条款式，多用于联合公报，将各方共同议定的内容，每项分列一个条款进行表述。

3. 尾部。事件性公报和会议公报一般没有尾部；联合公报要在正文之后写明双方签署人的身份、姓名、年、月、日，并写明签署地点。

【例文 6】

2010 年第六次全国人口普查主要数据公报[1]（第 1 号）

中华人民共和国国家统计局

2011 年 4 月 28 日

根据《全国人口普查条例》和《国务院关于开展第六次全国人口普查的通知》，我国以 2010 年 11 月 1 日零时为标准时点进行了第六次全国人口普查[2]。在国务院和地方各级人民政府的统一领导下，在全体普查对象的支持配合下，通过广大普查工作人员的艰苦努力，目前已圆满完成人口普查任务。现将快速汇总的主要数据公布如下：

一、总人口

全国总人口为 1370536875 人。其中：

普查登记的大陆 31 个省、自治区、直辖市和现役军人的人口[3]共 1339724852 人。

香港特别行政区人口[4]为 7097600 人。

澳门特别行政区人口[5]为 552300 人。

台湾地区人口[6]为 23162123 人。

二、人口增长

大陆 31 个省、自治区、直辖市和现役军人的人口，同第五次全国人口普查 2000 年 11 月 1 日零时的 1265825048 人相比，十年共增加 73899804 人，增长 5.84%，年平均增长率为 0.57%。

三、家庭户人口

大陆 31 个省、自治区、直辖市共有家庭户[7] 401517330 户，家庭户人口为 1244608395 人，平均每个家庭户的人口为 3.10 人，比 2000 年第五次全国人口普查的 3.44 人减少 0.34 人。

四、性别构成

大陆 31 个省、自治区、直辖市和现役军人的人口中，男性人口为 686852572

人，占51.27%；女性人口为652872280人，占48.73%。总人口性别比(以女性为100，男性对女性的比例)由2000年第五次全国人口普查的106.74下降为105.20。

五、年龄构成

大陆31个省、自治区、直辖市和现役军人的人口中，0—14岁人口为222459737人，占16.60%；15—59岁人口为939616410人，占70.14%；60岁及以上人口为177648705人，占13.26%，其中65岁及以上人口为118831709人，占8.87%。同2000年第五次全国人口普查相比，0—14岁人口的比重下降6.29个百分点，15—59岁人口的比重上升3.36个百分点，60岁及以上人口的比重上升2.93个百分点，65岁及以上人口的比重上升1.91个百分点。

六、民族构成

大陆31个省、自治区、直辖市和现役军人的人口中，汉族人口为1225932641人，占91.51%；各少数民族人口为113792211人，占8.49%。同2000年第五次全国人口普查相比，汉族人口增加66537177人，增长5.74%；各少数民族人口增加7362627人，增长6.92%。

七、各种受教育程度人口

大陆31个省、自治区、直辖市和现役军人的人口中，具有大学(指大专以上)文化程度的人口为119636790人；具有高中(含中专)文化程度的人口为187985979人；具有初中文化程度的人口为519656445人；具有小学文化程度的人口为358764003人(以上各种受教育程度的人包括各类学校的毕业生、肄业生和在校生)。

同2000年第五次全国人口普查相比，每10万人中具有大学文化程度的由3611人上升为8930人；具有高中文化程度的由11146人上升为14032人；具有初中文化程度的由33961人上升为38788人；具有小学文化程度的由35701人下降为26779人。

大陆31个省、自治区、直辖市和现役军人的人口中，文盲人口(15岁及以上不识字的人)为54656573人，同2000年第五次全国人口普查相比，文盲人口减少30413094人，文盲率[8]由6.72%下降为4.08%，下降2.64个百分点。

八、城乡人口

大陆31个省、自治区、直辖市和现役军人的人口中，居住在城镇的人口[9]为665575306人，占49.68%；居住在乡村的人口为674149546人，占50.32%。同2000年第五次全国人口普查相比，城镇人口增加207137093人，乡村人口减少133237289人，城镇人口比重上升13.46个百分点。

九、人口的流动

大陆31个省、自治区、直辖市的人口中，居住地与户口登记地所在的乡镇街道不一致且离开户口登记地半年以上的人口为 261386075 人，其中市辖区内人户分离的人口[10]为 39959423 人，不包括市辖区内人户分离的人口为 221426652 人。同 2000 年第五次全国人口普查相比，居住地与户口登记地所在的乡镇街道不一致且离开户口登记地半年以上的人口增加 116995327 人，增长 81.03%。

十、登记误差

普查登记结束后，全国统一随机抽取 402 个普查小区进行了事后质量抽样调查。抽查结果显示，人口漏登率为 0.12%。

注释：

[1]本公报中数据均为初步汇总数。

[2]普查登记的对象是指普查标准时点在中华人民共和国境内的自然人以及在中华人民共和国境外但未定居的中国公民，不包括在中华人民共和国境内短期停留的港澳台居民和外籍人员。“境内”指我国海关关境以内，“境外”指我国海关关境以外。

[3]大陆 31 个省、自治区、直辖市和现役军人的人口数据不包括居住在境内的港澳台居民和外籍人员。

[4]香港特别行政区的人口数为香港特别行政区政府提供的 2010 年底的数据。

[5]澳门特别行政区的人口数为澳门特别行政区政府提供的 2010 年底的数据。

[6]台湾地区的人口数为台湾地区有关主管部门公布的 2010 年底的户籍登记人口数据。

[7]家庭户是指以家庭成员关系为主、居住一处共同生活的人组成的户。

[8]文盲率是指大陆 31 个省、自治区、直辖市和现役军人的人口中 15 岁及以上不识字人口所占比重。

[9]城乡人口是指居住在我国境内城镇、乡村地域上的人口，城镇、乡村是按 2008 年国家统计局《统计上划分城乡的规定》划分的。

[10]市辖区内人户分离的人口是指一个直辖市或地级市所辖的区内和区与区之间，居住地和户口登记地不在同一乡镇街道的人口。

(四)公报的写作要求

1.区别公报与公告的用法

公报与公告虽很相似，但有差别，其中也有使用上的一些习惯问题。诸如公布重要会议情况，多用“公报”，公布党和国家领导人的重要出访活动及人事变动，多用“公告”；公布重大事件，多用“公报”，而公布重要消息，则多用“公告”；公布有关人口普查、经济发展和国家计划执行情况，多用“公报”，公布重要事项，则多用“公告”。

2.明确重点,突出主旨

有的会议公报,统计情况公报的内容比较繁杂,写作时,必须抓住重点,突出行文的主旨。会议公报,应当紧扣会议中心议题,把事关重大的核心内容写到首要的段落上,给读者以深刻印象。发布重大事件的公报,不要自然介绍,应当采用篇前撮要的写法,篇首要开门见山,揭示问题的主旨。发布社会发展及国民经济情况的公报,不能是情况加数字的罗列,而是通过多层次、多角度的对比分析、得出鲜明的结论。

3.用语要注意准确性和概括性

公报的表述用语要十分讲究准确性和概括性,是什么不是什么,应当怎样做、不应当怎样做,必须确切无误地传输给读者;要用较少的文字涵盖丰富的内容,做到言约意丰。

五、公告

(一)公告的概念

公告是向国内外宣布重要事项或者法定事项时使用的一种知照性的下行公文。公告具有文体的庄重性、内容的严肃性、范围的广泛性和法定作者的限定性等特点,一般以国家和领导机关的名义发布,而且往往是通过广播、电视、报刊等发出。

(二)公告的种类

公告大致可以分为两种。

1.重要事项的公告

重要事项的公告又称为知照性公告,它只知照事项本身,不提出遵守规定和要求。

2.法定事项公告

这类公告多用于有关行政机关依据国家有关法律、法令和行政法规而使用的法定专门事项的公告。如专利公告、商标公告、破产公告、企业法人登记公告、法院公告等。

(三)公告的写法

公告由标题、发文编号、正文、落款和日期几个部分组成。

1.标题

公告标题有三种形式:其一写明制文机关、内容和文种;其二是写明制文机关和文种;其三是只标明文种“公告”即可。

2.发文编号

在标题下方标明编号,如“第×号”。

3.正文

公告的正文一般由公告的依据或目的、公告事项和公告结语三部分组成。具体写法要根据公告事项内容而定，公告事项内容简单，可采用篇段合一结构；如公告事项内容较多，可采用总分式结构，将公告事项分段标项表达。结尾部分一般用"特此公告""现予公告"的模式化用语作结。

4.落款

写明发文机关或签署人姓名和日期。

【例文 7】重要事项公告

中华人民共和国全国人民代表大会公告

第×号

第×届全国人民代表大会第一次会议于××××年×月×日根据中华人民共和国主席胡锦涛的提名，决定温家宝为中华人民共和国国务院总理。

现予公告。

中华人民共和国第××届全国人民大会第一次会议主席团

××××年×月×日于北京

【例文 8】法定事项公告

农　业　部
×　×　×
×××××××　公告
国家出入境检验检疫局

（第×××号）

2001 年 2 月 6 日，瑞典爆发新城疫(Newcastle Disease)。为防止该病传入我国，保护我国畜牧业安全，根据《中华人民共和国进出境动植物检疫法》等有关法律法规的规定，特公告如下。

一、自公告之日起，禁止直接或间接从瑞典输入禽鸟及其产品；运抵口岸的来自瑞典的禽鸟及产品一律作退回或者销毁处理。

二、禁止邮寄或旅客携带来自瑞典的禽鸟及其产品进境，一经发现，一律作退回或销毁处理。

三、对途经我国或在我国停留的国际航行船舶、飞机和火车等，如发现来自瑞典的禽鸟及其产品，一律作封存处理；其交通员工自养自用的禽鸟，必须装入完好的笼具中；其废弃物、泔水等，在出入境检验检疫机构的监督下做无害化处理。

四、凡截获的走私入境的来自瑞典的禽鸟及其产品，一律在就近的出入境检验检疫机构监督下作销毁处理。

五、凡违反上述规定者，由出入境检验检疫机构依照《中华人民共和国进出境动植物检验检疫法》有关规定处理。

六、各出入境检验检疫机构、各级动物防疫监督机构要分别按《中华人民共和国进出境动植物检疫法》和《中华人民共和国动物防疫法》的有关规定,密切配合,做好检疫、防疫和监督工作。

(印章)

××××××

2001 年 3 月 1 日

(四)公告的写作要求

1.严肃慎用

发布公告是一件极为严肃的事,不能滥用。一是发文机关应该具备发布公告的资格,才能发布。二是一般性的行政事务不能用公告这个文种发布。

2.内容明确具体

公告中发布的事项必须明确具体,不能含糊其辞,模棱两可。但这里的具体是一种概括性的具体,不需详细叙述。

3.语言通俗简明

一般不描述事情经过,篇幅尽量短小,文字简明易懂。

六、通告

(一)通告的概念

通告是用于公布社会有关方面应当遵守或者周知的事项时所使用的具有一定约束力和知照性的下行公文。

(二)通告的种类

一般来说,通告可以分为两类。

1.事项性通告

这种通告以知照有关事项为目的,它的权威性和制约性不强。

2.政务性通告

这种通告是用来向有关单位和个人公布在特定范围必须严格遵守执行的规定或要求的文种,具有较强的权威性和约束力。

(三)通告的写法

通告由标题、发文编号、正文、落款和日期等几个部分组成。

1.标题

通告的标题与公告标题一样,由发文机关、事由和文种组成。发文机关与事由可以酌情有选择地省略,如《关于税收财务大检查实行持证检查的通告》省略发文机关,《武汉市交通管理局通告》省略事由。

2. 发文编号

标明编号如“第×号”。

3. 正文

正文一般由通告依据、通告事由、通告结尾三部分组成。

(1)通告依据

扼要说明发布通告的起因、依据或目的。这一部分应简明扼要，高度概括。

(2)通告事由

这一部分将所要告知和遵守的内容、规定、要求清楚地写明，应具体明确，语言简洁明快。文字较多，内容复杂，多采用分项列条的写法。

(3)通告结尾

一般以惯用语“特此通告”“此告”结尾；有的结尾提出要求和希望；有的写明正式生效或执行起始日期；有的自然结尾。

4. 落款

署上发文机关名称。

5. 日期

在落款下标明成文时间。

【例文 9】法规性通告

××市人民政府关于清理整顿零工市场的通告

为加强劳动力市场的管理，规范零工求职行为，根据国家和省有关规定，市政府决定从即日起对全市部分城区零工市场进行清理整顿。现通告如下。

一、清理整顿范围

(一)平山区：站前广场地区、永丰立交桥地区。

(二)明山区：消防地区、东芬转盘地区。

二、在清理整顿范围内的零工市场，由所在地区政府负责予以取缔。零工求职，以及单位和个人招用零工必须到本溪劳动力市场(消防劳动大厦)大厅内进行。

三、对违反本通告规定的，由所在地政府有关部门配合劳动和社会保障部门责令限期改正，并按照有关规定予以行政处罚。

四、对不听规劝、寻衅滋事、妨碍工作人员执行公务的，由公安部门依照有关规定予以治安处罚。

五、本通告由市劳动和社会保障局组织实施，各地区政府及公安、工商、城管等部门应按照各自职责，共同做好清理整顿工作。

(印章)

××××××

2×××年 12 月 24 日

(四)通告的写作要求

写作通告要符合党和国家的方针政策和法律、法规的要求，明确具体地阐述要遵守或周知的事项，便于阅读和理解。

(五)公告与通告的区别

公告、通告都是公开发表的告知性公文。但它们之间有着明显差别。

1.发文单位不同

公告通常是由国家高级权力机关如国务院、全国人大及其授权单位制发，通告的发布不受单位级别限制。

2.受文对象不同

公告的受文对象最为广泛，可面向国内外公众；通告的受文对象往往带有区域性，限于国内某一地区、系统、地段的群众和有关人员。

3.内容与作用不同

公告所宣布的是重要事项或法定事项，行文简短；通告所发布的是需要公众周知和遵守的事项，多属一般事务，内容较多，常常是分条分项书写。

七、意见

(一)意见的概念

意见是用于对重要问题提出见解和处理办法的指导性公文。主要是针对带普遍倾向性的问题或亟待解决的问题进行具体指导，阐明工作的原则、目的、要求、方法与措施等。从行文关系上看，意见既可上行，也可下行或平行。

(二)意见的种类

根据意见的内容和行文方向可划分为以下三类。

1.请示性意见

请示性意见属于上行文，是下级机关对工作中的问题提出建设性意见和处理办法，报请上级机关决定。上级机关必须对其作出处理或给予明确答复。

2.指导性意见

指导性意见属于下行文，是上级机关对下级机关工作中反映的问题予以答复，提出明确要求、处理方法和执行意见。这类意见下级机关应遵照执行。

3.参考性意见

参考性意见属于平行文，是平行机关或不相隶属机关之间就工作中的某些重要问题提出建设性意见或可行的方法，仅供对方参考。

(三)意见的写法

1.标题

由发文机关、事由、文种组成，也可省略发文机关。有说明性的内容应在文种意见前标明有关内容，如“若干意见”“实施意见”“指导意见”“处理意见”等。

2. 主送机关

意见一般应写主送机关，但对下行文，如公文涉及内容广泛，可省略。

3. 正文

通常包括前言、主体、结尾三个部分。

前言阐明发文缘由，主要交代发出意见的依据、背景、目的意义等。具体写法一般有两种。一是简述某项工作任务及其重要性，并以该项任务为依据，写明提出本意见的目的、作用、意义，为提出具体做法、措施作铺垫。二是在总结前段工作的基础上，提出进一步做好工作的意见。首先要概括地肯定前段工作的主要成绩，然后指出还存在的亟待解决的问题，并以此作为提出意见的依据，说明提出意见的必要性。

前言部分的结尾常用“为了……，特提出如下意见”“为了……，现提出如下意见”等承上启下，转入主体部分的文字。

主体叙述意见的具体内容。主体内容包括指导原则、工作任务、措施步骤及其他有关事项。指导原则要明确提出下级机关执行意见，必须掌握的方针、政策界限，必须抓住重要环节和关键问题，使受文单位心中有数，围绕原则开展工作，以保证意见的正确执行。工作任务，要明确地说明在什么时间内，要求干什么工作，完成什么任务，有什么质和量的要求。具体措施是指完成任务的手段，意见中应该明确指出遵守什么具体规定，用什么办法去完成任务。

主体内容的表达形式，内容繁多的可用小标题作为各层的标志，小标题下再分条用段首撮要句表述。若内容单纯集中可直接分条标项在段首标示撮要句。

结尾写总的执行要求。若本部分列入主体条款，就不再写结尾。

【例文 10】下行实施意见

××省人民政府关于全省 20××年
国有大中型企业扭亏脱困工作实施意见

各市、州、县人民政府，省政府各部门：

党中央提出，用三年左右的时间，使大多数国有大中型骨干企业初步建立起现代企业制度，使大多数国有大中型亏损企业走出困境。经过全省上下的共同努力，全省扭亏脱困工作取得了重大进展，列入国家考核的 382 户国有大中型亏损企业，到 1999 年底止，已经扭亏和退出 130 户，占考核企业数的 35%；列入考核的减少到 13.02 亿元，下降 65.04%。但是，扭亏脱困任务仍很艰巨，形势依然严峻。今年是扭亏脱困的最后一年，也是十分关键的一年，各地、各有关部门要以高度的政治责任感，精心组织，狠抓落实，打好今年扭亏脱困攻坚战，确保三年扭亏脱困目标的实现。

一、20××年扭亏责任目标

根据国家三年扭亏脱困的总体要求，今年，全省列入国家考核范围的382户国有大中型亏损企业扭亏面必须确保60%以上，力争达到80%，即在去年扭亏脱困130户的基础上，今年再扭亏脱困130户，力争170户，到今年年底扭亏或退出国有大中型企业行列的企业确保完成260户，力争达到300户(具体分解见附件1)。

二、工作要求与措施

为了确保国有大中型亏损企业扭亏脱困攻坚的胜利，圆满实现大多数国有大中型亏损企业走出困境的目标，必须重点落实以下工作要求与措施。

(一)进一步统一思想认识，增强扭亏脱困工作的责任感、紧迫感。使大多数国有大中型亏损企业摆脱困境，是党中央、国务院提出的一项具有战略意义的重大任务，是整体搞活国有企业，实现国有企业战略性调整改组和国有经济布局战略性调整，以及保持社会稳定，促进国有经济持续、快速、健康发展的重大举措。经过前两年的努力，全省国有大中型亏损企业的扭亏脱困有较大突破，到1999年底，已有三分之一以上国有大中型亏损企业走出困境。但是离目标任务还有较大差距，而且扭亏脱困难度大大超过前两年。各地和有关部门，必须从讲政治的高度，把实现大多数国有大中型亏损企业走出困境作为今年经济工作的重中之重，充分认识打好国有大中型亏损企业扭亏脱困攻坚战的重要性、紧迫性，切实增强责任感、紧迫感，强化责任，落实措施，齐心协力，紧抓不松，确保决战决胜。

(二)进一步强化分级负责目标责任制。对列入国家三年扭亏脱困目标的企业扭亏脱困工作，按照企业隶属关系，实行分级负责制。中央在鄂企业要根据国家的部署和要求，企业主要负责人为责任人；省属企业，由省相关行业管理部门一把手作为第一责任人；市(州)、直管市、林区所属企业，由所属地方政府一把手负责，企业主管部门一把手为第一责任人。同时，继续实施“领导工程”，对列入今年扭亏脱困的企业，要抽调干部，派出扭亏脱困攻坚工作队，进行具体帮助。根据三年扭亏脱困总体目标要求，省经贸委对已列入规划目前尚未扭亏脱困的企业进行了分类排除，除3月底前已扭亏脱困、破产、改制或按国家有关规定可核销的70户企业以外，今年必须扭亏脱困的企业名单(见附件2)已经排出。各地及有关行业主管部门，要据此制订扭亏脱困的具体方案，落实责任制，并制订奖惩措施，确保责任到人，措施到位。

(三)进一步加大分类指导力度。要根据企业亏损的主要原因，研究提出扭亏、搞活、脱困的办法，实行一企一策。对产品有市场、经营有效益、可望扭亏的企业，要从资金、政策等方面予以支持，促其加快扭亏步伐；对列入兼并破产或关闭的企业，要加强与有关部门特别是金融机构的衔接，争取尽快破产兼并或关闭。要把扭亏脱困同国有经济、国有企业的战略性调整、改组紧密结合起来，加大国有企业改革、改组力度。要通过股份制改造、股份合作制改造，推进国有企业股权多元化；通过兼并重组等多种方式，促进国有经济的有效退出。要深化企业内部各项改革，切实转换经营机制，继续开展“学邯钢、学东钢”活动，以加强成本、资金、质量管理为重点。加强企业管理，切实把管理措施落到实处。通过加强管理，推动企业减亏、扭亏与脱困。

（四）加大政策支持力度。要充分用足用好国家支持国有大中型企业扭亏脱困的有关政策，切实抓好“债转股”“财政贴息技改”“部分国有股上市流通”及兼并、破产、核呆政策的落实，最大限度地发挥国家政策的支持效应。对列入国家重点的债转股企业，要加快推进。国家已批准的财政贴息技改项目，要抓紧启动实施。部分国有股上市流通工作，要抓紧做好前期工作。各地要认真学习借鉴××、××搞活国有企业的经验，根据企业的实际情况，从本地的实际出发，从资产处置、机制转换、创新开发、分离分流、治乱减负、增资减债等方面，提出政策措施，并逐条予以落实。

（五）加大监控、检查、督促力度。为了及时了解、处理扭亏脱困工作中的重大问题，推进扭亏脱困责任制的落实，对列入今年扭亏脱困的企业和全省企业扭亏工作，实行“一旬一检查、一月一通报、一季一小结”。重点落实四项制度。一是信息反馈制度，各市、州、直管市、林区和有关行业管理部门，每月至少要向省经贸委反馈两次企业扭亏脱困工作的情况；省经贸委每月要派出检查组，检查重点地区、重点企业的扭亏脱困进展情况，并办《扭亏脱困攻坚专报》，重点反馈全省扭亏脱困的有关情况，交流经验，提出问题，研究对策。二是会议制度。每月召开一次扭亏脱困会议，通报情况，分析问题，推进落实。三是重点跟踪制度。对重点地区、重点行业、重点企业，省经贸委实行定点联系跟踪，对重点部门重点监控，重点协调，特别督促。四是通报制度。以市（州）、直管市、林区和行业为单位，从4月份起按月在《××日报》公布扭亏脱困及企业亏损情况，督促各地、各相关行业加大扭亏工作力度。

附件：1. 全省国有大中型亏损企业扭亏脱困目标分解表

2. 20××年全省扭亏脱困企业及责任人名单

××××××

印

20××年×月×日

章

（四）意见的写作要求

意见的写作要求主要有三点：①要有政策性，无论是写上行意见或下行意见，撰写时，都应该有明确的政策理论依据或事实依据，充分阐明其必要性和重要性；

②要有针对性，要抓住事关全局的重要问题，有针对性地提出切实可行的见解、办法和要求；③意见内容应明确具体，文字表达条理清晰，简明易懂。

八、通知

（一）通知的概念

通知是用于发布、传达要求下级机关执行和有关单位周知或者执行的事项，批转、转发公文所使用的一种文书。

通知是公文中适用范围最广、使用频率最高的一种文体。它既可以作为下行文，又可以作为平行文来使用。通知在具有告知性的前提下，还具有较强的强制性。

（二）通知的种类

根据适用范围通知可分为以下几类。

1. 指示性通知

用于上级机关对下级机关部署工作、安排重要活动或解决工作中出现的问题。

2. 发文通知

这是指对现有文件用书面表明意见，要求下级机关知晓、执行。它包括以下三种类型。

(1)印发性通知

用于将本机关所制定的某些公文（如条例、规定等法规性公文，以及计划、总结等）加按语，以发布或印发通知的形式发给有关单位。

(2)批转性通知

即上级机关认为下级机关上报的材料（报告、纪要、总结等）具有普遍意义，加上批语，用通知的形式发给所属其他下级机关参照执行。

(3)转发性通知

上级机关、同级机关或不相隶属机关发来的公文（例如通知、经验介绍等），根据实际需要，将其中对本地区、本系统的工作有指导意义的，加按语，以通知的形式转发给所属下级机关。

3. 事务性通知

主要指要求下级机关办理或有关单位周知的一般事宜的通知。

4. 会议通知

用于通知有关单位或人员参加会议。

5. 任免通知

主要用于向干部和群众传达任免事项。

(三)通知的写法

不同类型的通知,其写法不尽相同。本节关于通知的写作只谈标题和正文的写法,其他项目略。以下各文种写作讲述同此。

1.指示性通知

(1)标题

指示性通知要写标准式标题,即写明发文机关名称、事由和文种。特殊情况的应在文种“通知”前标明特殊内容。如果通知的事项很重要、很紧急,则写为“重要通知”“紧急通知”。如果是几个单位联合发文,可写为“联合通知”。如果是对前文有所补充,则写为“补充通知”。

(2)正文

通常包括三个部分。①缘由部分,说明制发通知的原因、依据、目的或意义。缘由部分后通常用过渡语“现将有关问题通知如下”“现通知如下”“为此,特作如下通知”“特紧急通知如下”领起下文。缘由部分要写得简洁、概括。②事项部分,分条列项或分段写明通知的具体内容,包括任务、措施、办法和要求。这一部分要写得重点突出,条理清晰。③执行要求部分,主要写明贯彻落实通知的要求。通常写为“以上通知,望认真贯彻执行(落实)”“本通知自下发之日起执行”。这部分要写得简洁有力,不拖泥带水。

2.发文通知

(1)标题

发文通知标题的事由应标明“印发”“批转”“转发”的性质和被发文的名称。标题结构一般写为:发文机关+发布(颁发、转发、印发、批转)+被发文件标题+文种。如《国务院批转国土资源部关于开展国土整治工作报告的通知》。

(2)正文

发文通知的正文内容比较简短,只需用简洁的语言引出被发布公文的标题,并对其表明态度。如需强调被发文的内容,还可以适当指出重要意义,提出执行的希望和要求。

3.事务性通知

这类通知事项简单。如非正式文件,标题只写文种即可。正文多采用篇段合一式,说清通知事项的时间、地点、事情、如何办,有何要求。

4.任免通知

标题为“关于×××等同志职务任免的通知”。正文部分先写明任免的依据,然后写清任免事项。

【例文 11】指示性通知

关于做好防汛救灾资金保障工作的紧急通知

各市、州、直管市、林区、县(市、区)财政局,厅内各单位:

当前,我省各地连续降多场暴雨,持续时间长,降雨强度大,来势猛,破坏性强,汛情、灾情形势严峻。为了全面贯彻落实省委、省政府关于当前防汛救灾工作的重要指示,确保防汛救灾工作的顺利进行,现将防汛救灾资金保障有关事项紧急通知如下。

一、各级财政部门要切实加强领导,将防汛救灾工作作为当前的头等大事。各地要根据本地的雨情、汛情、灾情,调整财政支出结构,千方百计筹措防汛救灾资金,确保防汛救灾工作顺利进行。

二、各级财政部门要站在讲政治、顾大局、为民理财的高度,增强责任意识,及时拨付中央、省和本级救灾专项资金;省级调度的防汛救灾资金必须及时拨付;确保防汛、排涝、除险、灾区人民生活、救灾及灾后恢复资金的需要。凡因资金拨付不及时而影响防汛救灾工作的,在年终全省财政系统目标责任制考核时实行一票否决。

三、各级财政部门要迅速组织专班,深入灾区查灾、核灾;各市、州财政局要组织专项检查组,对所辖县(市、区)防汛救灾资金拨付落实情况进行督查;省财政厅将于 7 月 21 日派出防汛救灾资金督查组赴有关市县督查。

四、各市、州财政局负责所辖县(市、区)防汛救灾资金拨付情况的统计汇总,并及时上报省财政厅。

各市、州财政局接此紧急通知后速传真所辖县(市、区)财政局。

××省财政厅

2010 年 7 月 21 日

【例文 12】印发性通知

国务院关于印发舟曲灾后恢复重建总体规划的通知

各省、自治区、直辖市人民政府,国务院各部委、各直属机构:

现将《舟曲灾后恢复重建总体规划》印发给你们,请认真贯彻执行。

舟曲特大山洪泥石流灾害灾后恢复重建工作事关灾区群众的切身利益和生命财产安全,事关民族地区经济社会可持续发展,事关白龙江流域生态环境有效保护,对不断提高灾区人民生活水平,促进民族团结和社会和谐稳定,实现经济社会跨越式发展和长治久安,具有重要意义。各有关地区和部门要充分认识舟曲灾后恢复重建的重要性和特殊性,树立全局意识,切实加强领导,精心组织实施,全面做好灾后恢复重建各项工作。

国务院

2010 年 11 月 4 日

【例文 13】转发性通知

国务院办公厅关于转发国家税务总局深化
税收征管改革方案的通知

各省、直辖市、自治区税务局：

国家税务局《关于深化税收征管改革的方案》已经国务院同意，现转发给你们，请认真贯彻落实。

深化税收征管改革，是为了更好地贯彻落实工商税制改革的各项规定，增强国家财力，促进国民经济持续、快速、健康发展。各级人民政府要高度重视，加强领导，切实抓好深化税收征管改革方案的组织实施；国家税务总局要加强对深化税收征管改革的指导和检查；各有关部门要积极支持、密切配合，共同确保这项改革的顺利进行。

国务院办公厅

××××年×月×日

【例文 14】任职通知

××市人民政府关于公布×××等工作人员职务的通知

各市区人民政府，市政府各部门：

××××年×月×日，经××市第九届人民代表大会常务委员会第三次会议决定，任命：

×××为××市人民政府秘书长；

×××为××市教育委员会主任；

×××为××市经济委员会主任；

×××为××市科学技术委员会主任；

×××为××市商业委员会主任。

……

××市人民政府

××××年×月×日

【例文 15】会议通知

××省普通高等学校国防教育协会
关于召开××省普通高等学校 2010 年度
国防教育工作会议暨全省高校国防教育协会年会的通知

各普通高等学校：

为了总结交流学生军训工作经验，进一步做好新年普通高校国防教育与学生军训工作，推动我省高等学校国防教育工作的开展，根据省教育厅有关工作意见，拟决定在××市召开××省普通高等学校 2010 年度国防教育工作会议暨全省高校国防教育协会年会。现将有关事宜通知如下。

一、会议时间:2010 年 3 月 20 日报到,3 月 24 日离会。

二、会议地点:××大学(××市云林路原××水电工程学院接待中心)

三、参加会议人员:各高校武装部部长或学生军训的主管部门负责人 1 人;协会理事长、副理事长、常务理事和各部门负责人。××大学、××科技大学、××理工大学、××财经政法大学可派 2 名负责同志参加。

四、会议内容:

(一)协会年度工作报告和财务报告;

(二)通报检查评估和论文评选结果;

(三)专题讲座,聘请专家讲授国际安全形势和高新技术在军事上的应用两个专题;

(四)交流学生军训工作开展情况,并就如何进一步做好高等学校国防教育和学生军训工作的有关问题进行研讨;

(五)安排 2010 年××省普通高等学校学生军训工作;

(六)省教育厅、省军区领导讲话。

五、有关要求:

(一)请各校将学生军训的基本情况(每年训练人数、时间和形式;军事课开设和教学设备;经费和武器弹药保障;管理部门和人员编制的做法和经验,以及当前需要研究的新问题、新情况等)以书面材料的形式打印 80 份带到会上以便交流。

(二)请将参加会议人员的名单、职务于 3 月 16 日前务必报协会秘书处。秘书处地址:××理工大学武装部。

邮编:430000

联系电话:027-88888　027-87666666

(三)参加会议人员每人需交纳会务费、资料费 400 元,食宿费自理。

(四)遵照主管部门要求,我省普通高校均为省普通高等学校国际教育协会团体会员单位,应按规定及时交纳会费,请 2010 年未交纳会费的单位,将会费带到××大学同时办理。

协会账号:××汽车工业大学资金结算中心

邮编:430000

开户行:123-1234567890

工行××市××支行

××××××

印

2010 年 3 月 6 日

章

【例文 16】事务性通知

××省教育厅关于启用“中共××省委
高等学校工作委员会”等印章的通知

各市、州、林区、县教委，高等学校、省部属中专：

根据中编办《关于××省委高校工委的批复》(中编办〔2000〕92 号)和省编委《关于省教育厅增挂“中共××省委高等学校工作委员会”牌子的批复》(×编发〔2000〕97 号)，我厅从即日起启用“中共××省委高等学校工作委员会”、“中共××省委高校工委干部人事处”、“××省教育厅干部人事处”等三枚印章。

附件：启用印章的印模

××××××
印
2001 年 2 月 15 日
章

(四)通知的写作要求

1. 要有针对性

无论哪一类通知，都要从工作需要出发，通知事项要明确具体，突出重点，讲清说透。

2. 要有条理性

通知事项应分清主次，按其先后顺序，一层层地展开，做到条理清晰，内在联系紧密，有较强的逻辑性。

九、通报

(一)通报的概念

通报是党政机关、社会团体、企事业单位表彰先进、批评错误、传达重要精神和告知重要情况时所使用的一种公文。

发通报的目的是为了以正面或反面的典型事例和重要情况来教育工作人员，指导并改进工作。因此，通报具有表彰作用、惩戒作用和交流作用。

(二)通报的种类

按写作形式分，可分为直述式通报和转述式通报两种。①直述式通报是由发文机关直接叙述通报内容，并加以评论、提出要求。②转述式通报是由发文机关用转发文件的形式，不直接叙述通报的内容，只就被转发文件的内容进行评论和提出要求，被转发文件材料随文附发。

按内容性质分，可分为表彰性通报、批评性通报和情况通报。

(三)通报的写法

通报一般由标题、主送机关、正文、落款、日期几个部分组成。

1. 标题

通报标题常用标准式标题,即发文机关、事由和文种,或者省略发文机关,由事由和文种组成。

2. 主送机关

通报主送机关多是普发性,有时可以省略。

3. 正文

通报的正文一般包括以下内容。

(1)通报事实

这是通报的依据,要将被通报事件的时间、地点、单位或当事人、起因、经过、结果和影响交代清楚。要求事实准确,重点突出。

(2)分析和评价

从通报事实出发进行恰当的评析,指出意义或后果,揭示其实质性的问题。议论不宜过多,且要注意分寸。

(3)通报决定

提出对被通报者的表彰或处理办法。

(4)提出希望要求

向受文单位提出希望要求,或希望学习先进,做好工作;或要求汲取教训,防止类似事件发生;或针对通报情况提出今后工作意见。

【例文 17】表彰性通报

××省人民政府关于表彰
全省管理示范企业先进工作者的通报

各市、州、县人民政府,省政府各部门:

近年来,全省广大企业认真贯彻落实《××省人民政府关于全省管理示范工程推进管理创新意见的通知》(×政发〔2008〕48 号),广泛开展学习邯钢、东钢和亚星经验,争创管理示范企业活动,企业管理素质和经济效益水平不断提高,涌现了一大批勇于管理创新、成绩突出的先进企业和个人。为深入推进管理示范工程,积极开展"管理年"活动,充分发挥典型引路作用,省政府决定授予××钢铁集团公司、××水电开发有限责任公司等 15 个企业"××省管理示范企业"称号,并对陈××、杨××等 70 名管理先进工作者予以通报表彰(名单附后)。

全省广大企业要结合实际,认真学习先进企业经验,不断深化改革,强化管理,勇于创新,全面提高企业综合管理素质和经济效益水平,努力实现国有大中型企业三年改革脱困两大目标。受表彰的企业和个人要百尺竿头,更进一步,创造性地抓好企业管理工作,为××经济持续、快速、健康发展作出更大贡献。

附件:1.××省管理示范企业名单

2.××省企业管理先进工作者名单

××××××

20××年×月×日

【例文18】情况通报

关于二〇××年元旦节期间

人行系统安全保卫工作情况的通报

人民银行各县、市支行:

由于各级行领导的高度重视和机关各部门的大力支持,在元旦节期间,安全保卫工作做到全区库款、机关院内、职工人身三安全。根据部分县、市支行汇报和三组分行的抽查,现将情况通报如下。

一、党组重视。节前,专门组织全行人员认真学习省分行关于节日期间加强安全保卫工作的电视通知精神,再一次进行安全防范教育,就节日期间的安全保卫工作作了详细安排,行长以身作则。

二、加强各项规章制度,并检查,督促、落实。

三、进一步重申了枪支弹药专人保管、专人放置,对枪支、警具、报警设施和车辆进行了全面擦拭和保养,使其处于良好的战斗状态。

四、今年元旦节大部分县行做到节前有安排、节日期间有检查、节后有书面汇报,做得比较好的有××市、××县、××县、××县、××县。

元旦节刚过去,春节即将来临,为了保证节日期间,库款、机关院内、职工人身绝对安全,我们再重申几点要求。

1.各行要把春节期间的安全防范工作当作头等大事来抓,春节期间,探亲访友人员增多,值班人员相对减少,机关院内出入人员复杂,各行要提高警惕,加强门卫制度,值班制度,行长要常到守库现场检查,以确保安全。

2.严格值班纪律,在值班期间严禁酗酒、玩扑克牌,调款车无调款任务要控制外出,确保行车安全。

3.春节期间烟花、爆竹相对增多,要防止失火,认真做好工作,防微杜渐,杜绝事故发生,各行要再认真进行一次自查,加强必要的安全措施。

4.加强汇报制度。各行要在二月三日前,把节日安全保卫执行情况,报二级分行保卫科。

中国人民银行××分行

20××年1月8日

(四)通报的写作要求

1.事实要真实准确

要核准事实,经集体研究后动笔。通报的内容要在本系统、本单位有一定的典型性和代表性,有普遍的教育指导作用。

2. 评议决定要恰当

表彰不能过分拔高,批评不能无限上纲。奖励或处分必须符合政策,符合事实。

3. 用语要庄重、严肃、得体。

十、报告

(一)报告的概念

报告是下级机关向上级机关汇报工作,反映情况,回复上级机关的询问时所使用的一种陈述性的上行文。

(二)报告的种类

报告一般可分为工作报告、情况报告、答复报告和呈送报告四种。

1. 工作报告

工作报告是用于汇报某一时期全面工作情况或某项工作进行到一定阶段向上级汇报的报告。这种报告多将工作中的成败得失、经验教训及今后的工作意见向上级机关具体汇报。写作时可分为综合报告和专题报告两类。

2. 情况报告

情况报告是就某一问题或某一偶发性情况向上级机关汇报的报告。以沟通信息、及时得到上级指导。

3. 答复报告

答复报告是针对上级机关的询问所作答复而写的报告。它与主动向上行文的汇报性报告不同,是被动行文。

4. 呈送报告

呈送报告是下级机关向上级机关报送文件、物件随文或随物呈送的报告。

(三)报告的写法

1. 标题

报告的标题通常只写事由和文种。写好报告标题的关键是写好事由,要求概括事由简洁、明确,能准确写清报告的问题,点明报告的性质。

2. 主送机关

报告的主送机关不能省略,即主管上级机关。

3. 正文

报告正文一般由报告原由、报告事项、报告结语三部分组成。

(1)报告原由

一般用简洁的语言说明报告的根据、目的、背景和总的工作情况,即为什么报告。然后根据报告类型的不同用过渡句"兹报告如下""特作如下报告""现将有关情况报告如下"引出下文。

(2)报告事项

即具体陈述报告的内容。工作报告主要写工作进展情况、主要做法(步骤、措施)、效果,存在的问题,今后工作意见。情况报告要写明情况或问题、原因、处理经过和意见,以反映情况为主。答复报告主要是针对上级机关询问的问题进行回答,针对性强,不涉及其他的问题。

(3)报告结语

一般用习惯用语,不同类型的报告应恰当地选用以下不同的结语:"特此报告""特此报告,请审阅(请审查、请核查、请审核、请查收)""以上报告,如有不妥,请指正""以上报告当否,请指正""以上回复,如有不当请指正""以上报告如无不妥,请批转……执行"。

【例文 19】工作报告

关于巩固大检查成果进一步做好

减轻农民负担工作的报告

国务院:

按照国务院办公厅《关于开展全国减轻农民负担工作大检查的通知》(国办发〔1999〕14 号)要求和全国减轻农民负担工作电视电话会议精神,1999 年 10 月到 2000 年 1 月,在全国范围内开展了减轻农民负担工作大检查。现将有关情况报告如下。

一、大检查工作取得的成效

按照国务院的要求,各地从 10 月份开始,积极部署、精心组织了大检查工作,普遍成立了由主要负责同志任组长、有关部门领导为成员的领导小组或办公室,结合当地的实际情况制订了具体检查方案,并抽调政治素质高、业务能力强的同志参加检查。整个大检查工作以贯彻落实中央有关减轻农民负担政策为核心,以检查整改存在的问题为重点,以解决群众反映强烈的问题为突破口,通过有计划有步骤的工作,发现和解决了一些问题,促进了减轻农民负担工作的深入开展,取得了明显的成效。

(一)广泛宣传了中央减轻农民负担的一系列方针政策。检查中,省、地、县、乡共组织干部培训班 67 822 期,培训各级干部 625 万人次,召开各种座谈会 43.7 万次,走访了 692 万农户。各地普遍反映,这次大检查是近几年减轻农民负担工作中涉及面最广、影响最大的一次活动。通过检查,广大干部特别是基层干部受到了一次深刻的政策和法制教育,进一步提高了依法行政的自觉性。同时,也使广大群众进一步体会到党中央、国务院维护农民合法权益的坚定决心,增强了积极履行应尽义务、依法维护自身权益的意识。

(二)切实解决了一些群众反映强烈的问题。检查中,各地对发现的问题大多提出了整改措施,做到了边查边纠。据统计,各地共取消 7 831 个不合理收费项目,减轻农民负担 37.7 亿元。此外,大检查还有力地配合和推动了有关政策的落实。全国已有 96%的县实行了提留统筹费一定三年不变的政策。通过整顿农村电价,使农村电价平均降低了 0.1 元,全年共减轻电价负担 230 亿元。通过治理报刊摊派,全国农村削减不合理报刊征订任务 367 万份,涉及金额 1.89 亿元。各地还精简乡镇干部、村组干部、教职工共 2 276.2 万人,减少开支 47.7 亿元。

(三)查处了一批违法违纪案件。各地大检查统计结果表明,1999 年全国共查结 7 507 起涉及农民负担案件,受到党纪政纪处分的干部 4 800 人。1999 年发生的恶性案件,大部分得到了处理。

(四)完善了各项监督管理制度。各地通过大检查,进一步完善了减轻农民负担工作党政一把手负总责的制度,明确了部门专项治理责任制度,加强了农民负担监督管理的预决算、监督卡、专项审计和财务公开制度建设。这些制度的完善和健全,为下一步加强对农民负担的监督管理奠定了良好基础。

二、存在的主要问题(以下有删节)

从各地检查上报和我们抽查的情况看,减轻农民负担工作仍存在不少问题。

(一)一些地方的检查工作还不够扎实。

(二)仍有一些违反中央政策规定的问题没有解决。

(三)一些地方恶性案件时有发生。

三、进一步做好减轻农民负担工作的意见

(一)切实抓好政策落实。

(二)进一步抓好制度建设。

(三)积极抓好治本措施。

(四)继续抓好监督检查。

以上报告如无不妥,建议批转各地区、各部门贯彻执行。

农业部　国务院纠风办　财政部

国务院法制办　国家计委

2000 年 4 月 7 日

【例文 20】答复报告

××市人民政府关于治理××河

水质污染问题的报告

××省人民政府:

省政府转来××××××委员会提出的关于××河水质污状况的报告,经市政府调查研究，现对该报告中提出的有关问题及我们研究的解决方案报告如下。

一、解决××河水质污染问题的关键是尽快建成污水处理厂。

现在××河的污染主要是××区排放的污水所致。××区的排放量为 2.5 万吨，污水比较集中，因污水处理厂未能及时建立，致使污水直接排入××河，造成了××河的污染。

为解决××河的污染，市政府已抓紧××区污水处理厂建设，争取在 20××年建成。××区污水处理厂原设计概算为 831.6 万元，按现行价格估算约为 1 100 万元，已于 20××年×月开工，建成了 8 项附属设施，已完成投资 200 万元，市政府今年安排的 300 万元投资已全部落实，××区城环局正在组织实施。

根据××河河道以南人口密集区的地下水污染和环境问题，在污水处理厂未建成之前，利用现有污水管道，把污水引到××区污水处理厂以西，污水直接排入污水处理厂的出口，这就避开了污染区。

二、电热厂的粉煤灰也是污染源之一。对于电热厂储灰厂的选址，必须考虑到对地下水和环境的污染。选址已责成××区电热厂抓紧做工作，争取尽快报市政府有关部门审批。对南储灰厂渗漏对地下水的污染，主要采取截流集中排放的措施，以减少对地下水的污染。

××××××

印

2×××年×月×日

章

【例文 21】呈送文件报告

××县审计局关于呈送 2012 年度
工作总结的报告

县政府：

现随文呈上《××县审计局 2012 年度工作总结》，请审阅。

××××××

印

2013 年 1 月 20 日

章

【例文 22】呈送物件报告

××厂关于送交救灾衣物的报告

××局：

我厂职工为我省洪水灾害的农民群众捐献的衣物已全部送来，现随文送交棉袄 846 件，棉裤 741 件，棉鞋 935 双，单衣 1 817 件，棉被 230 床，请查收。

××××××

印

20××年×月×日

章

(四)报告的写作要求

报告的写作要求主要有四点：①反映的内容要切实可靠；②抓住重点问题写，不能面面俱到；③以叙述为主，叙议结合；④不夹带请示事项。

十一、请示

(一)请示的概念

请示是下级向上级机关请求指示、批准时使用的请求性、期复性上行文。

(二)请示的种类

根据请示要求不同，可作如下分类。

1. 请求指示的请示

如请求上级对某些政策、规定予以进一步阐释；请求上级对某些新情况、新问题提出解决办法等。

2. 请求批准的请示

如机构设置、人员定编、上项目、财政支出、资产购置等，请求上级批准，都属于这一类。

3. 请求批转的请示

这类请示要求上级领导机关审定或批准同意后批转有关方面执行。

(三)请示的写法

1. 标题

请示的标题有完整式和事由加文种式两种。

请示标题的事由必须概括、准确、贴切地写明请示的事项或问题；标题中不能使用“申请”“请求”等与文种同义的赘语；不能将文种写成“请示报告”。

2. 主送机关

主送机关即主管上级机关。请示不能多头主送，一般只能写一个主送机关。

3. 正文

正文一般由请示原由、请示事项和请示结语三部分构成。

(1)请示缘由

请示开头应写明请示的依据和原因或交代背景，要用充分的理论根据和事实根据说明为什么要请示，要反映出请示事项的重要性、迫切性。请示理由部分是直接关系到请示事项能否得到批准的关键。

(2)请示事项

说明请求上级机关指示或批准的具体事项，是措施和意见部分。这部分是请示的核心部分，要写得明确、具体、客观、切实，突出可行性。

(3)请示结语

请示的结语要明确、肯定的提出请上级复文的要求。常用的结语有“上述意见当否，请批复”“特此请示，请予批准”“以上意见如无不妥，请批转各地区、各部门贯彻执行”等。

【例文 23】请求批准的请示

××省经贸委关于建议成立
全省推动中小企业发展工作领导小组及办公室的请示

省人民政府：

为加大工作力度，统筹规划推动中小企业发展工作，国务院办公厅转发了国家经贸委《关于鼓励和促进中小企业发展的若干政策意见》(国办发〔2000〕59 号)，提出由国家经贸委牵头，科技部、财政部、人民银行、税务总局等部门参加，成立全国推动中小企业发展工作领导小组，办公室设在国家经贸委。

中小企业是我省国民经济重要组成部分，我省企业户数的 96%、销售收入的 52%、产值的 60%、利税和利润的 40%、从业人员的 65%，都是由中小企业提供的，搞活中小企业，对于活跃市场，增强就业，维护社会稳定，发展城乡经济，提高人民生活具有重要意义。推动中小企业发展是一项长期性的工作，随着经济转型和加入 WTO 进程的加快，加强中小企业发展工作的统筹规划和指导显得尤为重要。国办发〔2000〕59 号文涉及面较广，政策性很强，要落实好，需要省里进行统一规划和有关部门共同努力。为此，我委建议成立××省推动中小企业发展工作领导小组，由分管省长任组长，省经委领导任副组长，省经贸委、省财政厅、省科技厅、人行××分行、省国税局、省地税局、省工商局、省乡镇企业局等部门分管领导任成员。领导小组办公室设在省经贸委，由省经贸委分管领导任主任。

以上建议如无不妥，我委即与有关部门协商，确定人员名单，报省政府审定。

特此请示，请批示。

××××××
印
2000 年 11 月 15 日
章

(四)请示的写作要求

请示的写作要求主要有四点：①要坚持一文一事，忌一文数事；②准确地阐明请示理由，恰当地提出意见或建议；③标题要规范，不能将请示与报告混用；④用语要分寸得当、谦恭、庄重，结尾应用约定俗成的惯用语。

(五)请示和报告的异同

请示与报告是上行文中两个很接近的文种，在实际写作中有许多相同之处，因此，工作中容易混淆使用，应掌握两者的区别。

1. 行文的目的不同

报告重在向上级机关汇报工作，反映情况，提出建议，主要目的是供上级机关掌握情况，为上级机关提供信息，以便上级机关更好地指导工作；请示重在请求上级机关解决某个问题或批准某项公务活动，具有解决问题的迫切性。

2. 内容含量不同

任何请示都必须一事一文，并明确提出请示事项；而报告一文一事或一文数事皆可。如综合报告就是集数事于一文。报告中不能夹带请示事项。

3. 行文的时限不同

报告在事前、事中或事后行文皆可；而请示必须在事前行文，不允许“先斩后奏”或“边斩边奏”。

4. 对上级要求不同

报告不要求上级复文，而请示则要求上级复文。因此，两者的结语明显不同。报告的结语带有不要求批复的性质，而请示的结语必须明确要求上级批复。

十二、批复

(一)批复的概念

批复是上级机关答复下级机关请示事项的公文。批复机关要针对请示事项阐明观点，答复意见要明确，不能含糊其辞。

(二)批复的种类

1. 决定性批复

用于表示批准或不批准下级机关的请示事项，作出相应决定的批复。决定性批复又分为两种：表示批准请示事项并作出相应决策的批复称同意批复；对下级请示事项作出否定的批复称否定性批复。

2. 指示性批复

不仅表明同意或不同意，而且就其落实、执行或意义讲几点指示性意见；或对下级机关有关政策、措施的询问进行解答性指示的批复，都属于指示性批复。这类批复的正文往往一部分对请示事项同意与否表态，另一部分对请示事项作出政策性指示。

(三)批复的写作

1. 标题

标题常用的写法有以下四种:

①批复机关加批复事由加文种,如《国务院关于同意湖北省地方体制改革调整行政区划的批复》;②批复机关加事由加请示机关加文种,如《国务院办公厅关于悬挂国徽等问题给湖北省人民政府办公厅的批复》;③事由加请示机关加文种,如《关于同意湖北省设立仙桃市给湖北省人民政府的批复》;④事由加文种,如《关于同意“武昌区危房改造实施方案”的批复》。

2. 主送机关

批复的主送机关就是请示机关。如答复的问题具有普遍性或涉及到某些单位,可用“抄送”形式抄送所有下级机关或有关部门。

3. 正文

批复的正文一般由批复根据、批复意见、批复结语三部分组成。

(1)批复根据

开门见山直接引述请示日期、标题和发文字号,或只引标题和文号,表明收悉。然后写明经过研究,用承启语“现作如下批复”“现批复如下”过渡到批复意见。

(2)批复意见

要根据方针、政策、法规、规章或实际情况作出恰当明确的答复。有的答复只表示同意或不同意并简述理由,有的则在表态之外,还要阐述一些补充意见,进行政策、方法等方面的指示。

(3)批复结语

有的可不用结语,有的为了加强语气,常用“此复”“特此批复”等语句结尾。

4. 落款

批复单位名称和日期。

【例文 24】批复

××省××厅

关于财产损失问题的批复

××市××局:

你局《关于两项商品损失核销问题的请示》(××财〔20××〕××号)收悉。经研究批复如下。

一、××市百货公司钟表商店营业室被歹徒抢劫,并纵火烧毁(罪犯已被处决),流动资产损失 97 120 元,同意以“财产损失”核销,列入 20××年度会计决算之内。

二、××市百货公司批发商店库存××产白蜡线、××产青蜡线,残损变质,属于两项损失，按财务管理办法规定，乃在你局批准权限之内，省厅不给予审批。

××××××

印
20××年×月×日
章

(四)批复的写作要求

批复的写作要求主要有三点：①态度要鲜明，意见要具体，切忌模棱两可，含糊其辞；②措词要准确，语气要肯定，篇幅要简短；③批复要求主旨集中，要围绕请示事项逐一答复，不要离开请示内容而发表空泛的意见，也不能离开请示事项另作指示。

十三、议案

(一)议案的概念

议案是各级人民政府按照法律程序向同级人民代表大会或者人民代表大会常务委员会提请审议事项时所使用的一种文书。

(二)议案的种类

议案一般可以分为两种类型。

1. 由国家机关提出的提请审议事项的议案

这类议案包括：①国务院向全国人大常委会提出的请予批准已签订的国际条约，或请予批准加入某国际公约的议案，如《国务院关于提请审议批准〈中华人民共和国和俄罗斯联邦关于中俄国界两段的协议〉的议案》；②国务院和地方各级人民政府提出的请求立法的议案，如《国务院关于提请审议〈中华人民共和国劳动法(草案)〉的议案》；③国务院和地方各级人民政府提请审议一些重大事项，如《国务院关于提请审议兴建长江三峡工程的议案》；④国务院和地方政府提请的人事变动的议案，如《国务院关于提请××等同志职务任免的议案》。

2. 由人民代表(达到法定人数限额的)提出的对有关问题的建议、批评和意见的议案

这类议案一般是由提议案人在印成一定格式的议案专用纸上填写，提请议案审查委员会审查后列入大会议程。

(三)议案的写法

议案的格式比较固定，一般由标题、主送机关、正文、署名、日期几个部分组成。

1. 标题

议案标题一般由提出议案的机关名称、事由、文种构成，如《国务院关于提请审

议〈中华人民共和国消费者权益保护法(草案)〉的议案》。

2. 主送机关

同级人大或人大常委会。

3. 正文

议案的正文一般包括提请审议的原由、提请审议的事项和结语三部分。

(1)原由

要写明所要解决的是什么问题,说明提议案的理由、根据、目的或意义,要求简洁,富有说服力。

(2)事项

事项即议案的核心内容。如果是提请审议某个重要项目,事项就是所提出问题的解决途径和方法;如果是提请审议某个法规,事项就是说明法规名称和哪个机关审定这个法规;如果是提请审议某些领导人任免,事项就是说明被任免人姓名、职务。这部分必须将方案或提请审议事项交代清楚。

(3)结语

结语即提出审议的请求。通常用"请审议""请审议决定""现提请审议"等专用语结束全文。

【例文 25】议案

国务院关于提请审议设立重庆直辖市的议案

全国人民代表大会:

重庆市是我国西南地区和长江上游最大的经济中心城市。1983 年国务院决定将重庆列入全国首批经济体制改革试点城市和计划单列城市,赋予省级经济管理权限。为了充分发挥重庆市作为特大经济中心城市的作用,进一步推动川东地区,以及西南地区和长江上游地区经济和社会发展,并且有利于三峡工程建设和库区移民的统一规划、安排、管理,同时解决四川省由于人口过多和所辖行政区域过大、不便管理的问题,国务院经过认真研究、反复论证,拟将四川省的万县市、涪陵市和黔江地区所辖行政区域划入重庆市,设立重庆直辖市,总面积 8.2 万平方公里,总人口 3 002 万人。重庆直辖市设立后,由国务院依据宪法和有关法律的规定,对其管辖的行政区域的建置和划分做相应的调整。

设立重庆直辖市是为加快中西部地区经济和社会发展所采取的一项重要举措。国务院于 1996 年 12 月 20 日提请全国人大常委会审议。八届全国人大常委会第二十四次会议审议后,决定提请第八届全国人民代表大会第五次会议审议。现将设立重庆直辖市的议案送上,请予审议。

国务院总理　李鹏

1997 年 2 月 27 日

(四)议案写作要求

议案写作要求主要有四点:①主旨集中,要求“一事一案”,以便审议和处理;②议案案由要实事求是,理由要有理有据,有较强的说服力;③建议、意见要具体明确,切实可行;④语言要准确、鲜明、严密和庄重。

十四、函

(一)函的概念

函是平行机关或不相隶属机关之间商洽工作、询问和答复问题,请求批准和答复审批事项时所使用的一种公文。

(二)函的种类

函的种类繁多,从不同角度有不同分法。

1. 按行文方向分为去函和复函

去函是本机关主动向某机关发出的函,一般是商洽工作、询问事项、请求批准。复函是本机关被动地向某机关答复商洽、询问和批准请求事项。

2. 按内容和使用范围函可以分为告知函、商洽函、询问函、请准函和答复函。

①告知函用于把某一事项、活动告知对方,不要求对方回复。

②商洽函用于请求协助、商洽办理某一事项。

③询问函用于向有关单位询问相关问题。

④请准函用于向不相隶属机关请求批准有关事项。

⑤答复函即复函,答复某机关的商洽、询问事宜或审批事项。

(三)函的写法

函由标题、主送机关、正文、落款几部分组成。

1. 标题

函的标题有完整式,但较多用“事由+文种”式,也有用“制文机关+文种”式省略事由的,如《湖北省高级人民法院函》。

2. 主送机关

写明函的收文单位。函的主送机关一般只有一个。

3. 正文

函的正文内容包括原由、事项、结语三部分。在具体写作时,应选择使用与它行文方向一致、公文内容相符的文种写法,如:

商洽函,写明商洽的原因、事项和发文单位意见;

询问函,写明询问问题的原由以及询问的问题;

请准函，类似请示的写法，说明请准事项的原因、意见；

答复函，类似批复写法，紧扣所询问的问题或请求答复的事项发表意见，作出答复。

函一般用惯用结语。去函结语，要依据内容而定。如商洽、询问事宜，则用“可否”“盼复”“请研究复函”等；如代行通知，则可用“请遵照办理”“特此函告”等；若代行请示，则可用“以上意见妥否，请批示”“请复函告之”等。复函结语常用“此复”“特此函复”。

4. 落款

写发函单位名称和日期。

【例文 26】商洽函

中国科学院××研究所致××大学
商洽建立全面协作关系的函

××大学：

近年来，我们研究所与贵校在一些科学研究项目上互相支持，取得了令人满意的成绩，建立了良好的协作基础。为了巩固已取得的成果，取得更大的成就，建议我们双方今后能进一步在学术思想、科学研究、人员培训、仪器设备等方面建立全面的交流协作关系，特提出如下意见。

一、定期就共同关心的学术问题举行所、校之间的学术讨论与学术交流；共同分析国内外同行的项目动态和发展趋势；互相参加对方组织的学术年会及专家讲学活动；互派专家参加对方的学术组织对科研发展方向、任务和学位、学术论文及重大科研成果的评审工作。

二、根据所、校各自的科研发展方向和特点，对双方共同感兴趣的课题进行协作。协作形式和办法视课题性质和双方条件，制订单项协议。

三、根据所、校各自人员配备情况，校方在可能条件下对所方研究生、科研人员的培训予以帮助，所方为学校学生、研究生的毕业论文提供指导。校、所双方教学科研人员对等地承担对方一定的教学科研工作，享受同原单位职称相应的待遇。

四、双方每年进行科研计划交流以便掌握方向，协调分工，避免重复。共商协作项目，使双方有所侧重与分工。

五、双方科研教学所需高、精、尖仪器设备，在可能情况下向双方提供利用，并协助做好测试工作。双方的附设工厂车间，相互给予科研和实验设备加工的方便。

六、加强图书资料和情报的交流。

以上各项，如蒙同意，建议互派科研主管人员就有关内容进一步磋商，达成协议，以利工作。

特此函达，即请研究函复。

××××××

印

20××年×月×日

章

【例文 27】请求批准函

××省民政厅

关于成立××民福贸易公司的函

××省发展计划委员会：

为促进我省民政工业发展，拓宽福利生产市场，积极发展外向型经济，经研究，决定成立××民福贸易公司。

该公司为集体所有制，实行独立核算，自负盈亏。

经营范围：主营民政福利企业产品及出口创汇产品外贸经营。兼营各类生产资料，经济技术咨询，产品开发有偿服务及其他民用商品。

经营方式：零售、批发、代购、代销及调拨。

当否，请复函。

××××××

印

20××年×月×日

章

【例文 28】答复函

××省发展计划委员会

关于成立××民福贸易公司的复函

××省民政厅：

你厅《关于建立××民福贸易公司的函》收悉。经研究，同意成立××民福贸易公司。该公司为集体所有制企业，实行独立核算，自负盈亏，自主经营，具有法人地位。公司归民政工业公司管理。编制暂定××名。公司经营范围：主营民政福利企业产品，兼营与其产品有关的原辅材料。经营方式：零售、批发、代购、代销及调拨。公司的注册资金×××万元。开业地点：××××××。

此复

××××××

印

20××年×月×日

章

(四)函的写作要求

函的写作要求主要有三点:①内容简洁,一事一函;②直陈其事,切忌套话;③措辞得体,讲究礼貌。

十五、纪要

(一)纪要的概念

纪要是记载会议主要情况和议定事项的一种公文。它是针对会议主旨的要求,根据会议记录、会议文件等文字资料和会议讨论的主要问题和决定事项进行归纳整理而成的。可以上传下达统一认识,推动工作。

(二)纪要的种类

纪要大致有两种类型。

1. 办公会议纪要

又称日常行政工作会议纪要。主要用来反映党政机关、社会团体、企事业单位的领导机关开会研究问题,部署工作的情况,以作为今后指导工作的依据。

2. 专项会议纪要

各种各样的交流会、座谈会、研讨会的会议纪要,多属于这一类。

(三)纪要的写法

会议纪要一般可分为标题、正文、落款三个部分。但会议纪要的写作是很灵活的,不一定每份会议纪要都按这三个部分来写。

1. 标题

标题有两种形式。一是单式标题,由会议名称和文种组成。如《院长办公会议纪要》。二是双式标题,由正题和副题组成。正标题揭示会议主要内容,副标题则由会议名称和文种组成。如《维护财政制度加强经济管理——财政座谈会纪要》。

2. 正文

会议纪要正文有多种写法,这里介绍两种结构的写法。

(1)分项式

分项式结构的写法,即把会议时间、地点、主持人、参加人、会议内容和议定事项、会议要求分项依序往下排列,逐项叙写。议定事项是正文的主体内容,因此可把决定的事项或意见、精神加以归纳,分项标号,逐项叙述表达。

(2)总分式

总分结构,即把会议时间、地点、主持人、参加人和会议议题、会议结果评价等放在开头概括总述,把议定事项放在分述部分分条标项叙述表达。分述部分是正文的主体内容,要写出会议研究的问题,讨论的情况,作出的决定,对今后工作提出的任务、要求等。具体写法，可以把会议的发言，讨论的情况进行综合分析，围绕中心议题，归纳概括成几个部分，分条分段用“一、二、三……”的形式或冠以小标题进行排列，标明层次，然后对各个部分作完整系统的说明和阐述。

会议纪要正文的主体部分中常在段落和层次之首冠以“会议认为”“与会者认为”“会议提出”“会议强调”“会议指出”“会议决定”等习惯用语作为提挈语，以引出会议的主要精神。

会议纪要的结尾部分，有的写会议的要求、希望和号召；有的写会议遗留的尚待解决的问题；有的对为会议召开作出贡献的单位或个人表示感谢；有的会议纪要不写结尾。

3. 落款

落款包括署名和日期。

右下方署会议主办机关名称。署名下一行注明××年×月×日，为会议结束日期。

【例文 29】分项式会议纪要

中共××市委常委会议纪要

时间：20××年4月17日下午至18日。

地点：市委主楼218会议室。

主持人：×××。

参加人：×××、×××、×××。

会议内容：

一、学习并讨论如何贯彻执行省委《关于进一步统一认识，坚决搞好治理整顿的通知》；

二、听取并讨论××同志关于20××年度振兴××立功竞赛表彰大会准备工作的汇报。

议定事项：

一、会议认真学习了省委20××年4月10日《关于进一步统一认识，坚决搞好治理整顿的通知》，对我市前段治理整顿的情况和一季度形势逐项进行了分析和深入讨论，进一步统一了思想，明确了当前和今后治理整顿的任务和工作重点。

会议认为，半年来我市在贯彻中央治理整顿方针的过程中，态度坚决，工作扎实，初见成效。但对成绩不能估计过高，要看到思想认识的差距和治理整顿任务的艰巨，要按照中央精神和××同志政府工作报告，进一步统一思想，认真抓好治理整顿的各项工作。

会议议定：在省委传达中央工作会议精神后召开市委工作会议，通过传达中央工作会议精神，分析我市治理整顿形势和任务，提高认识，统一思想，动员全党一心一意搞好治理整顿，会议定于4月底召开，由市委办公室做好会议筹备工作。

二、会议听取了××同志关于20××年度振兴××立功竞赛表彰大会准备工作的汇报，原则同意"立功办"提出的大会方案及召开时间，原则同意市级劳模及文明单位的名单，责成"立功办"根据市委常委意见进行调整，并做好大会准备工作。对有些需要进一步研究的问题由"立功办"再做准备，向书记办公会汇报。

中共××市委员会

20××年×月×日

【例文30】总分式会议纪要

全国旅游地区财政理论研讨会第五届年会会议纪要

全国旅游地区财政理论研讨会第五届年会于××××年10月6—9日在浙江省绍兴市召开。参加这次会议的有中国财经报社、财政部科研所、上海社会科学院、中国财政经济出版社、浙江省财政厅，以及来自全国18个旅游地区的市县财政部门的专家、领导、代表，共45人。本届年会共收到论文19篇，其中10篇进行了大会交流。会议期间，代表们还对绍兴市的旅游设施和鉴湖风光、古越文化进行了实地考察。绍兴市市长纪根立、副市长马忠和副秘书长赵乃兴等专程到会看望了代表，纪根立市长发表了热情洋溢的祝酒词。期间，还召开了两次常务理事会议，一次代表预备会，就研究会的规范、完善、提高等问题进行了深入探讨。现将本届年会常务理事会的内容综合纪要如下。

(一)关于本届年会的主要收获

从会议收到的论文和大会交流的情况看，各地都结合实际，就发展旅游与培植地方财源的关系、旅游业对贫困地区的作用、旅游地区的建设问题、市场经济条件下旅游经济的效益问题，以及如何筹措资金发展旅游、旅游财政与旅游促销等问题进行了深入研究和探讨。会议期间，中国财经报主编程理嘉、财政部科研所项境泉教授、上海社会科学院王大悟教授等先后作了专题发言。

会议认为，旅游地区财政理论研究会不仅在理论上做了大量的开拓性研究工作，而且在实践上对我国的经济体制改革、财税体制改革，以及对外开放，推动旅游地区的财政经济发展提出了很强的实用性和指导性的对策意见。

会议认为，目前我国的旅游业带动了流通部门、生产生活服务部门、教科文卫和社会福利部门的事业发展，旅游业已成为新兴的特殊龙头产业之一，我国实行分税制后，旅游业在许多省市正在成为地方财源新的增长点。它对发展民族经济、扶持贫困地区脱贫致富，具有社会和经济的双重应用价值。

会议的收获与本届年会的东道主绍兴市财政局的组织工作是分不开的，与会代表对东道主表示衷心感谢。

(二)关于研究会的发展问题

全国旅游地区财政理论研究会自××××年7月成立至今，已经把相当部分的旅游地区财政工作者和研究工作者联合了起来，开展了旅游财政问题的广泛研究，先后召开了5次年会，并出版了5本文集，成果显著，成绩很大。现在应在已有成绩的基础上，走向进一步规范、完善、提高的阶段，以适应蓬勃发展的旅游业和财政工作的需要，当前研究会要朝着“一巩固，二扩大，三提高”的方向发展。

1.巩固成就。一是对现有参加的地区和单位要巩固，经常保持相互间的联系和研究成果的交流。二是要巩固现有的研究成果，使已经研究的成果，成为促进旅游业发展的旅游财政工作的积极力量。

2.扩大规模。一是对旅游地区要加以较好界定，在稳定现有团体会员的基础上，要大力发展自然景观较好的地区参加，真正体现旅游地区特色。二是今后研究会可适当邀请旅游行业和企业代表参加，以加强财政与旅游企业之间的沟通与了解。三是吸收边境旅游地区的代表参加，以扩大地域范围。四是扩大邀请旅游理论工作者和财政理论工作者参加研讨，邀请兄弟学会（如旅游学会）的代表参加研讨。

3.扩大影响。一是要加强研究成果的宣传，使已有的研究成果广泛地转化为促进实际工作的指导的推动力量，特别是要交流各地的经验做法，互相借鉴，为我所用，结合当地的实际发扬光大，二是要加大对研究会本身宣传力度，提高其知名度，扩大其在全国的影响。

4.提高规格。今后的年会应更多地取得财政主管旅游的外事财务司的领导和支持，邀请主管司长亲自到会指导。邀请财政部科研所、中国财经报、财政杂志社、中国财政经济出版社及上海社科院等主管、宣传、研究机构的领导、专家、学者，以及举办单位所在省财政厅主管旅游财政的领导参加，以提高年会的权威性。

5.提高质量。努力提高论文和经验交流材料的质量。坚持年会的召开，先由主办单位拟出年会论文选题、范围，开展征文，由主办单位进行初选，以文取人确定会议代表。年会期间由专家组成评审组，对会议论文和材料进行评选、表彰和奖励。

6.提高效果。年会要提高质量，力争使与会代表都能得到较好收获，并使举办地区得到较好收获，以提高年会的效果，促进旅游地区财政工作。为此要适当增加交流和研究问题的时间。

会议还决定，要广泛宣传本次会议的成就，为此委托绍兴市财政局撰稿，请《中国财经报》《财政》予以报道。

（三）关于第六届年会和加强研究会的工作问题

根据第四届年会决议和本次会议与有关地区的商议，决定第六届年会将于××××年下半年在黑龙江省哈尔滨市召开，并确定新疆阜康市为第六届年会的预备举办单位。第六届年会主要是交流旅游地区财政工作的主要经验。

为了加强研究会的工作，会议决定，请会长和副会长在近期前往北京向财政部主管外事财务司汇报研究会的基本情况和这次年会的成就及意见、建议。在此基础上，在河北省适当的地方召开一次常务理事会，进一步研究和确定研究会今后的工作。

（四）纪要的写作要求

会议纪要的写作要求主要有三点：①要以实事求是的态度，真实准确反映会议主要精神，不能添枝加叶；②要正确地综合归纳会议的精神实质，体现概括性、理论性；③要突出重点，分清主次，简明精练，条理清晰。

思考与练习

一、简答题

1. 简述党政公文的概念和特点。

2. 党政公文书面格式包括哪些结构要素？

3. 文件式公文的上行文、下行文与信函式公文的平行文眉首部分有什么区别？

4. 一个完整的公文标题（标准式标题）由哪几部分组成？

5. 发文通知有哪几种类型？它们之间用法的区别是什么？

6. 简述报告和请示的异同，并说明报告中为什么不能夹带请示事项。

7. 简述公告与通告的区别。

8. 试比较批复与复函两种文种的联系与区别。

9. 非法定文种的公文下发或者上报不能直接发出，应分别使用什么法定公文文种作为载体？

二、制作题

1. 为了保证某工程的施工，需要进行连续爆破，请拟一份公布性文件。

2. 根据所在单位工作需要，拟一份商洽函。

3. 根据你所就读学校的情况，代学校拟一则整顿校风校纪的指示性通知。

4. ××大学 2013 年初制订了工作计划，校领导要求将工作计划下发到各院系指导工作，请以××大学名义起草一份印发性通知。

5. ××分厂要对工厂设备进行技术改造，需要资金 100 万元，已向其上级××总厂呈送了一份请示，请代××总厂拟写一份表态性批复。

6. ××大学在×××年×月×日，遭受到狂风暴雨的袭击。风雨过后，经统计，教室损坏××间，学生宿舍损坏××间，给教学工作和学生住宿带来了严重困难。经计算，修建费用共需××万元。针对此种情况，请代校方向××省教育厅拟写一份急需修建费用的请示。

第三章　事务性文书

现代社会中，各机关、单位、部门、团体之间的联系日益频繁，须处理的相关事务日益增多，作为各类社会组织及个人处理日常工作和各种事务的事务性文书的应用也越来越广泛。事务性文书是人们赖以处理事务、传递信息的书面工具。它是为解决实际问题而制作的，讲究实用，一般都有明确的发文目的和特定的发送对象。这类文书是应用文书中适用范围最大、使用频率最高、涵盖面最广的文书之一，在各单位内部管理和事务活动中起着反映、总结、引导和储存信息的作用，在日常生活、工作中发挥着指导监督、统筹安排、协调控制的作用，是其他任何文书所无法替代的。事务性文书的书写也成为国家公务人员和其他社会工作人员必备的一项基本功。为了使读者对事务文书写作知识有所了解和掌握，本章主要介绍事务文书中一些常用文体的概念、种类、作用、特点及写法。

第一节　事务性文书的概念及作用

事务性文书是为了处理机关和日常生活中的具体事务而制作的一种文书，使用范围非常广泛，使用频率较高。了解并掌握事务性文书的写作，有助于日常工作的顺利开展。

一、事务性文书的概念

事务性文书，也称普通文书、常规文书或通用事务文书，是指各级党政机关、企事业单位、社会组织、团体及个人在处理日常事务和各类工作或进行管理时频繁使用，以沟通信息、指导工作、总结经验、规范行为、研究问题为目的的一种除党政公文以外的非正式文书。即党政公文和专用公文以外的机关事务文书和日常事务文书。它们是党政机关、社会团体、企事业单位及个人处理公文和私务时交流思想感情、沟通信息的一种辅助性公文和私务文书。

从广义上说，事务文书也是一种公务文书，以传递信息和处理公务为目的，使用事务文书这一名称，是相对党政公文而言的。事务性文书通常不像党政公文那样套红印刷，所以，俗称“白头文件”。如果说党政公文(红头文件)是实施管理的左膀，则事务性文书就是右臂。

二、事务性文书的作用

事务性文书虽然不是《党政机关公文处理工作条例》中规定的正式的党政公文，但机关事务文书是机关单位制定党政公文和贯彻落实其要旨的重要辅助工具，日常事务文书则在工作往来、社会交际、人际关系中起到联络、调节、沟通、协调的作用。

某些机关事务文书，如简报类文书、报告类文书等可集中、详尽地反映公共管理和公务活动的具体情况、说明问题，为党政公文的拟定，提供所需资料，具有咨询和参谋作用；计划类文书则是将上级宏观管理层面的意见、决定、精神落实到具体可操作的层面，对具体工作具有规定约束作用。另外，有些事务性文书通过宣传形势、阐明政策，表彰正面积极向上的社会现象或揭露丑恶的社会弊端，可以起到宣传教育群众、统一认识，提高工作积极性和政策水平的作用，对提高读者的认识水平也具有一定的作用。此外，某些事务性文书，如简报类文书、总结报告类文书还可起到沟通情况，联系上级工作的作用。

某些日常事务文书，如书信类文书可以表达个人申请、求职、介绍等意愿；演说类文书可以发表演讲、阐述观点或参与竞选、辩论；条据类文书可以说明具体问题或充当凭证，方便日常生活中的人际往来。

第二节　事务性文书的分类与特点

事务性文书在单位或个人处理公务或私务活动中频繁使用，具有明显的事务性，是单位和个人在工作中不可缺少的重要文书。事务性文书因其适用的广泛性而有着与党政公文不同的分类方法与特点。

一、事务性文书的分类

事务性文书种类繁多，目前，对具体的体裁划分标准还处于认识探讨阶段，没有统一的规范，按照其适用范围，根据文体实践、实际运用需要，以及文体内容、体式在新形势下的发展变化，本书将事务文书划分为两大类型，其中每一大类中又划分为具体的若干小类。

1. 机关事务性文书

机关事务文书是党政机关、企事业单位在处理日常事务时用来沟通信息、安排工作、总结得失、规范行为的实用文书，是应用文写作的重要组成部分。它处理的是机关一般的日常事务，常见有如下几种类型。

(1)简报类文书

这是行政机关、企事业单位、社会团体内部使用的一种旨在反映情况、沟通信息、交流经验、指导工作的简要的工作报告或情况报道。常见的有简报、简讯、动态、情况通报、内参、快报、快讯等。

(2)计划类文书

计划类文书是单位或个人根据党和国家有关方针、政策、指示要求,依据部门规定,对未来一定时期内的工作、生产、学习和活动等所做的设计和部署,并将其写成书面材料的一类文书的总称。根据内容涉及的时间长短、实施步骤详略,以及成熟程度的不同,计划又有不同的名称,常见的有规划、设想、计划、方案、安排、预案等。

(3)报告类文书

这类文书又称总结报告类文书,是单位或个人对已经完成的工作或发生的事项进行回顾、分析、调查、研究,以反映事实为目的并力求揭示事务本质和规律,从中得出经验教训和具有普遍指导意义的结论性认识的文书。常见文书有总结、调查报告、述职报告、工作研究等。

2.日常事务性文书

人们在日常社会交际、活动和工作中,为调整人与人之间关系而使用的一种用途广泛,实用性强,有一定的习惯格式,多用于处理个人事务的一类文书,可划分为以下三类。

(1)书信类文书

书信类文书是现代社会中人与人之间用于表达情感、交流思想、交流信息、维持和促进人际关系、办理一定事务的实用文书。本章重点介绍在人际交往的特定场合用于处理日常事务的具有礼仪交际性的专用书信。它是一种目的性和程式性都很强的应用文样式,内容较单一,格式较固定。常见的有申请书、求职信、辞职信、介绍信、推荐信等。

(2)演说类文书

演说类文书是演说者在较为隆重的仪式或会议上发表的表达自己意见、看法或汇报思想和工作情况等事先准备好的讲话文稿。常见文书有演讲稿、竞职演说、辩论稿等。

(3)条据类文书

条据类文书是单位或个人在工作或生活中,为办理涉及钱财和物品的各种手续而留下存根,或为说明某种情况和理由而留下字据的一类日常实用文书。按作用不同可分为凭证性条据和说明性条据。凭证性条据指为说明某一事实或契约而出具的条据。说明性条据,又称函件式条据,通常指用来传递信息,道明原委的条据。前者常见文种如借条、欠条、收条等,后者常见文种如请假条、留言条、便函等。

二、事务性文书的特点

事务性文书的特点主要有以下五点。

1.作用的指导性

事务性文书虽不具有党政公文的法定权威性，但仍具有其相应的约束力，这种约束力主要体现在一定的权限范围内，对单位部门内部产生的指导作用。如：计划所设定的工作思路和方案，总结、调研报告所提炼的经验教训和所揭示的本质规律，简报所传达的信息，对实际工作往往都具有很强的指导价值；一项规章制度，能够规范有关人员的行为；一个计划能够作为实施工作的依据。

2.运用的广泛性

日常工作和学习中，我们可以运用事务性文书所指定的科学工作方法，总结经验和教训，及时沟通信息，有效规范行为。事务文书在日常工作中用途非常广泛，可以用于指导工作、规范行为、传递信息、告知事项、沟通情况、协调工作；可以用于总结经验、研究问题、分析情况、制定政策；可以作为宣传鼓动、学习教育的工具，还可以作为文字资料存留备查，作为党政公文的必要补充和延伸。在日常生活中可以用于处理各种日常事务，如安排活动、布置任务，交流信息，也可申请加入某组织、倡议有益活动。

3.材料的真实性

真实，就是信息准确，情况真实，材料无误。事务性文书以解决实际问题为目的，尤其强调真实。不仅材料来源真实可靠，即便分析研究也要注重客观公正。如调查报告，要以客观事实为基础，摄入其中的材料必须出之有据，不能道听途说，其主旨便是调查研究后所揭示的客观事物的本质和规律。计划目标的确定必须从实际出发，充分分析客观条件，制定出切实可行的目标和任务。总结文书的写作，要恰如其分地反映实践活动的真实面目，不溢美、不贬损、不隐瞒，更防止将经验绝对化，真实可信的总结，才对未来工作有实际的指导意义。

4.写作的灵活性

机关事务文书在写作上没有党政公文那么体式严格，表现出一定的灵活性。一是机关事务文书的同一种类可以有多种名称，如规章类文书根据其约束力的大小、内容全面系统的不同，可分别采用条例、章程、规定、办法等不同名称；计划类文书，根据写作的详略要求不同，可有规划、安排、要点等不同名称。二是标题上，允许有多种方式的写法，如公文式标题、文章式标题、正副标题等。三是结构安排上，也可以不拘程式，灵活多样。如简报稿，可以采用新闻报道式的写法，也可以采用小标题式和经验介绍式写法，还可以采用分条归纳式写法。日常事务文书更是体式多样，风格迥异，个性色彩浓厚。事务文书这种写作的灵活性为写作的表现力提供了较大空间。

5.语言的简明性

事务性文书在语言表达上要求简练、准确,能够反映事物的本来面目即可,忌用过多的辞藻和艺术表现手法修饰。个别文书可加入某些文言句式和文言词语,增强文章的严肃性和简明性。如请柬、感谢信、自荐信等可使用“兹、贵、阁下、为盼、时祺”等文言词。

第三节　机关事务文书的写作

机关事务文书种类繁多、适用范围广、使用频率高。本节介绍机关事务文书中常用的几类文种的写法。

一、计划

(一)计划的概念

计划是单位、部门或个人为了完成一定时期的工作任务作出预想性安排的一种事务性文书。它是具体工作开展前的周密思考,它要规定工作目标、任务,制定相应措施、步骤,提出具体要求。

(二)计划的作用

1.指导和约束作用

计划是根据国家方针、政策,结合本单位的实际情况,为指导现实工作而制订的。计划一经公布,就对所属的单位和人员具有直接指导和约束作用,它可以使人们统一思想、统一意志、统一行动,按计划有步骤地进行工作,合理地安排人力、物力和财力,避免工作的盲目性。

2.动员和推动作用

计划是为实现一定时期的总目标服务的,是开展工作的行动指南,它动员和激励人们为之奋斗。切实可行的计划,不仅能够鼓舞人心,充分发挥广大干部群众工作的积极性和主动性,而且能够协调统一各方面关系,实施高效率的管理,有力地推动各项工作的开展。

3.监督和检查作用

计划规定了完成任务的具体目标、要求、时间进度等约束条款,可以作为检查、评比的尺度,有利于实行标准化、规范化管理,有利于监督、检查与指导,也有利于考核评比,总结提高。

(三)计划的特点

1.目的性

计划是为完成一定时期的任务而制订的,必须有一个明确的目标和任务。目标具体、明确，是制订一份计划的前提条件。目标是计划的灵魂，它为人们指明行动的方向，是制订计划的依据。

2.预想性

计划是针对未来工作而制订的，对未来的预想要建立在客观实际的基础上。对目标、任务，以及为实现目标和任务而采取的措施和方法，必须遵循科学决策的程序，经过充分的调查研究来确定。

3.可行性

计划是要付诸实施的，为实现目标、完成任务，所制订的措施、办法必须切实可行、符合实际，否则计划也就成了一纸空文。

(四)计划的种类

计划的种类可以按照多种标准来划分。

①按名称，可分为规划、要点、打算、方案、设想、安排、计划。广义的计划是统称，只要是对未来工作作出部署和安排的都属于计划一类。狭义的计划是和规划相并列的一种文种。规划是着眼于全局性、长远性和方向性的宏观计划；要点是对某一阶段工作的主要方面作出简明扼要的计划；打算是对近期要做的事情作出初步思考而内容不够全面具体的计划；设想是对未来长远的工作提出初步的尚未成熟的非正式的计划；方案是对某项工作的实施作出的具体、全面、周密部署与安排的计划；安排是对短期内要做的具体事情所作出的内容比较具体的计划。

②按性质分，可分为工作计划、生产计划、学习计划、科研计划、教学计划等。

③按时间分，可分为十年计划、五年计划、年度计划、季度计划、月度计划等。

④按范围分，可分为国家计划、地方计划、部门计划、单位计划、班组计划、个人计划等。

⑤按内容分，可分为综合性计划、专题计划等。

⑥按形式分，可分为表格式计划、条文式计划、表格条文兼用式计划。

(五)计划的写作

计划没有固定的格式，一般有条文叙述式、表格显示式、表格加条文说明式这三种形式。但无论哪种形式均要写清楚以下三部分的内容。

1.标题。

标题有两种形式。

(1)完全式标题

这种标题由机关名称、时限、内容、文种四个部分组成。如《中南财经政法大学2011年工作计划》、《中南财经政法大学2011年教学工作安排》。

(2)非完全式标题

这种标题或省机关名称，或省略计划时限，或机关名称和计划时限同时省略。

如《2011年教学工作计划》《中南财经政法大学关于深入开展科学发展观活动的方案》《学习计划》。

如果是非正式计划应该在标题的后面或下方用括号标明"草案""初稿""讨论稿""征求意见稿"。

2. 正文

计划的正文由前言、主体、结语三部分组成。

(1)前言

前言部分主要说明制订计划的依据、目的或对基本情况作概述,具体到某一计划的前言内容,应根据实际情况进行选择。这个部分是计划的总纲,回答"为什么做"的问题。

(2)主体

主体部分主要说明目标和任务、措施和方法、步骤、期限和时间安排,以及要求等内容。在本部分中,主要回答"做什么""怎么做""分几步做""何时完成"等问题。目标和任务是计划的核心。一般先写总目标,再写具体任务和指标。措施和方法是指落实目标和任务的具体做法,包括思想工作、人员调配、工作机构、方式手段、人力物力财力安排、后勤保障等。步骤、期限和时间安排是实现目标和任务的重要保证,科学的时间安排可以使执行者产生紧迫感,又能有条不紊地开展工作,如期完成预定任务。这部分通常采用分条列项的方法书写。计划主体的习惯写法主要有以下几种。

①分项式　即把工作任务分成若干项,每项作为一个相对独立的小层次,各项内容再按照任务要求、方法措施、步骤时限展开。这种写法主要适用于全面规划和综合计划。

②分部式　即把主体内容分成两部分,第一部分写目标任务,第二部分写方法措施、步骤时限。这种写法适用专题式计划。

③工作进程式　有些内容比较单一,步骤、时间也比较明确的计划,可按任务或工作的进程或日程来安排计划内容,一步一步写下去,每一步根据需要写出具体任务和方法措施。

④表格式　即将计划内容用表格的形式来表现。有的由文字说明和表格两部分组成;有的只有表格。表格要根据特定内容设计栏目,如果所用表格不能完全说明情况时,可以在表格前或后配以文字说明。

(3)结语

计划的结语一般是针对计划的目标和任务提出执行希望和要求,号召或鼓励人们努力实现计划;也可以说明其他事项,如计划的检查、考核办法,计划的实施范围;也可以强调计划中的重要环节、注意事项等。有的计划在主体部分已自然结尾,也可省略这部分。

3.落款

在计划正文的右下方写明制订计划的单位名称(或个人计划的个人姓名)和日期。单位名称如已在标题中出现或已署于标题正下方的,此处就省略不写。

【例文1】

××厂××××年度核定流动

资金定额的工作计划

根据上级关于核定流动资金定额的通知精神,提出我厂核定××××年度流动资金定额工作的计划如下。

一、目的和要求

在去年核资的基础上,结合增产节约运动中揭露的问题,发动群众挖掘资金潜力,按照正常生产最低需要的原则,以及加速资金周转的要求,从紧核定资金定额。通过核资,认真建立健全制度,进一步提高企业管理水平。

二、措施和方法

这次核资采取分级归口、自查自核、专业部门协助的办法进行。具体做法是:

1.定额的计算,以第一季度生产计划为依据;

2.一切不参加正常周转的呆滞、积压物资和供、产、销各个环节不正常因素所需的额外资金,不包括在核定范围之内;

3.凡是原材料供应方式、地点、价格发生变动,产品生产周期和存放期限变化,或者销售条件和结算方式的改变,均据实予以调整;

4.供应正常,可以保证供应或有其他代用品的原材料物料,一律不计算保险日数;

5.各项定额均须分项计算,并计算系数。如纸张应分品种计算,油墨应分书版墨、色墨、一般墨及高档墨计算,一般原材料和辅助材料应分小类计算。

三、时间安排和步骤

总的时间为一个月,自即日起到×月止。分三步进行:第一步,各部门自查自核,财务科配合协助;第二步,全厂平衡,汇总上报;第三步,建立健全制度,深入动员,做好执行定额的思想准备。具体安排如下:

1.×月×日至×月×日各部门准备资料,发动有关群众讨论,自查自核;

2.×月×日至×月×日财务科内部测算,开始拟定资金归口管理办法;

3.×月×日至×月×日财务科综合平衡,上报方案,各部门酝酿讨论资金归口办法,开会听取汇报;

4.×月×日至×月×日向上级办理资金交拨,公布资金归口办法。

××××厂

××××年×月×日

【例文 2】

×××公司销售处第二季度销售计划

今年第一季度，在全体销售人员的共同努力下，公司销售工作创下佳绩，完成销售额××亿元，销售利润×亿元，创历史最高记录。尽管如此，对照同行先进企业，仍有诸多不足，仍有潜力可挖掘。为使第二季度的销售工作再上新台阶，根据董事会制订的五年发展规划，特制订以下计划。

一、认清形势，树立信心。在第一季度已有基础上，实现销售额××亿元，销售利润×亿元，分别提高20%和15%，为完成全年销售总目标奠定坚实的基础。

二、做好市场调查和预测工作。分工一名副处长，分管市场调查和预测工作，增设两名市场调研员，充实市场调研力量。调研人员要深入市场了解情况，每月递交一份市场调研报告。约请专家参加市场调查预测工作。

三、采取得力措施，加大推销力量。划定责任区，明确分工，责任到人。推销人员要深入到自己负责的地段，向客户耐心地进行新产品宣传。建立推销激励机制，凡完成当月推销指标的人员，给予销售利润5%的提成奖励；对完不成当月推销指标的人员，扣除当月奖金。

四、加大新产品宣传力度。增加广告投入经费××万元，用于新产品宣传。参与××电视台广告黄金版位的竞标，力争拿下这一广告版位。此外增加××报、××报的广告投入，增加广告登出的频度。

五、积极开展电子商务。加大对电子商务硬件建设的投入，增加经费××元用于建立公司销售网站。设立电子商务筹建组，招聘具有电子商务业务经验的人员，要求在季度最后一个月网站开通投入运营。

×××公司销售处

××××年×月×日

【例文 3】

××市第一商业局系统

清理纠正行业不正之风工作方案

为了认真贯彻落实市委、市政府关于在全市开展清理纠正行业不正之风工作的指示，保证我系统有计划、有步骤地搞好清理纠正行业不正之风工作，特制订本方案。

一、指导思想

以党的十七届×中全会精神为指导，认真贯彻市委七届十一次全会精神，提高我系统职工队伍素质，深入进行职业道德教育，树立全心全意为人民服务的思想，清理纠正“靠商吃商，损公肥私，侵犯消费者利益”等行业不正之风；搞好企业管理制度建设，密切党群关系，促进党风、政风和社会风气好转，保证治理整顿和深化改革健康发展。

二、清理纠正范围和主要内容

重点是国营和集体企业中影响和危害重大、群众反映强烈的弄权勒卡和损公肥私问题。全系统干部和职工，都要受到一次职业道德教育，牢固树立全心全意为人民服务思想。清理纠正内容，各单位要从实际出发有啥纠啥，但对以下十个方面问题，应认真清理和纠正：①经营思想不端正，重经济效益，轻社会效益；②经营假冒伪劣商品；③受贿进货，行贿销售；④缺斤少两，以次充好，混等提价；⑤利用经营好、少、新商品谋取私利；⑥私截、私分商品和用俏货优亲厚友；⑦强行搭配销售；⑧拆换商品零件和亲友以旧换新；⑨官商作风，服务态度恶劣；⑩开假发货票。

三、清理纠正步骤和方法

整个工作分五段进行。

(一)宣传教育(8月4—31日)　采取面上抓宣传、内部抓教育的方法进行。一是利用各种宣传形式，广泛宣传清理纠正不正之风的重要性和必要性，做到家喻户晓、人人皆知。二是组织全体干部和职工学习有关清理纠正不正之风文件和领导讲话，提高认识，统一思想，端正态度，增强清理纠正不正之风的自觉性。三是深入进行职业道德教育，树立全心全意为人民服务的思想，明确提倡什么、反对什么，自觉清除特权思想。

(二)查摆问题(8月31—9月30日)　各单位在组织职工自摆、自查、自纠的同时，走出去，请进来，发动群众帮摆帮查。

(三)整改(9月30—11月1日)　采取自整、自改为主，上下结合帮整帮改为辅的方法进行。一是要针对查摆出的问题进行分类排队，明确重点，拿出解决问题的具体措施和方案。二是对查摆出来的问题要认真解决。三是对大案线索要立案查处，典型案件公开处理。四是搞好整章建制，堵塞漏洞。

(四)组织处理(11月1—12月1日)　对违纪违法人员处理，应当按照规定程序，掌握政策，慎重处理。通过处理，对广大干部和职工进行遵纪守法和职业道德教育。

(五)检查验收(12月1—12月31日)　各公司、站对所管单位逐家验收，市局对直属单位逐家验收。验收的标准：一是职工道德教育搞得深入，全心全意为人民服务的思想进一步树立，全体职工的整体素质提高，行业不正之风得到了清理和纠正；二是查摆出来的问题全部解决，违纪违法案件受到了查处；三是各项企业管理制度得到了完善和健全；四是推动了各项工作和经营活动的开展，取得了明显的效果；五是群众对清理纠正工作基本满意。

四、组织领导

(一)全系统的清理纠正行业不正之风在局党委的统一领导下进行。市局成立以局长刘××同志为首的6人清理纠正不正之风工作领导小组，下设办公室。各单位也要指定专人负责，保证这项工作扎扎实实地开展起来，达到预期目的。

（二）明确责任。本着“谁主管，谁负责”的原则，各单位党政一把手要把清理纠正行业不正之风工作，作为加强党风廉政建设密切联系群众的一件大事，摆上日程，切实加强领导，对本单位的清理纠正行业不正之风工作负全责。

××市第一商业局

××××年×月×日

（六）计划的写作要求

计划的写作要求主要有以下三点。

①制订计划要从实际出发，要切实可行。这就要求有针对性地做好调查研究，了解情况，征求多方面的意见，使计划任务、措施符合实际，切实可行。

②计划内容要具体明确。写作时，对计划的目标、措施、步骤、要求、责任者和时间的安排都要充分、具体、明确。

③要求结构清晰、层次分明；语言准确、朴实、简明扼要。

二、总结

（一）总结的概念

总结是单位或个人对前一个阶段的工作、学习等实践活动进行回顾、分析研究，肯定成绩，找出问题，从中总结出经验教训，并得出规律性的认识，明确今后努力方向，更好地指导今后的实践活动的一种事务文书。

（二）总结的特点

1. 理论性

总结工作不是记流水账，不能停留在事实表层作一般的陈述，而是就事论理，把零散的材料进行系统概括、归纳、整理，通过分析研究找出规律、上升到理论认识。

2. 指导性

总结的根本目的就在于指导今后的实践活动。肯定成绩是为了增强信心，鼓足勇气，做好以后的工作；总结经验是作为后事之师，发扬光大，不断进取；找出教训是为了明白失利的原因，便于改进，避免重蹈覆辙。

3. 真实性

总结是对单位或个人自身实践活动的回顾，写作时要用事实说话，要从自身实践活动中选取材料，并从这些材料中提炼观点，得出结论，实事求是地反映客观事物的本来面目。

(三)总结的种类

总结可从不同角度进行分类。

①从内容上分,可分为工作总结、生产总结、学习总结、科研总结和思想总结等。

②从时间上分,可分为年度总结、季度总结、月度总结等。

③从范围上分,可分为国家总结、地区总结、单位总结、部门总结、个人总结。

④从内容上分,可分为综合性总结、专题总结。

综合性总结,是较为全面地对本单位、本部门或个人在某一时期工作情况所作出的回顾和评价。这种总结内容多、涉及面广;有成绩、有问题;有经验、有教训;也有今后工作的意见。所以在写作时要求系统全面,重点突出,点面结合,主次分明。这种总结多用于向上级汇报工作情况的年终总结、年中总结。

专题总结,它是对某一专门问题或某项工作、某个活动所进行的专门总结。这类总结一般偏重于总结经验,而对其他方面的情况往往一笔带过或省略不提。其特点是内容单一、集中,有很强的针对性、典型性和指导性。在写作时要求观点鲜明,分析透彻,力求充分表现专题中的深层次问题。

(四)总结的写法

总结一般由标题、正文、署名和日期组成。

1.标题

总结标题大致有三种写法。

(1)公文式标题

这种标题由单位名称、时限、内容、文种四个部分组成。如《××大学 2011 年教学工作总结》。这种标题可用省略式,如《2011 年度财务工作总结》《学习总结》等。

(2)新闻式标题

这类标题类似一般文章的标题,它是将总结的内容概括为一句话作为文章的标题。如《从落实责任制入手加强企业管理的基础工作》《××公司是怎样扭亏为盈的》。

(3)复式标题

这类标题是文章式标题和公文式标题的综合运用,由正题和副题组成。正题概括总结的内容或基本观点,副题说明单位名称、时限、内容和文种。如《保质保量薄利多销——××集团公司 2011 年经营工作总结》。

2.正文

总结的正文由前言、主体、结尾三部分组成。

(1)前言

前言概述基本情况:有的交代有关情况;有的揭示总结的主要精神和中心内容;有的概括主要经验;有的介绍成绩或成效等。前言的写作要求:一要简明扼要,二要概括全面，给人们先留下一个总体印象，同时为主体部分的展开作铺垫。在形式上，前言可以是一段或几个段落，也可以独立成节。

(2)主体

主体是总结的核心部分，重点介绍工作方法、成绩与经验。一般要具体地写明做了哪些工作，完成了什么任务，采取了哪些方法和措施，取得了哪些成绩，有些什么经验和体会。在具体写法上，不同类型的总结可以根据总结的写作目的，采取不同的结构方式。

①综合式总结：综合式总结的写作通常采用分条列项式结构安排，即按工作类型或材料性质的不同，将总结内容分成几个大的部分。如一个学校的年终工作总结可分为教学工作情况、学生工作情况、教师队伍建设情况、后勤管理情况等。各部分可根据内容拟出小标题，具体介绍有关工作情况、做法、成绩和体会。综合性总结还有一种写法，即把工作情况、经验、体会、存在的问题分三大部分叙述，各部分还可以列出小标题，具体介绍有关内容。

②专题式总结：一般以经验体会为中心，用具体做法或取得的成绩来印证经验。这类总结关键是从总结的工作中分析归纳，找出规律性的经验体会以指导今后的工作。根据归纳出的经验、体会，拟写小标题，将总结分为几个部分写；如果内容很多，每个部分还可以进一步分若干项展开写。

(3)结尾

有些总结在这一部分写存在的问题和今后努力的方向。在肯定成绩的同时，还指出存在的缺点、问题，分析存在问题的原因，提出解决问题的意见，说明今后努力的方向。

有些总结把工作中存在的问题在主体部分专门作一个部分叙述，而在结尾部分只写今后努力的方向，或者针对问题和教训提出改进措施或新的设想。如果是以介绍经验为主的专题式总结可不写这部分。

3. 落款

落款包括署名和日期。单位总结的署名，一般写于标题中或标题下。个人总结的署名一般写于正文的右下方。

【例文 4】工作总结

×××× 大学学校办公室

2001—2002 学年第一学期工作总结

2001 年是新世纪的第一年，也是学校各项事业全面发展的一年，做好本学期工作对完成全年工作任务至关重要。本学期，学校办公室严格按照《×××× 大学 2001 年工作要点》和《×××× 大学 2001 年补充工作要点》的各项要求，紧紧围绕学校重点工作，充分履行办公室参谋助手、督查督办和综合协调的工作职能，发扬团队精神，开拓进取，真抓实干，完成了学校赋予办公室的各项工作任务。现将本学期工作总结如下。

一、本学期工作回顾

(一)紧紧围绕学校中心工作，全力以赴做好重点工作

本学期办公室紧紧围绕学校中心工作，在学校领导的直接指挥下，会同有关单位和部门，主要做了以下几项工作：

1. 办公室作为牵头单位，会同其他单位和部门制订并上报了学校教育事业发展"十五"计划自核建议数，现正加紧制订、完善"十五"计划其他各项事业发展目标；

2. 作为牵头单位之一，组织了学校"三地办学"及发展新校区规划的讨论和论证工作；

3. 参与并完成了重点学校申报工作；

4. 参与并完成了学校领导班子"三讲"教育"回头看"工作；

5. 作为牵头单位之一，完成了"校务公开"的前期准备工作，出台了有关"校务公开"的实施意见和办法，现正抓紧落实；

6. 在正式发布校园网主页的基础上，布置并启动了校园网主页及各单位、部门网页的改版工作；

7. 作为牵头单位之一，完成了学校其他重要工作，如稳定工作、献血工作、地震预案修订上报工作、××部原部属院校联谊会、全国第二次基本单位普查、学校中层干部第二期赴西安和延安考察学习活动。

(二)严格履行职责，认真做好办公室各项日常工作

……

(三)在做好重点工作和日常工作基础上，以加强基础工作和加大督办力度为目标，注重工作上的创新。

1. 为确保学校年度工作计划任务的顺利完成，办公室向领导建议，并经校领导批准，组织了学校部分单位、部门工作汇报会。各单位、部门领导对本单位上学期的工作进行汇报，学校领导认真听取了汇报，对工作成绩给予了肯定并指出了存在的问题。通过此次工作的开展，使校领导更好地掌握了工作的全局，起到了督查督办作用；使单位、部门领导更好地明确了工作方向，增强了工作的紧迫感，提高了工作效率。

2. 为加强全校办公室系统管理工作，校办召开了校内各单位、部门以布置、总结工作和业务培训为主要内容的办公室工作会议。

3. 进一步规范办公室的各项工作，将办公室各项管理和服务职能范围内的主要工作汇编成工作流程图，并将上级领导有关做好办公室工作的重要讲话、涉及办

公室工作的规章制度及办公室主要工作流程图编印为《办公室工作手册》,既体现了政务公开,又方便了职能部门和师生办理有关事宜,改进了服务质量。

二、工作经验

本学期办公室工作的一些成绩,主要有以下几点条经验。

(一)发挥党支部的战斗堡垒作用和党员的先锋模范作用是取得成绩的关键。办公室现有人员23人,其中党员14人,党支部经常开展各种形式的思想教育活动,强化了党员意识,充分发挥了党员的先锋模范作用,为高质量完成办公室各项工作任务提供了有力的保证。

(二)高度的责任感和敬业精神是做好工作的前提。面对繁重的工作任务,办公室每一位同志工作都是兢兢业业、任劳任怨,诸如在严格遵守学校工作作息时间的同时,秘书科同志的加班已成为家常便饭,管理科同志本学期几乎天天在下午6:00以后才能下班,在收发岗位工作的更是一年牺牲了寒暑假和节假日在工作。正是这种责任感和敬业精神才使得办公室各项工作得以顺利进行。

(三)宽松的工作氛围、和谐的工作环境是做好工作的基础。办公室同志之间坦诚相待,直言不讳,一切从工作出发,勇于开展批评和自我批评,不计较个人得失,使得办公室始终处在一种宽松、团结、向上的工作氛围中。

三、工作中的不足

本学期办公室工作虽然取得了一些成绩,但也存在一些不足之处:

(一)高教研究室由于种种的主、客观原因,未能充分发挥其作用;

(二)上传下达、沟通内外的信息渠道不够畅通;

(三)校园网主页更新的工作及应发挥的功能开展得不好;

(四)办公自动化信息系统试点工作缓慢。

本学期办公室工作上了一个新台阶,面对新学年各项繁重的工作任务和以往工作中存在的不足,办公室制订了针对性很强的工作计划,我们有信心、有决心、有能力挑更重的担子,继续发挥优势,克服不足,抓住重点,真抓实干,使办公室各项工作在新的学年不断发展。

学校办公室

2002年4月11日

【例文5】经验总结

从落实责任制入手

加强企业管理的基础工作

首都钢铁公司

前几年,我们公司建立了工人岗位责任制和干部职务责任制。对克服职责不清和无人负责的现象起到了较好的作用。但是,没有明确每项工作要干到什么程度，达到什么标准。结果，衡量没有尺度，考核没有依据，往往是责任制写在纸上、贴在墙上，执行不执行一个样。工人们反映，这样的责任制好像“橡皮尺子”，可长可短，不好衡量，应把基础工作搞扎实。

制订岗位考核标准

我们对全公司劳动管理和岗位责任制的现状进行调查，摸清情况，然后根据各厂赶超国内外先进水平的目标，制订了工人岗位考核标准和干部办事细则，要求做到“全、细、严”。所谓“全”，就是工人的标准要有七项内容，即：产量、质量、消耗指标；技术操作标准；事故控制标准；设备维护；文明生产标准；限额领料金额和劳动纪律规定。干部办事细则必须有四个方面，即：分管的指标必须完成；分管的基础工作必须健全；专业分析必须及时、准确；业务工作必须取得成效。所谓“细”，就是按工人岗位确定标准，每个岗位都要订出几条标准，每个干部都要把所承担的业务一项一项地订出办事程序、协作关系、时限与完成程度。所谓“严”，就是制订岗位标准与办事细则，不能迁就现状，而是要按照创水平、攀高峰的要求来制订，不仅要有“定向”的要求，而且要有明确的数量、质量、时间的要求，要能够据以考核。

严格按标准进行考核

制订出岗位考核标准后，我们坚持从严考核，用一整套的定额、计量、原始记录和统计，精确地计算每个岗位的生产效果，科学地分析每项技术操作，使各项经济活动和生产技术操作规格化、标准化、最佳化。各厂矿对工人普遍实行了班统计、日公布、周分析、月总结的制度；干部按人建立考核手册，按日登记办公室细则完成情况，按周由上一级领导签字记分，按月用百分制进行计算。这样使考核的过程变成技术分析的过程、班组经济核算的过程、竞赛评比的过程。有了这套考核办法，既可以有节奏地组织生产，又做到了好坏分明、功过有别，为实行奖惩和升级提供了可靠的依据。

通过坚持按标准严格考核，每一名干部、工人都自觉地各尽其责，使企业管理和生产建设都出现了新气象。去年 30 项可比指标，全部超过历史水平。其中 6 项指标进入世界先进行列，16 项指标夺得国内同行业冠军。

根据考核结果实行奖惩

在严格考核的基础上，我们把考核同奖惩紧密结合起来，根据考核结果，做到赏罚分明。

我们在发放利润提成奖时，根据在赶超先进水平、实现优质低耗方面是否有成绩，在降低成本、完成订货合同、实行内部利润等方面经济效果是否显著，在企业管理上基础工作是否扎实等三个方面为每个厂矿评定分数。按得分多少，把各厂矿分为贡献突出单位、成绩较好单位、完成任务单位和工作较差单位四类，并分别按四种标准领取奖金。各厂矿在把奖金分到人时，还要根据平时考核，按贡献大小、能力高低、劳动态度三个方面，对每个职工评定分数，按分计奖。工人们说：过去发奖，不是“一人一勺汤”，就是领导凭印象。现在是奖多奖少看贡献，贡献大小有考核，有赏有罚心明眼亮。过去有事大家“推着转”，现在人人抢着干，出满勤、干满点的越来越多，泡病假、混日子的越来越少。过去许多单位争着要人，现在变成争着减人。

实践证明，制订岗位考核标准，严格按标准进行考核和根据考核结果实行奖惩三位一体，是落实岗位责任制，把企业各项管理基础工作进一步扎根基层的行之有效的办法。

××××年×月×日

(五)总结的写作要求

总结的写作要求主要有以下三点。

①要坚持实事求是，做好调查研究。要从本单位丰富的事实材料出发，引出固有的而不是臆造的规律。切忌任意拔高，坚持一分为二，既要肯定成绩，又要指出问题。

②要运用好材料。在充分拥有材料的基础上，用观点统帅材料，用典型的材料去支撑观点，做到观点与材料的有机统一。同时，既要用概括性材料说明工作情况，又要选用具有代表性、能够反映事物本质的典型材料作重点叙写，做到点面结合。

③语言要准确、简明、生动、活泼，切忌笼统、空泛、华而不实。

三、调查报告

(一)调查报告的概念

调查报告是单位、部门根据特定的目的，运用辩证唯物主义观点和方法，对某项工作，某件事情，针对某方面的经验或教训，进行周密的调查，获取丰富的材料，作出科学的分析，引出正确的结论，写成有情况、有分析、有结论的书面报告。

调查报告是机关工作中常用的一种事务文书，也是报纸杂志上常见的文种。一般在标题或副标题中写有“调查报告”、“调查汇报”、“调查记”、“考察报告”等字样。

(二)调查报告的特点

1. 针对性

调查报告针对现实生活和实际工作的具体问题，有目的地深入实际调查研究，提出看法和意见，回答人们最关心的社会热点或难点问题。目的越明确，针对性越强，调查报告的作用就越大。

2. 真实性

调查报告是研究成果的反映，这种反映用事实说话，主要是通过真实可靠的具体情况、数据、做法、经验和问题来说明主旨，揭示规律。可以说，真实性是调查报告的生命。

3.评析性

调查报告虽然是建立在客观事实基础上，但它绝不是罗列现象和堆砌材料，而是要对现象和材料进行系统、全面的评析，揭示出事物的发展规律，来指导日常工作。所以，调查报告的写作既要准确地反映客观情况，又要深入评析客观现象。

(三)调查报告的种类

调查报告按其内容性质划分，常见的有以下几种。

1.情况反映调查报告

这类调查报告比较系统地反映社会生活或各条战线的某项工作或某一方面的具体情况，为领导机关了解情况、探讨问题、研究政策、制订计划、加强管理，提供参考依据。

2.典型经验调查报告

这类调查报告是为实践中涌现出来的先进经验、先进典型所写的报告。其目的是为了找出规律性的东西，以便推广经验，树立典型，以点带面，推动全局工作。这类调查报告一般具有较强的政策性和指导性。

3.披露问题调查报告

这类调查报告是用确凿的事实披露某个方面或某项工作或某个人存在的问题，剖析原因，指出其危害性，提出解决的方法，以达到吸取教训、改进工作、解决问题的目的。这类调查报告具有披露性、批评性和警告性等特点。

4.探讨研究调查报告

这类调查报告通过对社会生活或工作中的某些重要情况进行研究调查，分析其取得的成绩和存在的问题，为其进一步发展某一理论，制订、完善某一政策提出探讨性建议或建设性对策，以供上级有关单位改进工作时参考。

此外，从调查报告写作方法上还可以分为综合性调查报告和专题调查报告。综合调查报告，即围绕一个问题进行多方面的普遍调查，将材料进行综合分析，提出观点和意见的调查报告。它涉及的范围大，反映问题全面，需要高度概括。专题调查报告，即就某事件、某人或某个问题进行专门的调查所写的报告。一般是先提出问题和调查目的，然后对材料进行分析归纳，以回答问题，提出建议。它涉及的对象集中，目的明确，便于深入反映事物的面貌。

(四)调查报告的写法

调查报告一般由标题、署名、正文、成文日期几个部分组成。

1.标题

调查报告的标题可分为公文式、文章式和复式标题三种。

(1)公文式标题

这种标题由事由和文种组成，如《关于企业职工培训状况的调查报告》。也可以省略介词“关于”，如《湖南农民运动考察报告》。

(2)文章式标题

这种标题多揭示文章中心内容，如《小商品不可小看》、《××公司在提高经济效益上闯出了新路子》。

(3)复式标题

由正标题和副标题结合组成的标题，是目前运用最多的一种标题形式。正标题揭示调查结果、概括主旨；副标题说明调查对象、范围、内容及文种。如《期货市场改变了一个企业——江西铜业公司从事期货交易十周年调查》。

2.署名

在标题下面正中间标明调查者的名称或调查单位名称或个人姓名。

3.正文

(1)前言

调查报告的开头部分，一般以简明扼要为宜，主要概括介绍调查研究的基本情况。前言一般有三种写法：一是简要说明调查的目的、时间、对象、范围、经过、方法、总的结论等，给人以总体印象；二是概括调查对象的主要情况、主要成绩或问题，为主体部分作铺垫；三是像消息导语的写法，从调查结果(结论)入手以吸引读者，再展开正文；或开篇揭示报告的主要内容，供读者迅速把握全文中心主旨。

(2)主体

主体是调查报告的核心部分。主体的内容主要写清楚两个方面的内容：一是调查对象的事实情况，包括事情产生的前因后果、发展经过、成绩做法、问题影响等；二是研究事实材料所得出的规律性认识，包括经验教训、性质结论、意见或建议等。

主体的写法因种类的不同而各异。反映情况调查报告的主体要写明调查对象的基本情况，进行利弊分析，提出建议；典型经验的调查报告的主体根据经验或成绩的材料性质进行归类，分别介绍做法和体会；披露问题的调查报告主体要写事实及程度，分析产生的原因和应吸取的教训，有的还提出意见或建议；探讨研究问题的调查报告可以采用递进式结构，首先提出问题，通过介绍和分析调查材料说明问题，最后得出结论。

主体结构方式有三种形式。

①纵式结构　即按照事物发展的自然顺序和人们对事物的认识过程构建文章的框架。向读者介绍事物发生、发展的来龙去脉，给人一个系统完整的印象。按这种结构方式组织材料，适用于揭露问题、反映情况的调查报告。向读者介绍事物的

认识过程,由浅入深,由简单到复杂,揭示事物深层次的本质,这种结构方式组织材料多用于研究性的调查报告。

②横式结构　即分头叙述并列的若干问题或同一问题的若干方面的结构方式。可围绕主旨,按照不同类别归纳成几个小问题来写,每个小问题可拟写小标题。这种分头叙述的结构方式既可用于揭露问题或总结经验,又可以用于分析原因或提出对策。

③综合式结构　即将纵式和横式两种结构方式穿插配合起来使用的方式。既考虑时间的先后顺序,体现事物的发展过程,又注意按内容性质分类,突出主要问题,纵横交错,事理结合。

(3)结尾

调查报告的结尾多种多样,常见的有以下几种方式。

①总结全文,深化主题。在结尾部分对调查报告的基本观点或结论作简要的概括。

②表明观点,呼应前文。针对文中提出的问题,用简要、概括的语言,集中表明作者的观点、态度或见解。

③提出建议,指明方向。根据调查报告中反映的情况或揭示的问题,提出有针对性的建议或意见。

4. 成文日期

调查报告的成文日期,应写在正文的右下方。

【例文5】经验调查报告

南国佳果何以畅销全国

——东莞搞活香蕉购销的调查

张从明　潘盛洲

产于广东东莞,既难保鲜,又不便长途运输的香蕉,何以能一年四季销遍全国城乡,甚至北国边陲小镇?最近,我们带着这个问题到广东东莞市做了一些调查。

改革前,香蕉属二类农产品,国家实行派购,北方许多边远农村见都没见过。1982年购销体制改革后,香蕉放开价格,放开经营。东莞市抓住有利时机,多层次、多渠道、多种形式搞活香蕉购销经营,几年工夫,就形成了覆盖全国的销售网络,闯出一条生产、流通协调发展的新路子。1990年,全市香蕉总产7.4万吨,比1980年增长近6倍,全部销出,没有发生积压霉烂现象。他们的主要做法有以下三点。

千方百计开拓市场

一、领导重视推销,为开拓市场铺路。该市香蕉主产地之一的麻涌镇,为开辟省外市场,曾派出一名负责财经工作的镇党委副书记,带领镇有关部门的几名村干部，年年走访北京、上海、江苏等地，一方面了解市场行情；一方面与当地果品公司等单位建立合作关系，遇到问题就地解决。

二、启用各种人才搞推销。如新基管理区农民曾启洪，新中国成立前是专营香蕉的商人，熟人多，有经验，区里就请他出山，与他合作办起香蕉购销公司，派他父子5人常驻上海、杭州、武汉等地搞推销，很快就打开了销路。

三、充分发挥在外地工作的本市人的作用，请他们帮助开辟市场。

四、利用商业会议，大力组织订货并借此与各地建立长期购销关系。

五、在有一定经验的基础上，派出大批人员，全面出击，到全国各地去建立推销网点。

经过几年的努力，东莞市已形成一支10万多人的香蕉购销军，建起了覆盖全国的销售网络，几乎所有的大中城市都有他们的推销网点和辐射圈。

深化流通体制改革

最重要的是打破独家垄断经营，组织农民进入流通领域，鼓励国营、集体、联合体、个体一起上。如麻涌镇经营香蕉的各种组织共270个，其中国营5个，供销社5个，镇办20个，管理区(即村)办71个，农民联合体113个，个体56个，在全国27个省、市、自治区的74个大中城市，设置了270多个经销网点。1990年，经销香蕉7.5万吨(包括镇外和市外收购的3.9万吨)，其中国营、合作商业占30%，农民联合体占40%，个体占10%，全镇有1.2万人从事香蕉流通工作，其中常驻省外的将近1 000人。产、供、销“一条龙”的局面在实践中逐步形成。

东莞市各级购销组织普遍重视流通环节的疏通工作，与铁路、工商、税务、银行等部门，以及销地的果品公司等单位建立了良好的关系。遇到问题，市政府及时协调解决。因此香蕉流通基本没有发生“卡壳”问题，防止了运输中香蕉腐烂情况的发生。

因地制宜，采用灵活多样的销售方式，是又一特点，他们外销方式主要有三种：①自购自销，即从香蕉的收购、加工、包装、转运到销售，全部由东莞人自己完成，自负盈亏；②我购你销，站台交货，即东莞方面负责收购、加工、包装、转运，并在与销区协商好的铁路站台交货，由销区自行销售，购销双方自负盈亏；③联营，即东莞负责收购加工、包装、转运，销区负责组织销售，双方互派代表驻地方，各项直接费用计入成本，所得利润对半分成。三种方式以第一种居多，但不论采用哪种方式，各方都有利可图，因而大家的积极性都很高。

重视现代技术手段的应用

东莞经济发达，交通运输和通信等基础设施比较完备。特别是机关、企业和许多农民家里都装有程控电话，随时可与全国各地通话。各级购销组织充分利用这一有利条件，每天都与各地的网点保持联系，对市场行情和经销情况了如指掌。发现哪里的香蕉价格上涨，就马上往哪里调运；发现哪里滞销，就停止发货。这就大大降低了经营风险,提高了经营效益。

他们还注意推广先进技术,延长香蕉保鲜期。目前,保鲜20多天已不成问题。而自东莞用火车运到最远的哈尔滨或乌鲁木齐,一般只需7～10天的时间,可以做到保鲜销售。

东莞的经验,使我们受到启示,要想搞好香蕉之类的鲜活农产品流通,除了一般的改革措施外,最重要的就是要发挥产区的销售优势,由集中产区建立强有力的推销队伍,利用灵活多样的形式,到全国各地去建立网点,开辟和占领市场。

【例文6】研究性调查报告

现代企业制度条件下企业党建
若干问题的调查与思考

××××(单位) ×××(作者)

近年来,随着我区区属国有企业改制改组步伐的加快,一批国有企业改制成为有限责任公司和股份有限公司,"产权清晰,责权明确,管理科学"的现代企业制度在我区逐步确立。与此同时,企业党建工作也面临着一些新的复杂情况和问题。对此,我们组成调研组,进行了深入的调研。

一、情况与现状

在企业改制过程中,我区始终坚持"四个同步"、落实"三个保证",即:企业改制与建立健全党组织同步,建立法人治理结构、配备企业经营班子与配备党的班子同步,企业按新机制运行与开展党的工作同步,建立健全企业各项经营管理制度与建立健全党组织工作制度同步。党的组织设置、活动、经费要坚决保证。防止在改制过程中淡化、削弱党的领导。

第一,建立党组织参与决策的机制。党组织和工会组织的负责人通过法定程序分别进入了董事会或监事会。同时采取基层党支部书记兼任行政副职的做法,使常务干部的工作适应了改制的需要,通过"双向进入,交叉任职",保证了党组织对企业决策的参与。

第二,坚持党管干部原则。把党管干部与董事会聘任经营者、经营者行使用人权相结合。聘任子公司经营者、试行了由该公司董事长与总公司党政联席会提名,总公司组织、纪检部门考察,总公司党政联席会提出任用意见,子公司董事长及公司派出董事贯彻总公司意见,子公司董事会聘任的方法。

第三,坚持党风廉政建设责任制。改制后总公司与控股公司间继续执行党风廉政建设责任制。

第四,对与总公司脱离资产关系的小企业党的工作实行属地管理。根据资产关系和属地原则,已有7个改制企业党支部共49名党员整建后转入属地街道工委接受管理。

二、问题与矛盾

随着企业改革的进一步深化，企业党建工作将呈现更加复杂的局面。

1.党组织在企业中的地位和作用问题。

……

2.企业党组织与企业法人治理结构结合方式和发挥作用的途径问题。

……

3.企业党务工作者的定位和报酬问题。

……

4.党建工作操作主体问题。

……

三、思考与对策

企业追求的目标是利润最大化，从企业作为经济主体的角度看，企业内部似乎不需要政党组织。但是共产党是代表人民掌握国家政权的执政党，党执政的阶级基础和群众基础存在于企业和社会之中，离开了这些基础，党的执政地位便不复存在。而在国有控股企业或改制企业，党组织必须在企业存在并发挥重要作用。这样，经济组织与党组织目标取向的差异就构成了现代企业制度下企业运行和管理中的一对矛盾。企业党建所遇到的问题很多是由这对矛盾派生来的，解决现代企业制度条件下党建诸多问题都必须从正确处理这对矛盾入手。

1.从国有资本在企业的比重入手，界定企业党组织在企业发挥作用、性质的问题。改制后国有资本退出或国有资本少量参股的企业，其党建工作可以安排公有经济党建组织进行管理。企业党建组织主要作用是发挥政治核心作用，管理党员，团结工作队伍，支持企业发展。在国有独资公司和国有股权占主导地位的企业，企业目标与党组织目标具有更多的同一性，党组织在发挥政治核心作用的同时，还担负着保障国有资产保值增值，以及按照党管干部原则推荐、考察、管理企业经营管理者的职责。因此在这类企业必须明确党组织在参与重大问题决策和重要干部任用方面发挥重要作用。

2.按照企业资本性质和岗位职责关系确立党组织的定位和党务工作者报酬问题。

……

3.在遵循资本原则的基础上，探索现代企业制度下党组织发挥作用的方式和途径。

……

4.以资产关系和属地管理相结合的方式，解决好改制企业党建工作操作主体问题。

……

2002 年 1 月

(五)调查报告的写作要求

1. 要深入调查,详尽占有材料

调查报告是用事实说话,事实材料是形成观点的依据。要获得丰富的材料,就必须进行有目的、有计划的调查,这是撰写调查报告的起点和先决条件。因此,首先要拟订调查提纲,确定调查的目的、对象和要点,安排调查的方法、时间、地点、步骤;然后深入实地扎扎实实地做调查,弄清调查对象的实际情况、问题的性质及产生的原因,充分掌握第一手材料。

2. 要认真整理,分析研究材料

要善于对材料进行认真的综合分析研究和整理,进行一番"去粗取精、去伪存真、由此及彼、由表及里"的筛选加工,并根据材料的不同性质进行分类,分成几个方面的经验或几个方面的问题,找出它们内部的联系和规律性,提炼出明确的理论观点。这是写好调查报告的关键。

3. 要努力做到材料说明观点

要熟练掌握各种运用材料说明观点的方法。在写作时,要注意运用典型材料与一般面上材料相结合;要善于运用精确的统计数字说明观点,要注意对数字进行分析,注意数字和事实配合使用;还要注意运用对比材料说明观点。总之,要做到观点统帅材料,材料说明观点,以达到观点与材料的有机统一。

4. 正确使用不同的表达方式

调查报告的表达方式以叙述为主,说明、叙述、议论有机结合。一般来说,前言部分以说明为主;主体部分以叙述为主;概括分析和结论则以议论为主。

(六)调查报告与相近文体的区别

1. 调查报告与公文中的情况报告的区别

(1)反映问题的深度和广度不同

情况报告一般反映日常工作和生活中某个具体或偶发性的情况,内容比较单纯;而调查报告则是反映具有普遍意义或带有关键性问题的情况,内容比较复杂,涉及问题的深度和广度比之于情况报告,要求更高一些。

(2)行文对象不同

情况报告是呈报性的上行公文,只向上级机关行文,供领导参阅;而调查报告既可向上级机关汇报,又可印发同级和下级机关,有的还可以在报刊上公开发表。

(3)写法不同

情况报告一般着重反映具体事实,交代事情发展的过程,因果关系具体;而调查报告对事情的来龙去脉只作概括性的叙述，既要用事实讲话，又要从中找出规律性的东西，理论色彩强于情况报告，因而指导作用更大。

2.调查报告与总结的异同点。

(1)调查报告与总结的相同点

①都要求指导思想明确，有较强的针对性。

②都要求着重于“点”上的调查研究，总结规律性的东西，以推动“面”上的工作，有较广泛的指导作用。

③都要求叙述事实，通过典型材料说明观点，做到观点和材料的统一。

在实际运用中，专题性经验总结可以改写成典型经验的调查报告，典型经验的调查报告也可以改写成专题性经验总结。

(2)调查报告与总结的区别

①目的与范围不同，总结的目的是从本单位或个人的角度出发，检查、评价自己的工作，以指导下一阶段的实践活动。调查报告的目的是针对好坏典型事例或疑难问题去调查研究，引出结论，用以推动面上的工作。

②内容不同，总结是对前一阶段工作的回顾、评价，内容仅限于反映本单位或个人在实际工作中的经验教训。调查报告的内容十分宽泛，可以调查历史、现状，可以总结经验，也可以披露问题等。

③人称不同，总结是以本单位或个人的身份撰写自身的实践活动，用第一人称；而调查报告则以局外人的身份，站在客观立场上调查、撰写他人的实践活动，用第三人称。

四、简报

(一)简报的概念

简报是党政机关、社会团体、企事业单位用以反映情况、汇报工作、交流经验、传达信息为主要内容的一种简短灵活的内部文件。简报是个统称，常见的“××简报”、“××动态”、“情况反映”、“情况交流”、“内部参考”、“××快报”等，基本上都属于简报范畴。

(二)简报的作用

1.反映情况

运用简报可以迅速地将工作中的重要情况、经验和问题，向领导机关反映、汇报，以利于取得上级的指导，并为领导决策提供参考依据。

2.指导工作

上级机关通过简报向下传达有关的政策规定和领导意图，对下级单位有一定的指导作用；也可以通过简报推广经验，批评错误，以利于指导下级，推动各项工作开展。

3. 互通信息

通过简报可以在各平行机关、单位之间，在大型会议的参加者之中，沟通情况，传递信息，以增进彼此了解，协调工作。

(三)简报的特点

1. 简

简是简报的主要特点，主要表现为内容集中，概念明确，篇幅简短，文字凝练，简明扼要地反映情况。

2. 快

快即写作简报要迅速及时，讲究时效性。对发现的新问题，及时调查采访，做到快写、快印、快发，迅速及时反映情况，快递信息。

3. 新

新即简报的内容要新颖，要反映新情况、新问题、新经验。要善于抓住新人、新事、新动向，给人以启发和借鉴。

4. 真

真即简报所反映的情况应当真实可靠，准确无误。写作时要有的放矢，具有针对性。

简报的简、快、新、真四个特点是相互关联、缺一不可的，这四者必须统一起来，否则简报就会失去其价值和意义。

(四)简报的种类

简报的种类大致可以分三种。

1. 工作简报

工作简报主要反映工作的开展情况、总结经验教训，表扬先进，批评落后，便于上级领导了解情况、分析问题做出决策，更好地指导工作；也便于下级之间沟通情况，交流经验。

2. 动态简报

动态简报主要反映工作动态和思想动态，及时反映工作中的新事件、新成绩、新问题、新建议等；反映人们对国内外重大事件、党和国家新的重大方针、政策的认识、态度，以及思想苗头、倾向，为领导机关了解最新民情提供情况信息。

3. 会议简报

会议简报主要反映重要会议的进展情况、重要报告、讨论内容、通过决议及与会人员的发言、活动等事项。既可以作为会议期间向领导机关汇报情况的材料，又可以达到及时沟通与会者之间认识和意见的目的。

(五)简报的写法

简报一般由报头、报核、报尾三部分组成。

1. 报头

报头在简报第一页上方，约占全页的1/3篇幅。组成要素主要有以下几点。

(1)简报名称

如“××简报”、“××动态”。其位置在报头中间，字体较大，经常套红书写，以示醒目。

(2)简报期号

一般放在简报名称下面，并居中排列，写为“第×期”或“第×号”。一般是一年一编号，也可以连续统编。

(3)编发单位

在期号下左侧的横线上，写编发单位的全称。如“××办公室编”、“×××会议秘书处编”。

(4)印发日期

在期号下右侧的横线上，写印发简报的年月日。

(5)提醒事项

在简报名称左上角，用“[　]”标明“绝密”或“机密”或“秘密”或“内部刊物”或“注意保存”等字样。

(6)分隔线

用破栏卡线将报头与报核分开，以示区别(如下表格式)。

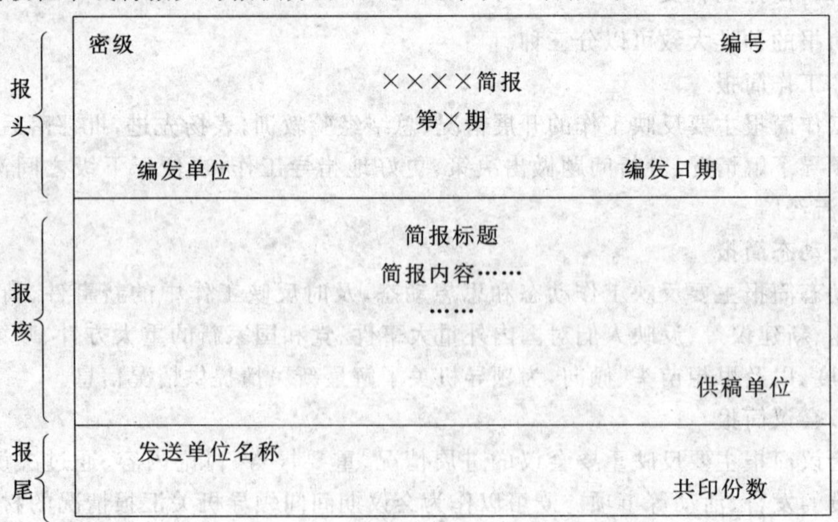

2. 报核

报核又称报腹。报核是简报的内容部分。一份简报可以编发一篇文章，也可以编发一组相类似、相关或作比较的多篇文章。报核由按语、标题、正文、落款组成。

(1)按语

按语是编者针对所发材料撰写的说明性或评论性文字，它表明办报机关的主张和意图。内容重要的简报和转发性简报，要在所发材料标题之前加写按语。在按语之前一般写上“编者按”、“按语”、“编者的话”等字样。

按语有说明性按语、提示性按语、批示性按语三类。它针对所发材料的内容，或肯定某一经验；或批评某一错误；或提出一些值得探讨和注意的问题；或说明转发材料的原因、目的和意义。按语要写得简短、明确、具有针对性和指导性。

(2)标题

简报的标题不像公文标题那样写法较为固定，可以灵活多样，力求生动鲜明，简练醒目，富有吸引力。一般有以下三种写法。

①直述式标题　运用精练的语言高度概括简报的基本内容，如《武汉大学自我教育和管理促进学生宿舍文明建设》。

②提问式标题　以提问形式点明简报中最吸引读者的问题，如《东部欲飞　西部何为》。

③复式标题　正题揭示文章的思想意义或中心观点，副题补充说明对象、内容或范围，如《以出养进　以进促出——武汉市外贸局创出内外贸结合的新路子》。

(3)正文

正文包括导语、主体、结尾三个部分。

①导语　导语通常概括全文的主要内容或主旨，起总领作用。一般要说明（某人或某单位）做了什么（事件），结果怎样。根据内容表达需要，有的采用新闻导语式的写法，也可以采用倒叙式、描写式、提问式、结论式等几种开头方法，总之，要简明扼要，又能吸引读者注意。

②主体　主体要紧扣导语，把问题全面展开，用大量的有说服力的典型材料印证导语中的提示，回答导语中的问题，使导语的内容具体化。主体的内容或阐述基本情况，总结成绩，介绍经验、做法；或提出存在的问题，分析原因教训；或反映会议的中心内容。在层次安排上，一般采取纵式和横式两种结构方式。具体表现方法一是按时间顺序、事件发生的先后来写；二是按空间顺序写；三是按问题的性质分几方面写；四是按逻辑规律写，先提出问题，再加以分析，然后提出解决问题的思路和对策。在层次的表现形式上，采用分段、分条列项或小标题三种形式。无论采取哪种结构方式、何种表现形式，主体部分都要做到观点鲜明，内容充实，层次分明，通俗易懂。

③结尾　用一句话或一小段文字，概括具体内容或点明主旨，总结全文；或突

出重点，深化主旨；或指明事物发展的方向，提出希望和要求；或提出今后的打算，发出号召。如果简报内容单一，篇幅短小，且主体已表达清楚，也可以不写结语。

(4)落款

落款指文章来源或采写者名称。在正文右下方用圆括号注明文章出处，如“(××单位供稿)”、“(摘自××简报)”；或注明采写者名称，如“××秘书处”、“××单位办公室×××”。

3. 报尾

在正文的下面画两条平行横线，在这两条线内注明发送范围、对象和印制份数。

【例文 7】

工 作 简 报

第 10 期

××市轻工业局 2010 年 10 月 5 日

狠抓优质高产、修旧利废

市棉纺厂一季度盈利显著增加

市棉纺厂认真贯彻×届人大会议精神，开展以优质、高产、低消耗为中心的社会主义劳动竞赛，取得了显著成绩。一季度实现利润 170 多万元。他们的具体做法如下。

一、加强企业管理

(1)抓节约生产。漂染车间改变了过去布头满地扔的状况，做到了“寸布不落地”。织布、细纱车间也做到纱管、棉纱不落地，既节约了大量原材料，又保持了环境卫生。

(2)抓修旧利废。对色布、绳子等进行回收……

(3)加强财务计划，减少非生产性开支……

二、抓质量、攻关键

(1)在职工中广泛宣传提高质量的重要性，认真分析坏布有毛病、印染配料不匀的原因。今年一季度色布入库一等品率增加 76.7%。

(2)提高职工生产知识和技术水平，还进行了技术考核和练兵。

(3)抓重点项目……

三、抓社会主义劳动竞赛

……

四、大搞革新挖潜

(1)……

(2)……

目前，棉纺厂广大职工、干部决心乘胜前进，把社会主义劳动竞赛更广泛地开展起来。他们的口号是“攻破质量关，利润再翻番”。

【例文 8】

科研简报

2002 年第 1 期 总第 5 期

中南财经政法大学科研处 2002 年 5 月

中青年经济研究会举办跨国公司经济及管理学术前沿问题研讨会

为整合我校跨国公司研究队伍，提升我校跨国公司研究水平，根据国内外学者对跨国公司问题研究现状和我校在全国跨国公司研究方面的地位，校中青年经济研究会于 2002 年 4 月 12 日在湖北南财文化发展限公司“书吧”成功举办了“跨国公司经济·管理学术前沿问题研讨会”。会议特邀请了湖北人民出版社等单位的有关领导参加。

研讨会由中青年经济研究会会长曾繁华教授主持。曾教授首先就全球跨国公司的发展现状、我校在国内外跨国研究方面的地位和提升、我校跨国公司问题研究水平的迫切性等问题做了主要发言。工商管理学院张相文博士就其受学校资助出版的新著《外贸产业竞争力研究》一书的研究方法、基本思路、主要观点及创新等问题，向与会者进行了深入浅出的精彩发言。研讨会的召开使大家受益匪浅，并深感中国公司作为经济一体化与全球化的载体，其在世界经济发展中的地位与作用日益重要。自 1992 年以来，全球 500 强已有 400 多家进入中国，外交经济已经成为中国经济发展的主要经济增长点，也一定会成为经济与科技发展的引擎。

本次研讨会还倡议在较短的时间内推出“跨国公司经济·管理学术前沿丛书”(10 本)。该倡议得到财政局与公共管理学院院长杨灿明教授的热情支持，并从多方面为该丛书提出了建设性的意见，他认为这对培植我校新的学科增长点大有裨益。该倡议还得到湖北人民出版社有关领导的充分肯定，并表示予以大力支持。

报：教育部社政局 财政部教育局 司法部法规教育司
湖北省教育厅

送：有关兄弟院校科研处

发：校内各单位

(五)简报的写作要求

1. 材料典型、真实、可靠

在占有丰富材料的基础上，应围绕简报的主旨，选择有说服力、具有普遍意义的典型材料。典型的材料必须是真人真事,不能编造和虚构。内容的真实性是简报的生命。

2. 表述要生动活泼

简报应采用生动活泼的语言,摆事实,讲道理,做到言之有物,避免空洞。表述上多运用一些生动、精练的语言,多用短句,可使简报生动活泼。

3. 简报要简

叙述事实,反映情况,语言必须简练、准确、朴实无华。篇幅不能太长,一般应控制在千字以内,尽量做到一事一文,内容集中,主旨突出。

第四节 日常事务文书的写作

日常事务文书多用于处理个人的社会事务或私人事务。这类事务非常广泛,这里介绍几种常用文书的写法。

一、申请书

(一)申请书的概念

申请书,是个人、单位或集体出于某种需求,向有关主管部门、组织、团体、领导提出书面请求,希望得到批准、请示解决问题或获得解答时使用的一种专用书信。

申请书在现代日常生活、工作、学习中应用范围广,使用频率高,作用巨大,种类繁多。下级在学习、生活、工作、生产等方面对上级有所请求时,可以使用申请书;个人对党团组织和其他团体表达志愿时可以使用申请书;个人在生活、学习、工作等方面对机关、部门、单位领导有所请求时也可使用申请书。不同的分类标准可划分为不同的类型,如按作者分,可分为个人申请书和单位、集体公务申请书;按事项内容分,有入党、团及其他社会团体的申请书,也有日常生活方面个人请求上级单位帮助解决具体困难的申请书,如入学申请书,困难补助申请书,开业申请书等;按形式划分,有文字式申请书、表格式申请书、文字表格式申请书等。

申请书,顾名思义是申明自己的事情和理由,并包含请求之意,请求性是其突出的特点。除请求性外,申请书还应具有诚实性的特点,申请理由要实事求是,不可瞎编乱造。另外,申请书是一种下对上的特殊书信,表达时如一般书信一样,采用书信体格式,因此写作要严格按照书信的格式写作。

(二)申请书的结构及写法

申请书与一般书信一样,是表情达意的一种工具,其结构形式较为固定单一,主要回答:向谁申请、为什么申请、申请何事项,对受文单位的请求、谁申请、申请日期等问题。一般包括以下五个部分。

1. 标题

申请书的名称，作为标题应写在申请书第一行居中位置。两种写法，一是直接以文种“申请书”三字做标题；二是根据申请书内容，标明具体名称，如“贷款申请书”、“出国留学申请书”等。

2. 受文者

标题下空一行或两行居左顶格写明接受申请书的单位、组织名称或有关领导、负责人的姓名，如“中国农业银行武汉市分行”、“敬爱的党支部”、“尊敬的团组织”等，名称后标全角冒号，表明下面有话要说。

3. 正文

正文是申请书的主要部分，通常包含三部分内容。

(1)申述理由

申述理由是指申请书要写清申请的原因，要写得客观、真实、充分，具有说服性。

(2)提出申请要求

申请要求应明确、具体、合情合理。如要求得到批准，或要求予以解决、解答问题等。还应条理清晰、文字简洁。

(3)表达意愿如果实现后的保证

如开业申请，保证遵守国家相关政策、法令、法规，维护市场秩序，按章缴纳税金，价格公平合理，服务热情周到等。

正文要在受文者下一行空两格处写起，第二行起顶格写。理由与事项最好分段写，每段开头要空两格。这样既保证内容的单一性和完整性，又容易让读者把握要领。

4. 结尾

常用“特此申请，请批准”、“请审查批准”、“请批示”等惯用语，或以礼貌性尾语或祝颂语作结，如“此致敬礼”、“祝××顺利”；或在结尾处向受文者提出希望，提请主管部门重视自己的请求或向受文者表示感谢，常用“望予以协助解决”、“盼予以考虑”、“如能尽快解决，不胜感激”等；或作其他说明。

5. 署名和日期

个人申请要写明申请人姓名，单位申请要写明单位名称并加盖公章，署名下一行注明日期。

(三)例文

【例文9】

助学贷款申请书

中国建设银行××市分行：

我叫张华，男，于2009年9月进入武汉××学院工商管理系1班市场营销专业就读，本科学生，身份证号码为××××××××××××××××××，毕业时间 2013 年 7 月。因为家庭经济困难,父母不能支付本人大学就读期限学费,特向贵行申请国家助学贷款。贷款意向如下。

一、贷款数额

1. 2010—2011 学年的学费人民币××××元整。

2. 2011—2012 学年的学费人民币××××元整。

以上共计人民币××××××元整(总额大写)。

二、贷款期限

贷款期限自 2010 年 1 月至 2016 年 12 月,最迟不超过毕业后第三年。

我承诺:获得国家助学贷款后,努力学习,积极上进,高质量完成学业,并在 2016 年 12 月 31 日前还清贷款,毕业后及时将工作单位或详细的联系方式告知贵行,做恪守信用的大学生。

我家固定联系地址是:××市××县××镇×××村,邮政编码:××××××

校址是:×××市×××区×××学院 001 信箱,邮政编码:××××××

联系电话:×××××××××

申请人:张华

2010 年××月××日

【例文 10】

入党申请书

敬爱的党组织:

值此中国共产党第十六次全国代表大会胜利召开之际,我怀着十分激动的心情向党组织提出申请——我要求加入中国共产党,愿意为美好壮丽的共产主义事业奋斗终生。

历史和现实都充分证明:中国共产党是一个伟大、光荣、正确的党,是中国工人阶级的先锋队,同时是中国人民和中华民族的先锋队,是中国特色社会主义事业的领导核心,代表中国先进生产力的发展要求,代表中国先进文化的前进方向,代表中国最广大人民的根本利益。党的最高理想和最终目标是实现共产主义。我们党是一个以马列主义、毛泽东思想、邓小平理论和"三个代表"重要思想为行动指南的党。

中国共产党之所以是"两个先锋队"、"一个核心"、"三个代表",这是经过长期斗争考验形成的。在中国,从来没有任何一个政治组织像我们党这样集中了那么多先进分子,组织得那么严密和广泛,为中华民族作出了那么多的牺牲,同人民群众保持着密切的联系,始终代表最广大人民的根本利益,并在前进中善于总结经验、郑重对待自己的失误,形成并坚持正确的理论和路线,领导人民取得了革命和建设的伟大胜利。

历史把重大责任赋予我们党，人民对我们党寄予厚望。党领导人民在20世纪写下了伟大的篇章，也一定能在21世纪谱写出更加光辉灿烂的新篇章。

事实正是如此，也必将如此。在新民主主义革命时期，党领导全国人民进行了艰苦卓绝的斗争，建立了社会主义的新中国。在社会主义革命时期，党又领导人民进行社会主义现代化建设道路的探索，经过长期的艰辛努力、摸索实践，中国共产党领导广大人民终于在上世纪的最后二十多年里，在邓小平理论的指导下，找到了一条符合中国实际的建设有中国特色的社会主义道路。在实践中，我党高举邓小平理论的伟大旗帜，坚持党的基本路线，坚持解放思想，实事求是，团结拼搏，开拓进取，有中国特色的社会主义经济、政治、文化都取得了伟大的成就。到上世纪末，我们实现了现代化建设的第二步战略目标，实现人均国民生产总值翻两番；基本消除贫困现象，人民生活达到小康；加快现代企业制度建设，初步建立了社会主义市场经济体制。展望21世纪，我党已经明确了进入新世纪我们必须抓好的三大任务，即：继续推进现代化建设；完成祖国统一；维护世界和平与促进共同发展。明确提出高举邓小平理论伟大旗帜，贯彻“三个代表”重要思想，全面建设小康社会的奋斗目标。当然在我们前进的道路上还可能有许多困难和艰辛，但我坚信：有中国共产党的正确领导，任何艰难险阻我们都能克服，跨世纪的宏伟目标一定能够实现，一个繁荣富强、民主、文明的社会主义现代化国家必将在21世纪的中叶屹立于世界民族之林。我决心要在党组织的培养和帮助下，努力工作，积极进取，为实现现阶段目标和最高理想而贡献一切。

我深知，作为一名共产党员，不仅要做一个解放思想、实事求是的先锋，更重要的是在不断改造客观世界的同时，努力改造自己的主观世界，树立马克思主义的科学世界观。只有树立科学的世界观、人生观和价值观，才能充满为共产主义而奋斗终生的信心和勇气，才能在现阶段为建设中国特色的社会主义不遗余力地奉献自己的智慧和汗水。

今天，我虽然向党组织提出了申请，但我深知，在我身上还有许多缺点和不足，因此，希望党组织从严要求我，以使我更快进步。今后，我要用党员标准严格要求自己，自觉地接受党员和群众的帮助与监督，努力克服自己的缺点和不足，在实际工作中以十六大精神为指导，努力践行“三个代表”，争取早日加入党组织。

我个人的履历是：……

家庭主要成员及来往密切的社会关系的情况是：……

请党组织审查。

申请人×××

××××年×月×日

（文章来源人民网）

(四)申请书的写作要求

其一,申请书是一种专用书信,与一般书信有很大区别。一般书信常用于个人之间互通情况、交流情感、商量事情等,内容较为广泛,可以谈公事,也可聊私事,谈一件或多件事都可以。但申请书一般只能提出单一的申请事项,内容比较单纯,一事一书,以便于有关部门审批。不宜将多种事项混合申请。

其二,写作之前要慎重考虑,有无行文的必要性,自己是否符合单位制定的相关申请条件,能否得到肯定的批准。

其三,要把申请的理由和事项写清楚,使受文者能透彻地了解申请者的意愿、要求和具体情况,以便研究处理。

其四,申请书属应用文体,以叙述为主,语言通俗、文字朴实、简洁明了,切忌冗长浮泛、故弄玄虚,另外,字迹要工整,标点符号要准确。无论个人或是单位集体,申请书的写作都要符合这个单位、这个人的实际情况,不可抄袭照搬,套写范文,甚至直接复制。

二、求职信

(一)求职信的概念

求职信,也称自荐信,是求职人员写给用人单位或单位领导人,用来介绍自己的才能,欲以谋求工作的交际信函。它是在现代社会灵活的用人机制下,为适应就业竞争需要而出现的专用文书。

求职信是求职者在面试之前给用人单位的一种最初印象,一个总体的、大概的了解。求职者利用信函,向用人单位充分展示自己的才能和特长,充分表达个人意愿;用人单位通过求职信了解求职者的基本情况,研究决定是否给求职者一个面试的机会,并进而决定是否录用。因此,对于应聘者来说,求职信是公平竞争、一展才华的工具;对于招聘者来说,求职信又是选我所需、择优录取的依据。其特点是具有明显的针对性和目的性。

(二)求职信的结构及写法

求职信是求职者向用人单位递送简历时的自我表白,一般能够简明扼要地把"我愿意、我适合、我能做什么样的工作"阐述明白即可。其结构形式有以下几点。

1.标题

直接标明文种"求职信"、"自荐信"或"自荐书",位于第一行居中位置。

2.称呼

标题下一行顶格写明用人单位名称(应用全称或规范化简称),以及负责部门名称,通常为单位的人事部门或负责招聘的职能部门;如果是写给用人单位领导,则根据读信人身份、地位，给予恰当称谓，如“尊敬的××商业大厦经理”、“尊敬的××公司××女士/先生”等，体现出对对方的尊重，不能直呼其名，更不能随意用日常人际交往中的亲昵称呼。称谓应准确、完整、正式、规范、礼貌。

3. 问候语

问候语是对收信人表示礼貌的礼仪性问候。称呼下一行左边空两格，加上礼节性用语“您好”或“近好”即可。求职信不同于一般书信，不能直接在称呼后紧跟问候语，一定要另起一行，左边空两格，且要加上感叹号。

4. 正文

正文包括引言、主体、结尾三部分。

(1)引言

引言或称开头，首先作一个简单的自我介绍，一句话介绍自己的学校、专业或工作背景，紧接着要说明获得招聘信息的途径，并明确自己应聘的具体职位。须用语精要，力戒冗繁。要体现出求职信写作的针对性和目的性，体现对对方的尊重和自己对这份工作的重视。

(2)主体

主体部分是求职信写作的核心与重点。这一部分是决定求职成败的关键。行文时要充分具体。首先，简单陈述自己的工作经历、教育背景，所掌握的专业技能，具备的资质能力。然后重点比较招聘要求和自己的资质，申明该职位符合你的求职目标，用事实和数据证明你是这份工作的最佳人选，能够为招聘单位贡献价值。写作时特别要注意将实绩的叙述、展示与才能、专长的凸显有机结合起来，全面展示自己的能力，使用人单位信服。行文要有针对性、条理性、明确性。既要重点突出，达到自我推销的作用，又不能夸大其词、炫耀吹嘘。

(3)结尾

重申自己对该职位的兴趣和自己是合适的人选，表明自己积极求职的态度，期盼对方予以回复的愿望，以及恳请 HR 人员(即人力资源管理人员)给予面试的机会。如“如蒙贵单位录用，必努力为贵公司的发展尽一份绵薄之力”、“静盼佳音”、“如蒙赐复，不胜感激”等。

5. 敬语

出于礼节，应选用较为正式、恭谨的祝颂语。如“此致敬礼”“恭祝工作顺利”、“时祺”、“顺颂商祺”等。

6. 落款

敬语下一行偏右处署上自己的全名及写信的准确日期，姓名一般用手书。

7. 附件

一般来说，自荐信后常附有个人简历表、学历证书复印件等相关证书及成果材料。这些是用人单位考查竞聘者的重要依据。

(三)例文

【例文 11】传统式求职信

求职信

尊敬的××公司人力资源部经理：

您好！非常感谢您在百忙之中关注我的求职申请。

我是××大学经济管理学院 2010 级应届毕业生，金融学专业，从××招聘网站上得知贵公司在招聘金融分析员，凭着对金融行业的浓厚兴趣和热情，以及对金融学的四年专业学习和丰富的实习经历，现申请贵公司金融分析员职位。

除了金融专业的学习经历，大学四年中我还从各种实践活动、研究项目、创业比赛中积累了项目评价、行业分析、投融资分析等方面的专业基础知识和丰富的实践经验。我拥有很强的专业研究能力和团队协作能力，××大学也培养了我勤奋、严谨的生活和学习作风，为从事金融分析工作做好了充分的准备。

我相信自己非常适合这份工作，并期待与您能详细面谈。您方便时可拨打我的电话 133444××666。个人详细简历附后，多谢惠览。

此致

敬礼！

×××

2009 年×月×日

【例文 12】对比式求职信

求职信

尊敬的××公司人力资源部赵先生：

您好！很荣幸能有机会向您呈上我的个人资料。

我是 2009 级毕业于××大学电子工程专业的硕士研究生，有两年的电子行业工作经验，欲申请贵公司网站上招聘的电子工程师职位。

贵公司电子工程师的任职要求	我所具备的资质
大学本科及以上学历	电子工程专业硕士学历
至少一年及以上本专业工作经验	两年电子产品设计开发经验
能够独立完成产品试制工作	负责公司电子产品的试制
动手能力强，对电子产品兴趣浓厚	负责公司产品批量生产的试验和技术支持
能够熟练读写技术文件	独立编制多项技术文件
英语良好，熟悉办公室软件	英语通过 CET-6，成绩优异，可熟练操作办公软件

我自信符合贵公司的招聘要求，衷心期待您能给我一次面试机会，并感谢您抽出时间阅读我的附件简历，若能加入贵公司，必将全心全力为公司事业添砖加瓦。

现附上我的电话(××××××××××××)和 E-mail,您方便时可与我联系。

顺颂商祺!

×××

2009 年×月×日

(以上两篇文章均选自《15 秒,让你的简历脱颖而出》)

(四)求职信的写作要求

求职信是求职者写给用人单位的一种半正式的商务信函,一封好的求职信能体现求职者清晰的思路和良好的表达能力,也能体现求职者的沟通交际能力和性格特征。写作求职信要注意以下几个原则。

1.文字内容力求简练

一般以一页的篇幅为宜,重点说明你对应聘职位的兴趣及具备相应职位的任职能力,强调自己是合适的人选,同时要概括自己与工作职位相关的经验和资历,不能重复啰唆,抓住重点就好。不能毫无目的地简单重复简历的主要内容。

2.突出价值贡献

求职信主要展现的是求职者对用人单位的价值,而不是一味强调自己能获得什么好处,根据你了解到的职位需求及公司的发展情况,重点阐明你所具备的能力将会给公司带来什么样的价值,而不是公司能给你提供多么好的待遇及环境。

3.有的放矢,重点突出,措辞准确恰当

求职信写作必须要针对用人单位需求量身定做,不可一封求职信打遍天下。要搜集用人单位的资料,了解用人单位的基本情况,根据自己的实力,从而确定自己的求职方向。在叙写自己的才能、专长、业绩时不能毫无主次、平分笔墨,要着力突出与求职意向相关的主要方面及自己的不同凡响之处。同时,语言措辞应尽量职业化,杜绝口语化。语意方面既要表达出申请职位的诚意,展现自己的专业水准,又要做到不卑不亢。

4.切勿华而不实

求职信是呈给 HR 专业人士审阅的,严格来说是一种正式文书,一般情况下格式要简洁,内容要充实,能够传达简历中无法表现的信息,如果申请的特殊行业的职业,如设计、广告等讲求创意的职位,可适当进行版面设计,但也不宜太过缤纷花哨。

三、演讲稿

(一)演讲稿的概念

演讲,又称讲演、演说。“演”可以理解为“艺术地”;“讲”,就是“讲述、讲话”,把经过组织的语言表达出来。演讲，就是艺术地讲话。广义的演讲，指向听众发表成篇的关于某事物的知识或某问题的意见的口头表达形式，包括各种场合各种形式的讲话及狭义的演讲。狭义的演讲，是指演讲者在特定的现实情境中，借助有声语言和无声语言等艺术表达手段，针对现实社会中的某一问题，或围绕一个中心，面对广大听众发表意见、抒发情感、传递信息、阐明事理，从而影响和感召听众的一种现实信息交流活动。它是一种特殊的社会现象，有强大的鼓动性，强烈的社会效应。它既是一门学问，又是一门艺术，真正的演讲是一种整体生命的投入和表现。在现代社会演讲越来越普遍，一个没有口才和演讲能力的人越来越难以产生影响力。

演讲稿也叫演说辞，它是演讲者在较为隆重的集会、会议和某些重要公众场所发表的讲话文稿。通常情况下，演讲者都是事先有所准备，演讲是有文稿可以遵循参照的。演讲稿是进行演讲的依据，是对演讲内容和形式的规范和提示。演讲稿是人们在工作和社会生活中经常使用的一种文体，它可以用来交流思想、感情，表达主张、见解；也可以用来介绍自己的学习、工作情况和经验，等等。演讲稿具有宣传、鼓动、教育和欣赏等作用，它可以把演讲者的观点、主张与思想感情传达给听众及读者，使他们信服并在思想感情上产生共鸣。写好演讲稿是演讲成功的关键，也是一个成功的演讲者应该具备的基本功。中外许多成功的演讲者都十分重视演讲稿的写作。

一篇成功的演讲稿，首先应懂得以情感人。情感是演讲的生命线，情真意切、以情取胜的演讲是最受欢迎的；其次，演讲稿的写作要有针对性、鼓动性。演讲是一种社会活动，是用于公众场合的宣传形式，因此要根据不同场合和不同对象，为听众设计不同的演讲内容。作者提出的问题是听众所关心的问题，评论和论辩有雄辩的逻辑力量，能为听众所接受并心悦诚服，如此才能激发听众的情绪、赢得观众的好感。另外，演讲是一种艺术，又有着很强的艺术性，主要表现在语言修辞和演讲技巧上。演讲，既要“讲”，又要会“演”。思想内容要丰富、深刻，见解要独到精辟，同时语言要绘声绘色，这样来表现思想感情和客观事物，就是演讲艺术化的标志。演讲者预先要在演讲稿中设计演讲技巧，运用时才能达到一定的表达效果。

演讲稿形式多样，种类繁多，从不同的角度可进行不同的分类。从演讲的内容上分，有经济演讲、政治演讲、生活演讲、学术演讲、法律演讲、宗教演讲、礼仪演讲等。从演讲的表达方式上分，有记叙性演讲、议论性演讲、抒情性演讲。从演讲的功能上分，有说服性演讲、激发性演讲、激励性演讲、娱乐性演讲等。

(二)演讲稿的结构及写法

无论何种类型，何种形式的演讲稿，一般都由标题、称谓、正文、署名、日期五部分构成。把握好演讲稿的结构设计是演讲取得成功的基础。

1.标题

标题是演讲的“眉目”,是一篇演讲的定音之弦。既能够概括反映演讲内容,又要引起听众的兴趣。有很强的吸引力,要求简短精练、新颖生动、鲜快明亮。形式上可以是单行标题、也可以是双行标题;内容上可以反映正文内容,也可以采用特殊标题,常见类型有以下几种。

揭示主旨型标题　将演讲内容的核心主旨简明提示出来。如《心底无私天地宽》(曲啸)、《论气节》(朱自清)等。

象征型标题　即运用象征或比喻等修辞手法,把抽象的哲理或特殊意义具体化、形象化,揭示出演讲意义,如《让梦想飞翔》、《象牙塔与蜗牛庐》(鲁迅)等。

情感型标题　将自己强烈的爱憎之情注入题目之中。如《流氓与文学》、《我也是义和团》(鲁迅)等。

警省型标题　运用名言警句,提醒、鼓动听众,激发情感。如《不自由,毋宁死》等。

双行标题,如《永远的丰碑——抗震救灾英雄事迹报告会》,有正题,副题。内容不同,标题形式也有很大的区别。

2.称谓

称谓就是通常说的打招呼,即对听众的称呼。恰当的称谓能渲染一种氛围,缩短演讲者与听众之间的距离。对象不同、场合不同,称谓也不同。位于标题下(如有署名在署名下一行)一行居左顶格,后加冒号。对听众称谓的排布顺序通常是:身份,从高到低;性别,先女后男,尽可能覆盖全场。

3.正文

正文结构一般为“引语+主体+结尾”。

(1)引语

引语即开头,也叫开场白。处于演讲稿结构中的显要位置,有重要作用。俗语说:“好的开头是成功的一半。”演讲稿的开场白,要简短、精彩,引人入胜,调动听众的情绪,将听众的注意力和兴奋点吸引过来,如此才能达到出奇制胜的效果,进而为后文的展开打下基础。引语的形式不拘一格,没有固定的开头模式,只要能达到目的,各种形式都可以为你所用。常见形式如悬念式、警策式、幽默式、双关式、开门见山式、故事导入式等。好的开场白至少能达到以下几个目的:拉近距离、建立信任、引起兴趣、引出下文。

(2)主体

主体是演讲稿主干部分,也是最重要部分。开头要美丽,中部要浩荡。既要承接开头,又要内容充实,主旨鲜明,环环相扣,层层深入,同时结构层次要清晰,注意各部分的节奏和衔接,还要精心设计高潮。演讲整个过程要做到跌宕起伏,时刻吸引观众。高潮部分既能使演讲者本人感情激昂，又可使听众精神振奋、情绪激动。著名演讲家李燕杰曾谈论过如何将演讲推向高潮："这需要演讲者在感情上一步一步抓住听众，在理论上一步一步说服听众，在内容上一步一步吸引听众，使听众内心激情逐渐地燃烧起来，演讲将自然推向高潮。"应根据不同的听众、场合、目的，将事、情、理有机结合，充分阐发演说事项。演讲稿的主体部分最能反映作者的思维层次、推理水平和表达水平等综合能力。在表达方式上，可综合运用抒情、说理、议论等表达方式，也可兼用描写、对话等。结构形式不定，可以是横式结构，可以是纵式结构，也可根据情况纵横结合交错使用。

(3)结尾

结尾是演讲能否走向成功的最后一步。结尾应如"豹尾"，要简短有力，余音绕梁。美国作家约翰·沃尔夫曾说："演讲最好在听众到高潮时果断结束，未尽时戛然而止。"这是演讲稿结尾最为有效的方法。开头、高潮都很精彩，若能在激动人心时自然结束全文，则更是锦上添花。结尾写法也没有固定模式，扼要总结，有如下几种常见形式。

①发出呼吁、催人振奋。运用富于感召力、鼓动性的语句，激发听众感情，给予希望，产生向上的力量。如国务院总理温家宝 2004 年《在国家科学技术奖励大会上的讲话》尾语："同志们，让我们在以胡锦涛同志为总书记的党中央的领导下，高举邓小平理论和'三个代表'重要思想的伟大旗帜，全面贯彻党的'十六大'精神，团结拼搏，勇攀科技高峰吧！为全面建设小康社会，实现中华民族的伟大复兴，创造更加辉煌的业绩！"

②语言幽默、风趣智慧。幽默是演讲者常用的一种艺术手法。幽默使演讲结尾更富情趣，它所产生的谐趣，对听众具有巨大的吸引力和感染力。如我国著名作家老舍先生是幽默的，他在某市的一次演讲中，开头即说："我今天跟大家谈六个大问题。"接着，他第一、第二、第三、第四、第五，井井有条地谈下去。谈完第五个问题，发现离散会的时间不多了，于是提高嗓门，一本正经地说："第六，散会。"听众起初一愣，随后欢快的掌声雷霆般地响起来。

③名言警句、启人深思。结尾用名人名言、古典诗词、谚语俗语等，言简意赅，文采斐然。这类结尾多用于即兴演讲中。

4.署名(落款)

署名即演讲者姓名，必要时须在姓名前标注演讲者的职务或职称。书写位置多在标题之下居中排布。

5.日期

日期是指演讲日期或书面讲话发表日，使用汉字数字或阿拉伯数字。当署名位于正文下时，日期写于署名下方，居中排布。当署名位于标题下方时，日期可写于署名下方,也可写于署名上方,居中排布,可加括号。

(三)例文

【例文 13】

记忆

华中科技大学校长李培根在2010届毕业典礼上的演讲

亲爱的2010届毕业生同学们:

你们好!

首先,为你们完成学业并即将踏上新的征途送上最美好的祝愿。

同学们,在华中科技大学的这几年里,你们一定有很多珍贵的记忆!

你们真幸运,国家的盛世如此集中的相伴在你们大学的记忆中。08奥运留下的记忆,不仅是金牌数的第一,不仅是开幕式的华丽,更是中华文化的魅力和民族向心力的显示;六十年大庆留下的记忆,不仅是领袖的挥手,不仅是自主研制的先进武器,不仅是女兵的微笑,不仅是队伍的威武整齐,更是改革开放的历史和旗帜的威力;世博会留下的记忆,不仅是世博之夜水火相容的神奇,不仅是中国馆的宏伟,不仅是异国场馆的浪漫,更是中华的崛起,世界的惊异;你们一定记得某国总统的傲慢与无礼,你们也让他记忆了你们的不屑与蔑视;同学们,伴随着你们大学记忆的一定还有什锦八宝饭;还有一个G2的新词,它将永远成为世界新的记忆。

近几年,国家频发的灾难一定给你们留下深刻的记忆。汶川的颤抖,没能抖落中国人民的坚强与刚毅;玉树的摇动,没能撼动汉藏人民的齐心与合力。留给你们记忆的不仅是大悲的哭泣,更是大爱的洗礼;西南的干旱或许使你们一样感受渴与饥,留给你们记忆的,不仅是大地的喘息,更是自然需要和谐、发展需要科学的道理。

在华中科技大学的这几年,你们会留下一生中特殊的记忆。你一定记得刚进大学的那几分稚气,父母亲人送你报到时的情景历历;你或许记得"考前突击而带着忐忑不安的心情走向考场时的悲壮",你也会记得取得好成绩时的欣喜;你或许记得这所并无悠久历史的学校不断追求卓越的故事;你或许记得裘法祖院士所代表的同济传奇,以及大师离去时同济校园中弥漫的悲痛与凝重气息;你或许记得人文素质讲堂的拥挤,也记得在社团中的奔放与随意;你一定记得骑车登上"绝望坡"的喘息与快意;你也许记得青年园中令你陶醉的发香和桂香,眼睛湖畔令你流连忘返的圣洁或妖娆;你或许"记得向喜欢的女孩表白被拒时内心的煎熬",也一定记得那初吻时的如醉如痴。可是,你是否还记得强磁场和光电国家实验室的建立?是否记得创新研究院和启明学院的耸起?是否记得为你们领航的党旗?是否记得人文讲坛上精神矍铄的先生叔子?是否记得倾听你们诉说的在线的"张妈妈"?是否记得告诉你们捡起路上树枝的刘玉老师?是否记得应立新老师为你们修改过的简历,但愿它能成为你们进入职场的最初记忆。同学们,华中科技大学校园里,太多的人和事需要你们记忆。

请相信我，日后你们或许会改变今天的某些记忆。瑜园的梧桐，年年飞絮成"雨"，今天或许让你觉得如淫雨霏霏，使你心情烦躁、郁闷。日后，你会觉得如果没有梧桐之"雨"，瑜园将缺少滋润，若没有梧桐的遮盖，华中科技大学似乎缺少前辈的庇荫，更少了历史的沉积。你们一定还记得，学校的排名下降使你们生气，未来或许你会觉得"不为排名所累"更体现华中科技大学的自信与定力。

我知道，你们还有一些特别的记忆。你们一定记住了"俯卧撑"、"躲猫猫"、"喝开水"，从热闹和愚蠢中，你们记忆了正义；你们记住了"打酱油"和"妈妈喊你回家吃饭"，从麻木和好笑中，你们记忆了责任和良知；你们一定记住了姐的狂放，哥的犀利。未来有一天，或许当年的记忆会让你们问自己，曾经是姐的娱乐，还是哥的寂寞？

亲爱的同学们，你们在华中科技大学的几年给我留下了永恒的记忆。我记得你们为烈士寻亲千里，记得你们在公德长征路上的经历；我记得你们在各种社团的骄人成绩；我记得你们时而感到"无语"，时而表现的焦虑，记得你们为中国的"常青藤"学校中无华中科技大学一席之地而灰心丧气；我记得某些同学为"学位门"、为光谷同济医院的选址而愤激；我记得你们刚刚对我的呼喊："根叔，你为我们做成了什么？"——是啊，我也得时时拷问自己的良心，到底为你们做了什么？还能为华中科技大学学子做什么？

我记得，你们都是小青年。我记得"吉丫头"，那么平凡，却格外美丽；我记得你们中间的胡政在国际权威期刊上发表多篇高水平论文，创造了本科生参与研究的奇迹；我记得"校歌男"，记得"选修课王子"，同样是可爱的孩子。我记得沉迷于网络游戏，甚至濒临退学的学生与我聊天时目光中透出的茫然与无助，他们还是华中科技大学的孩子，他们更成为我心中抹不去的记忆。

我记得你们的自行车和热水瓶常常被偷，记得你们为抢占座位而付出的艰辛；记得你们在寒冷的冬天手脚冰凉，记得你们在炎热的夏季彻夜难眠；记得食堂常常让你们生气，我当然更记得自己说过的话："我们绝不赚学生一分钱"，也记得你们对此言并不满意。华中科技大学，尤其是有关校园丑陋的记忆，只要我们共同记忆那些丑陋，总有一天，我们能将丑陋转化成美丽。

同学们，你们中的大多数人，即将背上你们的行李，甚至远离。请记住，最好不要再让你们的父母为你们送行。"面对岁月的侵蚀，你们的烦恼可能会越来越多，考虑的问题也可能会越来越现实，角色的转换可能会让你们感觉到有些措手不及。"也许你会选择"胶囊公寓"，或者不得不蜗居，成为蚁族之一员。没关系，成功更容易光顾磨难和艰辛，正如只有经过泥泞的道路才会留下脚印。请记住，未来你们大概不再有批评上级的随意，同事之间大概也不会有如同学之间简单的关系；请记住，别太多地抱怨，成功永远不属于整天抱怨的人，抱怨也无济于事；请记住，别沉迷于世界的虚拟，还得回到社会的现实；请记住，"敢于竞争，善于转化"，这是华中科技大学的精神风貌,也许是你们未来成功的真谛;请记住,华中科技大学,你的母校。"什么是母校?就是那个你一天骂她八遍,却不许别人骂的地方"。多么朴实精辟!

亲爱的同学们,也许你们难以有那么多的记忆。如果问你们关于一个字的记忆,那一定是"被"。我知道,你们不喜欢"被就业"、"被坚强",那就挺直你们的脊梁,挺起你们的胸膛,自己去就业,坚强而勇敢地到社会中去闯荡。

亲爱的同学们,也许你们难以有那么多的记忆,也许你们很快就会忘记根叔的唠叨与琐细。尽管你们不喜欢"被",根叔还是想强加给你们一个"被":你们的未来"被"华中科技大学记忆!

(四)演讲稿的写作要求

任何一篇精彩成功的演讲稿都是为演讲而准备的,如何将演讲内容生动形象地传播到受众中,发挥演讲巨大的感召力,这才是演讲者最终的目的。

锤炼好一篇成功的演讲稿,首先须有自己的鲜明的演讲风格,尤其当演讲者自己个人的风格和演讲的内容、现场气氛相吻合时,才能更容易打动和影响听众。独特的风格代表着一个人独特的语言表达方式、交流方式和思维方式。

其次,演讲稿要准确朴素、通俗易懂、生动感人。演讲要让听众听得懂。无法让人听懂的演讲,便是毫无意义和价值的演讲。因此,为演讲而准备的演讲稿的语言应力求做到通俗易懂。列宁曾说:"应当善于用简单明了、群众易懂的语言讲话,应当坚决抛弃晦涩难懂的术语和外来的字眼,抛弃记得烂熟的、现成的,但是群众还不懂的、还不熟悉的口号、决定和结论。"除了能懂,好的演讲稿,语言一定要生动。要运用形象化的语言,运用多种修辞手法,如夸张、比拟、比喻、象征等增强语言的色彩,将深奥的道理浅显化,枯燥的理论趣味化,抽象的事理具体化。最为重要的是,演讲稿使用的语言应能够确切无误地表现讲述的对象——事物或道理,揭示它们的本质及其相互关系。要熟悉了解表达对象,认识明确,概念明晰,判断恰当,语言朴素通畅。

最后,演讲稿要控制篇幅,写作者要用心揣摩,反复修改。演讲稿在于精,而不在乎长。要适当控制时间。德国著名演讲学家海因兹·雷德曼在《演讲内容的要素》中指出:"一次演讲中不要期望得到太多,宁可有一个给人印象深刻的思想,也不要五十个给人前听后忘的思想。宁可牢牢地敲进一颗钉子,也不要松松地按上几十个一拨即出的图钉。"演讲稿多是"受命而作",起草者不能像文学创作那样随心所欲,要细心揣摩各个方面的因素,反复修改,不断完善。

四、条据

(一)条据类文书的概念

条据,在日常生活、工作、学习中,人们因告知事情、请托事项、交接物品、收欠钱款等，为办事方便、手续清楚，一方向另一方写的书面形式的简短的条据，以此作为书面的说明或书面的凭证。这种条据文书是日常生活和日常工作、学习中最常用、最简单的一种实用文体。

条据文书可分为两大类型，说明性条据和凭证性条据。说明性条据，又称函件式条据，主要用来传递信息、道明原委、向他人解释说明某事项或向他人发出请求的文书。常见文种如请假条、便条、留言条、请托条等。凭证性条据，是为证明某一事实或契约而出具的文书。一般要求出具者在某一事实或契约发生之前写作完毕，并作为一种信誉保证和凭据交由接受者进行保存。常见如借条、欠条、收条、领条、发条等。

在现代信息社会中，人们的法治意识日益增强，条据文书从法律法规、教科书中走向各个单位，以及千家万户。近年来，人们已经学会在公务私事活动中采用条据文书进行交往，以保护各方利益，因而学会、学懂、学透条据文书的写作，在现代社会交往中是十分重要的。本书主要介绍请假条、借条、欠条、收条这几种常见常用的条据类文书。

(二)条据类文书各文种的结构及写法

1. 请假条

(1)请假条的概念

请假条，是个人因病或因事不能正常上班、上课、开会、出差、参加集体活动等事项时用以说明原因而撰写的条据。请假条应由申请人向相关负责人提前上报，或来不及上报的须事后补报。请假条应由申请人本人亲自撰写，若因故由他人代写的，应予以说明。

请假条内容虽简短，但属于上报文书，具严肃性，应当郑重书写，遵守规范的写作格式。机关单位基层公务员的请假条，还具有凭证性，应妥善保存，作为考勤的依据，以便日后核查。

(2)请假条的结构及写法

请假条须回答：向谁请假？为何事而请假？希望得到受文者的批准？谁请假？什么时间请的假？它的结构一般包括：标题＋受文者＋正文＋署名与日期＋(附件)

①标题　说明性条据中应当书写标题，直接将“请假条”三字写于第一行，居中排布即可。或为醒目，便于相关人员迅捷统计出勤情况，在标题中标明日期、事由也可。

②受文者　一般是上级单位或相关负责人。位于标题下一行居左顶格书写，称呼后加冒号。对负责人应当尊称，姓氏后加职务，如赵老师、李经理等。

③正文　前言说明自己请假的原因，是因病，还是因事。事项要说明请假的起止时间，为了便于批准，可提出建议或措施。如是续假应写明续止时间。结尾，向

上级机关或相关负责人提出肯定性要求，常用尾语表示，如“恳请准假”、“请批准”、“望予以批准”等。

④署名与日期　正文下空一行居右写明请假人姓名。署名下一行居右写明请假日期，用阿拉伯数码标全年月日。如有附件则在附件下空一行署名。

⑤附件　根据审批部门要求，如需附件便写上，不需可不写。病假条附件内容通常是医院证明，事假条附件内容通常是信件证明。如某学生因参加学校文艺汇演不能上课，可出具汇演组委会或演出单位的证明。位于正文下空一行左空两字标识“附件”两字，后标冒号和附件名称，名称后不加标点符号。

(三)例文

【例文 14】

请假条

刘老师：

我因患急性肠炎，医生建议休息 4 天(2011 年 6 月 2 日至 5 日)。不能到校参加 6 月 4 日至 5 日《物流管理》的课程学习，须请假六节课，恳请批准！

附件：医院诊断证明

学生：张伟

2011 年 6 月 1 日

(4)请假条的写作要求

请假条的写作首先要注意理由充分，用简洁的文字写明为何请假。如果是因病且请假时间较长，须出具医院诊断证明，理由令人信服，如此才能达到目的。此外，请假多长时间，什么时间请假，也要明确说明，时间的长短要根据单位的规定具体灵活变通。

2. 借条、欠条

(1)借条、欠条的概念

①借条，又称借据，是个人或单位在借用个人或公家钱物时写给对方的字据。借条是一种非正式契约，通常在归还钱物后，由立据者收回或当场销毁。如向个人借款物，借方可只写一张借条，将借条交与对方即可。如向单位借款物，借方须出具两张借条，借方与单位各保留一张。

借条代表一种出借钱物的合同关系，出具借条之日就标识着合同成立之时。当借方向借出方归还钱物后，合同关系解除。

②欠条，实质是借条的一种特殊形式。向个人或单位借了钱或物，只归还了其中的一部分，还有一部分拖欠未还，对拖欠部分应立下欠条。另外，当借了个人或单位的钱物，事后补写的条据，也称欠条。欠条的格式、结构、处理方式、份数与借条大致相仿。

(2)借条、欠条的结构及写法

借条、欠条的结构一般来讲包括三部分。

①标题　可由文种名直接构成。即在正文第一行居中位置写上“借条”或“借据”、“欠条”字样。或以正文前言做标题。常用前言“今借到”、“今欠”，按标题形式书写，第一行居中排布。由此正文格式也稍有变化。

②正文　以固定习惯用语“兹借到”、“今借到”、“今欠”、“暂欠”等开头。

借条事项部分　写清出借方单位名称或个人姓名，以及借了什么、借了多少、归还期限等内容。如是事项较齐全、数额较大的借款条，应将借出方姓名、借方姓名、借款金额、币种、利息计算、本息还款时间、还款方式、违约罚金或延迟偿还责任、纠纷处理方式等内容详细说明，借款数额应用汉字大写。如是借物条，应写明所借之物品名称、来源、数量、质量、种类、规格，所借物品用途、归还时间等适当选择说明。结尾，多以固定尾语“此据”为结，“据”为“证明”之意。居左空两格书写。

欠条事项部分　对先归还一部分钱物，尚欠一部分钱物的欠条，特别要写明原借多少，今还多少，尚欠多少；对借用钱物时未写借条，事后补写欠条的，特别要写明原借钱物的数量和日期，并声明“今补欠条，作为凭证”；购置物品时未当场付款而写给对方的欠条，要写明欠款名称、数量和原因。

③落款　落款包括署名与日期两项。署名位于正文右下方，写上借、欠条者的单位名称和经手人姓名或借(欠)方个人姓名。必要时须加盖公(私)章，以示负责。单位、个人前面一般写上“借款人”、“立据人”、“欠款人”等字样。署名下方写明借、欠钱物具体年月日。

(3)例文

【例文15】

借条

借方×××(身份证号码：××××××××××××××××××××)因买车，今借到借出方××(身份证号码：××××××××××××××××××××)人民币贰拾伍万元整。

借款期限为：三年，从2010年10月1日至2013年10月1日。

逾期利息为：1%(月利息)

违约责任：如果借方不能按期归还本金，除逾期利息外，加付违约金2%。

借款人：×××(章)

2010年10月1日

【例文16】

今借到

×××××有限责任公司日立牌多媒体液晶投影机(产品型号：HCP-6700X)

壹台，音箱四个，借期三天。到期归还，如有损坏，照价赔偿。

此据。

××体校(章)

2010 年 2 月 20 日

【例文 17】

欠条

原借×××叁万元整人民币，今归还壹万伍仟元整人民币，尚欠壹万伍仟元整人民币，于 2011 年 8 月 1 日一次性还清。

此据。

欠款人：×××

2010 年 5 月 10 日

【例文 18】

今欠

公司餐厅出售的元宵款伍佰捌拾元整人民币，于 2010 年 4 月 5 日还清。

此据。

经手人：总经理室×××

2010 年 4 月 1 日

(4)知识拓展

注意区分借条和欠条的关系。①借条证明的是借钱物关系，欠条证明的是欠钱物关系；②借钱物必定是欠钱物，而欠钱物却不一定是借钱物。如因劳务产生的欠款，因买卖产生的欠款，因损害赔偿产生的欠款，因打伤人无钱赔偿产生的欠款，等等，这些都不是借款事实，将欠条错写为借条不利于举证。人际交往中，因借钱物而形成的债权债务关系本应写成借条作为凭证，却误写为欠条，又无证明人签字确认，就可能为以后的诉讼引来麻烦。③没有还款日期的借条，诉讼时效最长为 20 年，而没有履行期限的欠条，诉讼时效是在欠条出现起两年。

准确记录、核查钱物数量。领条、借条、欠条都离不开对钱物数量的准确记录与核查。具体步骤为：首先，领取、借入钱物时必须当面点清。不管对方是熟人，还是陌生人，都应当面点清，以确保数量准确。其次，在书写时应使用不易掉色的钢笔或毛笔签字，确保清晰。记录钱物数量时要采用汉字大写而不能用小写，如使用阿拉伯数字，应在阿拉伯数字后的括号内注明大写数字，为防止篡改添加，数字后加写“整”字；另外，若有涂改，须在改动处加盖公、私章或签名。最后，成文后要谨慎核查。全文完成后必须再次核查，确定无误后方能签署姓名、盖章。

3. 收条

(1)收条的概念

收条，又称收据，指在收到其他个人或单位的钱或物时，写给对方的专门立下的凭据。归还钱物时,若被借方当时在场,则只需交还给借方借条,不必出具收条。若被借方当事人不在场,而由他人出面代为收下时,代收者应出具收条。此类收条称“代收条”。代收条也是收条。

收条和代收条,是各行政机关、企事业单位、社会团体及个人均可使用的凭证性条据。在现代私人经济交往中,通常只写一则收条。但在一些商务或公务经济账目中,采用形式统一的印制的正式票据,两联单或三联单形式,以便日后核实。其中,第一联是存根,第二联或第三联在加盖公章后交由付方,可作为凭证。

收条属凭证性条据,是钱物收受的凭证,具合约性质,同样也具法律效力。收条如前面讲到的请假条、借条、欠条一样,具有简明性,内容简明、短小、文字简约。收条也具有准确性,事项内容中的款项金额、物品数量等在书写时应如借、欠条一样,确保准确无误。

(2)收条的结构及写法

收条主要表达的是:何时何因收何钱、物,数量多少;谁收的款物;立据日期。一个完整的收条,应包括标题、正文、落款三部分。

①标题　有两种形式的写法。其一,直接以文种名作为标题,写于正文上方居中位置,字体稍大;其二,将正文前言中三字作为标题,正文内容从标题下一行顶格处接着写,如“今收到”、“现收到”、“已收到”作标题,位置同上。

②正文　内容要明确书写收到送来钱物者(个人或单位)款项的金额、名称;物品的种类、数量、质量、种类、规格等。结尾以固定尾语“此据”作结,居左空两字。

③落款　位于正文下一行,居右书写。一般要求写上收钱物的个人或单位的姓名、名称,署上具体收到日期,必要时须加盖印章。如果某人经手,要在姓名前署上“经手人:”,如是代别人收的,则要在姓名前加“代收人:”。

(3)例文

【例文 19】

收条

今收到会计系大学生志愿者协会“希望工程”募捐款叁万元整人民币。

此据。

××××商务学院学生处

经手人:张一鸣(签名盖章)

2010 年 9 月 10 日

【例文 20】

代收到

李东海先生还给中文系资料室的汉王 E 摘客资料笔一套(型号 V16,包括资料笔、耳机、电脑连接线），经试用，完好无损。

此据。

代收人：李放

2010 年 5 月 30 日

（三）条据类文书的写作要求

学习者在学习使用的过程中，应注意体会以条据文书为工具与不同单位、个人交往时的必要性和重要性，知悉条据往来的程序，提高准确表述条据的能力。在立字据的过程中要小心谨慎，力求尽善尽美。首先，格式要完整规范。条据虽内容简短，但效用严肃，为示郑重，标题、正文、程式用语、落款一项都不可或缺，且各归其位。使用的条据，单位名称必须是全称。其次，条据上的表示钱物的数字要一律汉字大写，数字前不留空白，后加量词，再后面要加上“整”字，结尾署上“此据”，以防止涂改或添加。再次，字迹要工整、清楚。书写潦草、辨认不清，何以为凭证？书写时不能用铅笔，多用钢笔或签字笔书写；颜色不能为红色，墨水颜色多为黑色或蓝色；语言精练、准确。条据写成后，不可随意改动，如需涂改，应由出据单位或个人在涂改处签名或盖章，以示负责。

思考与练习

一、简答题

1. 简报的编写中，应当遵循哪些要求？

2. 求职信的写作应注意哪些要求？

3. 谈谈求职信与个人简历的不同？

二、写作题

1. 请以一名贫困生的名义向学校申请助学基本补助，自选文种。要求语言通顺，文字简洁，格式准确。

2. 请以“我的大学”为主题拟写一篇演讲稿。

3. 根据个人所学的专业特长和求职意愿，按求职信的写作要求，向某公司人事部为自己拟写一封求职信。要求：格式规范、内容齐备，语言得体。

4. 你是学校 4 号楼楼管，今天收到外语组王红老师还来的小型专业录音机一部，经检查功能完好，请给王老师开一张收条。

5. 模拟写作

（1）王强向本班同学李伟借了 800 元钱，请以王强的名义拟写一份借条给李伟，相关事宜自行补充。

（2）半个月后，王强归还了 300 元的借款，还剩下 500 元未还清，请想想这种情况下，该写什么条据？怎样写？先前的借条该如何处理呢？

三、实践题

材料:为贯彻落实中共中央、国务院关于减轻农民负担的基本精神,国家计委于2001年三四月份组织了6个调查组分赴安徽、黑龙江、河南、河北、浙江、云南等省,采取明察暗访的方式,走访了30多个乡镇、50多个行政村、百余户农家,对当地涉农价格收费和农民负担情况进行了认真的调查。下面是本次调查所获得的第一手材料,根据下面材料撰写一份调查报告。字数不少于1 200字。

(一)关于中小学收费的调查

1.河南省安阳县宝莲寺乡第一中学的教师反映,该校并没有电脑,但学校每年要求学生缴纳电化教材费每生每年15元,而学校每年购买的上万元的电化教材全部堆在柜子里。河北省××县××村农民反映,当地学校要求学生购买复习资料,每份53元。

2.云南省××县××小学强制向学生代收每年44元的保险费,浙江省××县××中学每年向学生代收82元的人生保险费。

(二)农民建房收费调查材料

1.河北省××县××镇收取土地登记费中的土地权属调查地籍测绘费5元;山西省××县建设部门向建房农民收取与村镇规划建设费相类似的规划建设费10～100元,该县某村委会还向建房农民按每户占地面积200平方米左右的收取土地补偿费1 640～5 640元不等;黑龙江省××县财政所向建房农民收取各项费用595元,其中包括与土地登记费相类似的申报登记费每平方米0.5元。

2.山西省××县向建房农民收取农田保护费640元,该县××乡××村委会向建房农民收取土地款(征地管理费)和地皮费(土地补偿费)790元;河北省××县城建局按每平方米5元向建房农民收取公有设施配套费,该县××镇土地管理所以每平方米1元的标准向建房农民收取土地改造费;浙江省××县××镇城建所向建房农民收取公用设施配套费500元,同时县土地管理部门和村委会还分别收农田占用补偿费1 500元和2 000元。

3.浙江省××市部分乡镇城建部门在办理建房审批时向农民强行推荐设计图纸,每栋住房200～300元,安徽蚌埠怀远县××乡××村向农民强行收取质检费、规划服务费、建安管理费200元。

(三)婚姻登记和计划生育收费调查材料

1.山西省××县××镇结婚登记照片费用为50元,河北省××县××乡××村在办理结婚登记时先向村委会交200元计划生育押金,后向镇政府交50元领结婚证。黑龙江省××县在办理一胎准生证时,交纳50元费用,××县××镇办理一胎准生证时交纳105元。

2.在黑龙江省××县办理结婚登记一次发生费用一般在500元左右,其中婚检费、教育费约 300 元。

3. 河北省××县民政部门在办理结婚登记时，搭车收取照相费 15 元，婚前教育费 15 元，还有的地方强制当事人购买书籍、光盘、纪念品、日常生活用品等。

(四)关于乱摊派、乱集资情况的调查材料

1. 浙江省××市××镇政府 2000 年报刊支出 202 091 元，所辖各村报刊费约 4 000 元。安徽省××县××镇××村则按耕地面积直接向农户摊派报刊订阅费每亩 1 元。

2. 云南省××县××镇××村未报经县人民政府批准，村党员大会和户长会即通过集资修建学校的决定，每人 200 元，三年内交清，目前已直接向村民收取集资款 15 412 元。黑龙江省××县××镇××村在村提留外，另收每户水利基金、排涝费 33 元，轮流翻地费 100 元，大型农机具更新费 33 元等。

3. 黑龙江省××县××乡××村农民反映，该村规定农民饲养牲畜每匹马每年交费 20 元、每头牛 10 元；××县××乡××村规定每头牛每年交 30 元，小拖拉机每台每年 40 元，农用三轮车、四轮车为 100 元；云南省××市××镇向沿街住户包括村民强行收取治安联防费，每户每年 50 元。

(五)山西省××县××镇共有人口 12 万，小学 40 所，中学 3 所，教师工资负担沉重；浙江省××县××乡大搞“形象工程”，不切实际地搞草地、街面装饰等，每年约花费 20 万元；地方机构臃肿，机构重叠，职能交叉。

(六)按国务院批准的有关中小学收费的规定，农村中小学只允许收取杂费、课本费、借读费。《中共中央办公厅、国务院办公厅关于对涉及农民负担项目审核处理意见的通知》规定：“在农村收取的农村宅基地有偿使用费、农村宅基地超占费、土地登记费、村镇规划费、建设用地规划许可证费、房屋所有权登记费等一律取消。”“农民建房用地属农村集体经济组织所有，土地所有权没有发生转移，不应交纳土地补偿费、青苗补偿费，新菜地开发基金等费用；征地管理费由省级政府设立和收取的公用设施配套费只适用于城市范围。”国家规定办理结婚登记和计划生育的证照费为每对夫妇 9 元，一胎准生证不收费。

第四章　经济类文书

所谓经济，是指自人类产生有意识的生产劳动以来，在一定的生产关系条件下所从事的社会物质生产和再生产的各项活动，其中包括物质资料的直接生产过程，以及相应产生的物质交换、分配和消费等各个环节。

经济类文书则是在经济活动过程中产生的各类书面文字材料。换句话说，记录、叙述，甚至议论经济活动的书面文字就是经济类文书。

在现代经济活动中，人们运用较多的是市场调查报告、市场预测报告、合同、协议书、招标投标书、经济活动分析报告等。

第一节　经济类文书的概念及作用

一、经济类文书的概念

经济类文书是以经济内容为书写对象的应用文书，是在经济活动中形成和发展起来的，在经济活动的不同阶段、不同环节所使用的专业文书。经济类文书是社会发展的产物。随着社会经济的不断发展和需求，经济类文书范围也日益扩大。

二、经济类文书的作用

经济类文书在不同的历史时期起着不同的历史作用。古代的经济类文书主要是人们处理社会关系的工具。随着社会的发展，现在的经济类文书发展速度前所未有，其作用远远突破了处理社会关系等方面，它的作用主要表现在以下几点。

1. 研究探讨，为决策提供参考

经济类文书可以对新的历史时期党的路线、方针、政策进行研究探讨，提供参考和论证。如三峡水库修建之前，党和国家的决策部门起初只有一个初步意向。因为这件关系大半个中国利益的大事，不进行科学的可行性研究，不进行科学的预测，谁也不能随意决定。经过详细、深入、全面的科学研究，就涉及三峡水库的每一个环节，进行了细致的可行性研究之后，科学证明三峡水库的建成利大于弊后，才能决策。这个过程就是研究探讨的过程，是党和国家决策的依据。

2.加强管理，依法处事

经济类契约文书和招投标书，都是规范经济活动、规范经济市场的文书。如经济合同，就是运用法律手段保证经济活动的顺利开展和进行。现在的国内国际的经济市场，秩序还不是很规范，原因之一就是很多人的法律意识淡薄，甚至不知道如何利用法律来制约对方和保护自己。有的尽管利用了法律工具，但是运用不当也造成不必要的纠纷。这都是没有充分认识经济契约文书重要性造成的。招标投标书是经济活动过程中使用频率很高的文书，用得好，可以最大化发挥资金的作用，通俗地说就是花小钱办大事，办好事。必须充分认识这类文书的管理作用和法律作用。

3.积累和提供资料

经济类文书不仅能促进经济活动的进行，规范经济行为，同时还记载着不同经济部门各个时期政治、经济、科研等方面的详细情况。这是非常珍贵的历史资料，为我们以后的经济工作提供了借鉴和依据，有着不可忽视的参考价值。

第二节　经济类文书的特征和种类

一、经济类文书的特征

关于经济类文书的特征，应用写作学界和应用写作理论界历来看法各异，原因是看问题的角度不一致。本教材主要是从经济类文书的内容方面来论述其特征。

1.专业性

从经济类文书的内容角度看，经济类文书是反映经济实践活动的。从表现形式看，经济类文书在反映经济实践活动的过程中，需要运用大量的数据做定量分析，从数据中发现问题，并用数据来分析、解决问题。在语言的使用上经常使用专业术语，如资金、费用、成本、利润、预算、贷款、税收、经济效益等，都是经济类文书经常使用的专业术语。这些都体现了经济类文书写作中的专业性特征。

2.政策性

经济活动是在党和国家的财经政策指导下进行的。作为反映经济活动的经济类应用文书，也必然具有鲜明的政策性。例如，在撰写可行性研究报告时，必然要涉及背景的论述。政策的支持，是该项目可行或不可行的重要依据，尤其是在我国，任何一个建设项目如果没有政策的支持，将是很难立项或完成的。

3.准确性

经济类文书实用性很强，对政策的分析，对经济形势的分析都要求准确，稍有偏差就会影响经济活动的效果；说明和支持观点的任何材料和事例都必须是客观的，经过反复研究后得出的结论必须是准确的。绝对不能像文学作品那样凭感觉，任意虚构和塑造。经济类文书要求观点准确、材料准确，做到文实相符，据实办事。经济类应用文常常以机关、企事业的名义发出，因而每个字、每句话、每一个数字，甚至每一个标点符号都要求准确，否则有可能产生巨大的影响，造成不可弥补的损失，因此，经济类文书无论是内容或形式都必须要非常准确。

二、经济类文书的种类

经济类文书是经济活动开展的不同阶段，经济项目实施的不同环节所使用的文书，其分类也与经济活动的各个阶段紧密相关。经济类文书包括市场调查报告、预测决策文书、招标投标文书、经济契约文书、经济纠纷诉讼文书、评估检查文书等。

市场调查报告是针对市场的开发和占有份额进行专项调查的文书，同时也是市场预测的前期工作。市场预测文书是指经济预测和决策过程中确定经济目标、制订实施计划时所产生的文书。

招标投标文书是招投标文书的总称，是指经济项目立项之后，围绕项目建设在招投标这一交易过程中所使用的各种文书。常用的招标文书有招标公告、招标邀请通知书、招标书、招标章程、开标通知书、投标书、投标须知、投标申请书、综合说明书、总预算表、书面咨询等。

经济契约文书是指订立经济契约过程中当事人之间为实现一定经济目的、明确双方责任和义务所签订的各种文书。常见的经济契约文书主要有会谈备忘录、商谈纪要、意向书、协议书、经济合同等。

经济诉讼文书是指在经济活动过程中所产生的经济纠纷的当事人和司法机关所作的诉讼、裁定文书。常见的经济诉讼文书主要有起诉状、上诉状、申诉状、答辩状、判决书、裁定书、申请执行书、执行书等。

经济评估检查文书是指项目完成之后用于总结评估鉴定的文书。常见的检查评估文书有总结报告、经济活动分析报告、专家鉴定意见、评估验收意见、查账报告、审计报告、取证报告等。

第三节　经济类文书的写作

一、调研类文书

经济类文书中的调研类文书，主要是指市场调查报告和市场预测报告。

(一)市场调查报告

在现代市场经济活动中，市场调查，以及调查之后所形成的书面报告，是现代企业从事经济活动的前提。所谓市场调查，就是针对特定的对象，收集、记录、整理和分析市场对商品的需求状况，以及与此有着密切关系的资料。将市场调查得到的资料进行分析整理、筛选加工之后形成的文书，就是市场调查报告。

1.市场调查报告的特点

(1)针对性

撰写市场调查报告的根本目的，是为了了解和把握市场行情，获得真实可靠的信息资料，为指导企业的生产、销售提供决策依据。因此，根据企业的具体情况，市场调查报告的对象具有特定的指向。

(2)快捷性

现代市场经济竞争激烈，商情瞬息万变，因此，市场调查报告应当迅速地反映市场有关行情的变化，以最新的信息资料，及时为企业的经营决策提供有价值的依据。对于企业经营而言，时间就是金钱。能够及时通过市场调查报告了解市场有关行情，譬如市场占有份额、商品价格变动、消费需求动向、同类产品竞争能力，以及相关的技术经济信息等，企业才能不失时机正确地规划生产和经营，从而大大提高企业的经济效益和竞争力。

(3)实用性

市场调查报告所收集整理的真实可靠的信息资料，可在相当高的程度上反映市场的现状及趋势，这对于企业研制、生产和供应适销对路的产品，实用价值是非常明显的、直接的。市场调查报告的读者虽然不多，但是它所提出的建议一经采纳，大多会产生明显的经济效益。

市场调查报告是一种专题性的调查报告，它除了要求具备以上的特点之外，还须具备调查报告尊重事实、反映问题、总结经验、揭示本质和规律的特点。

2.市场调查报告的内容

市场调查报告的范围非常广泛，凡是直接或间接影响企业经营的各种因素，都是市场调查报告的观察对象和写作内容，主要有以下内容。

(1)市场需求调查报告

这类报告主要是调查市场对本企业产品的需求量和影响需求量的因素。调查须紧紧抓住消费者的购买力、购买动机和潜在需求三个方面进行。其目的是为企业的产品生产量提供参照依据。

(2)竞争对手调查报告

这类报告主要调查竞争对手的总体情况，其中包括对方的技术研发现状、融资能力、市场占有份额、产品的竞争能力及新产品的发展动向等。主要目的是了解同行业竞争对手的各方面情况，做到知己知彼，为本企业有的放矢地制订相关经营方针提供依据。

(3)经营策略调查报告

这类报告主要调查本企业的产品、价格、广告和推销政策、销售和技术服务政策等的市场效应。通过调查了解企业的销售能力是否适应消费者需要，企业的销售策略是否合理，以便及时发现问题，及时改正。

3.市场调查报告的结构和写法

(1)标题

市场调查报告的标题没有统一的格式，既可用公文标题格式，如“关于××牌冰箱在××省销售情况的调查”，也有非公文标题格式，如“××牌冰箱在××省销售情况调查”。一般标题里都含有“调查”两字，而调查的对象、范围应在标题中得到体现。如有时限要求，标题中还须写出时间要素。

(2)正文

市场调查报告的正文分概要、主体和结尾三部分。

①概要　概要部分主要为调查的缘起、目的、对象、范围、内容、方法和时间地点等有关调查活动本身的说明。概要部分对提供决策参考的市场调查报告是较有意义的，决策部门可据此更准确地把握调查的结果，如对调查方法的了解可以帮助决策者判断调查结果的可信程度。

②主体　主体部分是市场调查报告的主要内容，多由情况、分析和建议三部分组成。情况部分应作归纳，分类分问题叙述调查得来的材料，有时可加图表说明，必要时还应对市场背景资料，如地理、气候、政治、经济、文化、社会的变化趋势和政策、法律法规等作出说明。分析部分表述的是市场调查报告撰写人对调查得来的材料的看法，介绍撰写人对情况的分析归纳，以及从调查中发现的问题、得出的结论等。情况部分和分析部分也可糅合在一起写，边介绍情况边进行分析，这种有事实、有数据、有分析的写法，较有说服力。建议部分依据调查材料及其分析研究，提出解决问题的方法或应采取的措施、对策等建议。

③结尾　市场调查报告的结尾没有特定的格式，一般是概括全文的观点，写出总结式的意见，或说明调查中存在的问题及与主要情况倾向等不同的情况，预测可能遇到的风险和提出相应对策等。有的写完分析和建议则自然收尾，不另加结尾。供决策参考的调查报告，还应在结尾处署上撰写人姓名、部门和报告完成日期，以示负责。如果是受委托为他人撰写，还应将委托方、调查方分别写清楚。

市场调查报告与一般调查报告的写作，其基本格式和要求相同。所不同的是：第一，市场调查报告的调查范围比较具体，仅就市场而言；第二，市场调查报告的结构，其中有预测和对策分析；第三，市场调查报告有时可以替代预测报告。

4. 市场调查报告写作注意事项

(1)要实事求是

坚持实事求是地进行市场调查，是写好市场调查报告的可靠保证，因此，写作者一定要亲自参加调查。报告中引用的调查资料要翔实可靠，对于重要的数据要反复核实、测算，做到准确无误。同时，选材要客观、全面，不能只选对自己观点有利、支持自己看法的材料，如果有对自己观点不利、与自己观点相左的材料，也应附带提及，说明清楚，或进行分析，尽可能避免片面性，以免领导或委托方据以决策时导致失误。

(2)要突出重点

市场调查的内容较广泛，涉及的问题也较多，在整理和撰写时，要根据主旨的需要来剪裁取舍材料。一份市场调查报告，要突出重点，一般以回答一两个重要问题为宜，切忌面面俱到。如果调查涉及的内容过多，可以分专题写几份报告。这样，每份报告都能突出自己的重点。

(3)正确把握文体性质和表达方式

市场调查报告是一种兼有说明文、记叙文、议论文特点而又不同于它们的一种应用文体，应偏重于选用比较全面、系统、完整的事实、数据叙述说明问题，并且运用议论的表达方式提出措施建议。市场调查报告的语言要准确、简练、朴实。文中也可运用小标题，各小标题应简洁、醒目。

(4)要讲究时效

市场调查所得情况要及时地反映和传递。依据过时的信息，不可能做出准确的预测和科学的决策，甚至会产生负面效应。文中要写明调查时间。

【例文 1】

本土品牌主导中国广告市场

——关于中国广告市场份额占有率的调查

尼尔森媒体研究公司近日发布研究报告称，本土品牌正在主导中国广告市场，它们在电视和平面媒体上的广告投入远远超过国外消费品巨头。就中国市场的广告支出而言，中国品牌在前 10 名中占据 8 席，5 年前该趋势逐渐显现，本土公司开始对营销和推广投入巨资。

宝洁公司旗下护肤品牌之一玉兰油，排在中国市场广告支出榜首位，共投入人民币 16 亿元。排行榜的另一外资品牌为宝洁公司的飘柔洗发水，排名第 10 位。然而根据该调查，排行榜中的其他品牌都是中国品牌，诸如青岛健特生物投资控股有限公司的脑白金，该品牌去年广告支出为人民币 15 亿元。国内主要移动电话运营商中国移动(香港)有限公司以人民币 13 亿元的广告支出排在第 5 位。

该调查没有包括诸如售点促销和户外广告牌等其他形式的广告投放，也没有考虑广告客户按常规从媒体公司获得的折扣。专家表示，许多国外公司的广告投放更为集中。它们的许多成功都来源于对细分市场的专注。但是，他指出许多当地品牌运营良好是因为相对于国外公司而言国内品牌拥有更为广泛的分销网络。国内品牌在广告上投入巨资是因为它试图将自己的产品由分销主导转为品牌主导。

中国公司的大量广告支出正在影响外资广告公司的经营战略。外资广告公司也期待在中国快速发展的消费市场中分得一杯羹。大多数外资广告公司的国际客户依然多于中国本土客户，这意味着它们还未能从一些当地公司挥金如土的广告投入中占据完全优势。根据尼尔森媒体研究称，上次外资品牌称霸中国电视和平面媒体市场是在 1998 年期间。

据尼尔森称，整个中国广告市场价值逾 100 亿美元，今年前 8 个月该市场较上年同期增长35％。

(二)市场预测报告

市场预测是现代市场经济活动中企业生存发展的必要条件，是企业确定新项目、开发新产品之前的必要环节。市场预测建立在市场调查的基础之上，预测者根据以往的资料和现实的信息，运用科学的手段和方法，对某种经济现象作出分析和预测，并有针对性地提出适应市场变化的建议和对策。用来反映这一分析研究并作出预测结果的书面材料就是市场预测报告。

1. 市场预测报告的特点

(1)预见性

市场预测报告最本质的特点就是它的预见性。它必须对某一市场经济现象未来一段时期或相当一段时期的变化和发展作出尽可能准确的判断和预测，企业决策者能够根据这一判断和预测做出相应的经营决策，从而使企业得到健康的发展。这一本质特点要求市场预测工作者必须进行充分的市场调查，广泛地收集各类相关信息资料，运用相关的经济理论和科学方法深入细致地分析研究，对相关市场经济现象的发展和变化做出准确的预测。

(2)科学性

现代经济活动中的市场预测不能仅凭经验来进行，它要求在市场调查的基础上，充分占有各类翔实可靠的数据、信息资料，这些资料既包括历史的，也包括现实的。然后在相关的经济理论指导下，运用科学方法对这些信息资料进行分析研究，经过严密的推理和论证，揭示其发展规律，推测其发展趋势，得出符合经济现象发展规律的结果。

(3)时效性

市场预测报告的终极目的，就是要指导经济主体的经济行为，使经济行为的效益取得最大化，因此市场预测报告的内容应当是市场变化的最新反映。因为现代经济活动中市场行情瞬息万变，市场预测报告必须紧紧把握市场运行、变化的脉搏，随时进行迅速和准确的预测，不断向决策者提供科学的、有价值的预测信息，促使企业迅速适应不断变化的市场形势，为企业的健康发展创造富有价值的信息条件。

2.市场预测报告的内容

市场预测报告的内容涉及面十分广泛与复杂，主要有以下几种。

①劳务（人才）市场预测：人口、劳动力（人才）与经济发展相联系，经济发展对人口发展起决定性作用。不同的经济发展水平就有不同的就业状况，以及不同的人口行业构成和职业构成。劳务市场（人才）预测，对于解决人口、就业与资源之间的矛盾有着重要的意义。

②商品（技术）市场预测：它包括销售情况、服务质量情况、顾客情况及竞争能力、市场需求、市场占有率等，有单项的，也有综合性的。它是企业、商业部门改善经营管理、制订计划、扩大销售、增强竞争力、谋求更大发展的重要依据。

③还有经济增长与产业结构、固定资产投资等预测，以及金融物价预测、国际新技术发展预测，等等。可以说进入市场的各个行业的项目都是市场预测报告的内容。

3.市场预测报告的结构和写法

（1）标题

市场预测报告的标题一般由预测、预测展望组成，标题要简明、醒目。

（2）前言

这一部分要求以简明扼要的文字，说明预测的主旨，或者概括介绍全文的主要内容，也可以将预测的结果先提到这个部分来写，以引起读者的注意。

（3）正文

市场预测报告的正文是市场预测报告的主体部分，一般包括现状、预测、建议三个部分。

①现状部分，预测的特点就是根据过去和现在预测未来。所以，写市场预测报告，首先要从收集到的材料中选择有代表性的资料、数据来说明经济活动的历史和现状，为进行预测分析提供依据。

②预测部分，利用资料数据进行科学的定性分析和定量分析，从而预测经济活动的趋势和规律，是市场预测报告的重点所在。这个部分应该在调查研究或科学实验取得资料数据的基础上，对材料进行认真分析研究，再经过判断推理，从中找出发展变化的规律。这里要注意观点明确，并用有说服力的材料阐述观点，使人信服。

③建议部分，为适应经济活动未来的发展变化，为领导决策提供有价值的、值得参考的建议，是撰写市场预测报告的目的。因此，这个部分必须根据预测分析的结果，提出切合实际的具体建议。

4. 市场预测报告写作的注意事项

市场调查的目的是预测，市场预测的前提是调查，不作预测的市场调查固然也有，但实质上预测的内容已暗含在对调查情况的分析中，作者只不过把预测留给读者自己去做而已。通常所谓市场调查报告以写现状为主，市场预测报告以写未来为主，二者侧重点不同。写市场预测报告，要运用充足可靠的资料数据，准确说明现状，分析资料数据，科学推断未来；依据分析预测，提供可行建议。

【例文 2】

2003—2004 年度钢材市场预测报告

根据国家信息中心提供的消息，国内有关人士认为，2003 年下半年至明年，钢材市场供给将保持相对平稳、价格小幅度攀升的态势。但由于各地经济发展不平衡，以及运输到货等因素的影响，少数钢材品种在局部地区有可能发生较为明显的波动。现对去年下半年和明年的市场情况分析如下。

国际钢材市场仍将看好。在去年下半年西方工业国家经济复苏的带动下，出现了世界范围的钢材热，各国对钢材需求增长，出口量锐减。当今世界最大的钢材出口国——日本，因地震重建任务繁重，钢材出口量大幅下降，进口量迅速上升。世界上许多钢材厂都在寻找钢坯，以提高产品附加值。按这种趋势预算，今年至明年，国际钢材市场形式看好。国际钢材需求增幅不大。

据预测，今年钢材需求总量与去年相比，增幅不大，明年钢材的需求增长不会太大，供求会达到大体平衡。资源供给较为宽松。今年上半年，全球各钢材企业都在贯彻“限平、停滞、增畅”和“限产压率”的举措，下半年供求形式转向平衡，各钢材厂都会增加“高质量、多品种”的产品，占领市场，力争出口。今年仍然是这种趋势。明年钢材的供求总体将逐渐平衡，但线材等品种有过剩的可能。由于全球钢铁企业的线材生产能力普遍提高，可能会导致普碳材供大于求，从而在品种、质量、价格上展开激烈的竞争，加大钢铁企业的销售难度。而在短时期内“三板一片”的产量难以大幅度提高，供不应求的局面难以改观，价格仍将居高不下。根据有关部门的预测，今年钢材资源量比去年有所下降。虽然今年资源供给少于需求，但由于有去年结转的大量库存，仍能实现供求平衡。明年钢材的资源量增幅不会大，但由于需求也不会太旺，也可以达到供求平衡，有的地区还会比较宽松。市场价格小幅上升。去年下半年钢材价格总体平衡，今年可能会出现小幅度的波动，这种波动往往出现在一个地区，货紧时价格上涨，到时价格又会下跌，但总的趋势是价格会在成本上升、出口价上升的推动下，小幅度上升，一般不会再次出现暴涨。

二、契约类文书

所谓契约，是证明出卖、抵押、租赁等关系的文书。本节讲述的是经济类契约文书，这类文书主要包括经济合同和协议书。

(一)经济合同书

合同是平等主体的自然人、法人及其他组织之间设立、变更、终止权利义务关系的协议，是反映交易关系的法律形式。经济合同是合同中的一个分支。在现代市场经济活动中，经济合同广泛地运用在生产、交换、分配、消费的每一个环节中，具有重要的意义。

1.经济合同书的写法

一般的经济合同书是由约首、正文、约尾三个部分组成。

(1)约首

约首部分包括合同的标题和合同签订者名称。标题须写明合同的内容和性质，由事由加文种名称组成。如"房屋租赁合同"，"房屋租赁"是事由，"合同"是文种。标题之下须写明合同签订者名称及合同的双方或多方当事人姓名。在约首部分写明签订者的规范全称后，正文中双方名称可简称为甲方、乙方，供方、需方，发包方、承包方等，以便在叙述合同条款时行文方便。

重要的合同还要在标题之下、签合同者名称的右上方标明合同编号、签订时间和签约地点。

(2)正文

首先是引言。引言部分简要说明签订合同的依据和目的。常用句式是"根据……，为了……，经双方协商一致同意，签订本合同。"引言之后是该合同的主体内容。

①标的　标的就是合同签订者权利和义务所指向的对象。如购销合同中的各类货物、借贷合同中的货币、劳务合同中的各项劳务、工程合同中的各项工程，等等。

②数量和质量　数量和质量是标的的具体量化指标，数量以度、量、衡为计算单位；质量以标的的特征和品质为标准，如成分、性能、规格、型号、等级、功能等。

③价款和酬金　价款和酬金是标的价值的反映，是合同中一方用货币数量形式付给另一方标的的代价。以货物和工程为标的的经济合同，代价为价款；以劳务为标的的经济合同，代价为酬金。

④履行期限、地点和方式　履行期限指合同当事人实现权利和义务的时间期限；履行地点是指完成合同内容、履行合同义务的地点；履行方式是指完成合同具体条款时当事人的行为方式。

⑤违约责任　违约责任即合同当事人违反约定，不愿或不能完全履行合同所

规定的条款时，按照合同约定必须承担的经济责任和法律责任。违约责任条款是对合同签订者的制约和规范，也是对不履行合同义务者的制裁。

根据《中华人民共和国合同法》的规定，这五项条款是一份有效经济合同必须具备的。在实际经济活动中，根据具体的标的，有些合同还要专门拟定特殊条款和约定事项。

(3)约尾

约尾部分包括合同附则和生效标志。合同附则包括合同的生效时间、有效期限、合同份数和保存方式。生效标志包括署名和日期两项。署名在正文的下方，包括合同签订单位的法定名称、法定代表人或委托代理人的签名、双方当事人印章。还须写明当事人的地址、电话、邮政编码、传真号码、开户银行和账号等。若有公证单位或鉴证单位，须写明公证或鉴证单位的法定名称、代表人姓名，加盖公章和私章。签订合同的日期写在署名的右下方，有的合同是将日期写在约首部分。

2. 经济合同的签订原则

(1)平等互利的原则

签订合同的双方(或几方)，其法律地位相等，平等地享受经济权利和承担经济义务。

(2)协商一致的原则

签订合同的双方(或几方)，要在自由表达意志的基础上，经过共同协商，达成一致的意见，然后签订合同，任何一方都不得强迫对方或包办代替。

(3)遵守法纪的原则

签订合同，必须遵守国家的法令和纪律，有利于国家的建设事业，这样才能得到国家法律的保护。

3. 经济合同的制作格式

经济合同的种类很多。按照不同的经济目的和协作的需要，可以签订不同形式的经济合同。经济合同的格式可分条款式和表格式两种。

(1)条款式合同

条款式合同是将双方商定同意的协议内容，逐条用文字写明，一般包括权利和义务、数量和质量、价款或酬金、履行期限、地点和方式、违约责任等。

(2)表格式合同

表格式合同是预先印好的。签订合同时，不必自拟文字，只要将双方商定的协议内容逐项填入合同的表格中即可。

4. 经济合同的写作要点

(1)态度慎重

签订经济合同时，应该慎重对待，切不可粗枝大叶，使经济利益受到损失。在签订合同之前，双方应充分了解对方的设备、资金、技术力量和经营管理能力等，以免因对方无力履行合同而受到损失。

(2)书写清晰

要用钢笔和毛笔等书写(不能用铅笔),以便长久保存。文字不可模棱两可,导致理解产生歧义。金额数字要大写,标点要正确。各项条款、标的的品名、规格、质量、数量、金额、交货地点和办法等,均应逐一写清。

【例文 3】

个人住房公积金借款合同

贷款种类:____________　合同编号:________

借 款 人:________　电话:________　住址:________

邮政编码:________　贷款银行:________　电话:________

法定代表人:________　传真:________　地址:________

邮政编码:________

借款人即抵押人(以下简称甲方):

贷款人即抵押权人(以下简称乙方):

保证人即售房单位(以下简称丙方):

甲方因购买或建造或翻建或大修自有自住住房,根据××市公积金管理中心和《职工住房抵押贷款办法》规定,向乙方申请借款,愿意以所购买或建修的住房作为抵押。乙方经审查同意发放贷款。在抵押住房的房地产权证交乙方收押之前,丙方愿意为甲方提供保证。为明确各自的权利和义务,甲、乙、丙三方遵照有关法律规定,经协商一致,订立本合同,共同遵守执行。

第一条　借款金额　甲方向乙方借款人民币(大写)________元。

第二条　借款用途　甲方借款用于购买、建造、翻建、大修坐落于________区(县)________街道(镇)________路(村)________弄________号________室的住房。

第三条　借款期限　借款合同期限从________年________月________日至________年________月________日止。

第四条　贷款利率　贷款利率按签订本合同时公布的利率确定年利率为________%(月利率________%)。在借款期限内利率变更,按中国人民银行规定办理。

第五条　存入自筹资金　甲方应在本合同签订后,在乙方开立活期储蓄存款户(储蓄卡账户),将自筹资金存入备用。如需动用甲方本人、同户成员、非同户配偶和非同户血亲公积金抵充自筹资金的,须提供当事人书面同意的证明,交乙方办理划款手续。甲方已将自筹资金支付给售房单位作首期房贷并有收据的可免存。

第六条　贷款拨付　向售房单位购买住房或通过房地产交易市场购买私房的甲方在此不可撤销地授权乙方,在办理住房抵押登记获得认同(乙方确定)之日起的五个营业日内将贷款金额连同存入的自筹资金全数以甲方购房款的名义转入售房单位或房地产交易市场在银行开立的账户。

第七条 贷款偿还 贷款本金和利息，采用按月等额还款方式。

贷款从发放的次月起按月还本付息。根据等额还款的计算公式计算每月等额还贷款本息，去零进元确定每月还本息额，最后一次本息结清。

第八条 贷款担保(略)

第九条 合同公证(略)

第十条 合同的变更和解除(略)

第十一条 甲、乙双方的权利和义务(略)

第十二条 违约责任(略)

第十三条 本合同争议解决方式(略)

第十四条 其他约定事项(略)

第十五条 本合同终止日期(略)

第十六条 本合同正本一式五份，甲、乙、丙各执一份，公证机关、房地产登记机构个执一份，副本按需确定，其中：送城市公积金管理中心一份。

甲方：(私章) 乙方：(公章)

(签字) 法定代表人(签章)

____年____月____日 ____年____月____日

丙方：(公章)

法定代表人(签章)

(或其授权代理人)

____年____月____日

(二)协议书

协议书是国家、社会团体、企事业单位之间为了统一计划、分工负责、协调一致地完成某一共同议定的事项而签订的一种契约性文书。协议书常用于国与国之间的政治、军事、文化、教育、技术协作和外交关系方面，也常用于企事业单位的经济、文教、卫生、技术协作方面。

参与议定事项的各方通过共同协商，取得一致意见，把各自的意向用书面形式表现出来，就成为协议书。签订协议书的目的是为了在制度上，乃至法律上把参与协议的各方利益和应当承担的责任以书面的形式固定下来，以便顺利地达到共同的目标。

广义上说，合同也是一种协议；狭义上说，协议书与合同又有区别。

一般情况下，协议书指的是单位之间就重大原则性问题达成的协议并写成的条款；合同则是指两个或两个以上当事人之间，在办理某事时，为了明确各自的权利和义务而订立的共同遵守的条文。就复杂的经济合作而言，协议书签订在前，合同书签订在后；协议书是签订合同的依据；协议书的条款原则性较强，合同的条款则更具体、更细致。

1. 协议书的格式

(1)标题

标题写在协议书正文的正上方，表明协议双方或各方的名称、协议内容和文书名称。如《南航与武汉市机场合作项目协议》。该标题由协议双方名称“南航与武汉市”，协议内容“机场合作项目”，文书名称“协议”三个要素构成。

另外，常见的标题形式也有由协议内容与文书名称两个要素构成的。如《网上银行个人客户服务协议书》，“网上银行个人客户服务”是协议内容，“协议书”是文书名称。

在标题下，正文之前，写明签订协议单位名称，并在双方单位名称之后注明一方是甲方，一方是乙方，便于在正文中称呼。

(2)正文

正文包括开头、主体两部分。开头交代签订协议的目的、原因、依据，紧接着可用程式化语言转入主体，如“现对有关事项达成协议如下”。

主体是协议书的主要部分，要求就协议有关事宜作出明确的、全面的说明，尤其要着力写好协议双方的权利和义务，一般用章节或条款的形式逐项加以表述。内容丰富、复杂的协议常常用“章”的形式，“章”的下面是“条”，“条”的下面是“款”。在国与国之间签订的协议中，常常用“章”的形式。而在国内企事业单位之间签订的协议里，用“章”的形式较少，常用“条”的形式，分条列款，分别清晰地表述相应内容。

(3)落款

应写明订立协议双方单位的名称，并加盖公章。必要时还得写上鉴证单位和公证单位的名称，并加盖公章。最后写上签订协议的日期。

2. 协议书的签订原则

协议书是由双方(或三方以上)当事人为了共同实现一定的目的，明确相互之间的权利、义务关系而制订的书面契约。协议书的订立是经过双方共同努力达成的。订立协议书时应当遵守以下基本原则。

(1)要贯彻合法原则

贯彻合法原则即协议书的内容、形式和程序，均须遵守国家的法律，符合国家政策的要求，方能得到国家的承认和保护。凡违反国家政策、法令和危害国家与公共利益的协议是无效的，当事人须承担由此而产生的法律责任。

(2)要贯彻平等互利、协商一致、等价有偿的原则

平等协商、自愿互利是签订协议的前提和基础，不同的机关和经济组织在职

能、规模和经营能力等方面各有区别，或有领导与被领导的关系，但在订立协议时，彼此的地位是完全平等的，应充分协商、互相尊重。任何一方不得以自己的意志强加于对方，任何单位和个人也不得从中非法干预。双方取得的权利和承担的义务应当是对等的。

3.要切实履行规定的义务，信守协议书的约束

协议一经签订就具有法律约束力。由于故意或过失造成的违约，必须承担赔偿损失的责任。

协议书的基本格式如例文所示。

【例文 4】

网上银行个人客户服务协议书

编号：__________

甲方（网上银行客户）：__________

乙方（中国工商银行）：__________分行__________

甲方自愿申请使用乙方网上银行服务，为明确双方的权利和义务，经双方协商，签订本协议。

一、甲方申请使用乙方网上银行服务，必须拥有乙方的牡丹卡、信用卡、贷记卡或灵通卡。

二、乙方网上银行为甲方提供查询、转账、BtoC 在线支付、外汇买卖、代缴学费、贷款等服务。

三、甲方申请使用乙方网上银行服务，必须填写《中国工商银行网上银行业务个人客户注册申请表》并签名确认，同意遵守《中国工商银行网上银行章程》和《中国工商银行个人网上银行交易规则》。同时提供本人有效身份证件及相关的卡，经乙方查验无误后，方可开通使用。注册牡丹商务卡的，需提供单位授权书。

甲方须在注册申请表上填明注册的卡号/账号。注册后下一工作日甲方可以使用网上银行服务。

四、甲方在使用乙方网上银行服务时，应按照乙方的规定正确操作。因操作不当而造成的损失，乙方不承担任何责任。

五、甲方必须妥善保管本人网上银行登录密码和支付密码，所有使用上述密码进行的操作均视为甲方本人所为。依据密码等电子信息办理的各类结算交易所发生的电子信息记录均为该项交易的有效凭证。

六、甲方遗忘或泄露上述密码，必须持本人有效身份证件及相关的卡，到乙方营业网点填写“网上银行个人客户变更事项申请书”，办理密码重置手续，办妥手续之前所产生的一切后果由甲方承担。

七、甲方 BtoC 在线支付的全部款项，均授权乙方记入甲方所注册的支付卡

账户。

八、甲方通过乙方网上银行办理挂失手续视同临时挂失，乙方只协助防范，不承担任何责任。甲方在临时挂失后须在五日内到乙方营业网点办理正式书面挂失手续。网上挂失5日后自动失效。

九、甲方不得以与特约网站或其他第三人发生纠纷为理由拒绝支付应付乙方的款项。

十、乙方因以下情况没有正确执行甲方指令的，乙方可不承担任何责任(略)。

十一、本协议自双方签订之日起生效，至甲方在乙方营业网点办理网上银行书面销户手续之下一乙方工作日起终止。

十九、与本协议有关的争议适用中华人民共和国法律。

甲方签字：　　　　　　　　　　乙方(银行盖章)：

　　　　　　　　　　　　　　　有权人签字：

日期：　年　月　日

(三)招投标书

招标书与投标书是当今社会兴建工程或进行大宗商品交易时广泛采用的一种公开竞争方式，是一种现代贸易活动。通过招标与投标的方式实现贸易成交，有利于打破垄断行为，进行正当、合法的竞争。这对于保证企业管理人员的廉洁自律，降低企业经营成本，提高经营效益，增强企业的活力，促进企业的改革、发展与管理，无疑都具有非常重要的意义。随着商业银行竞争的加剧，目前不少大型客户在选择银行金融产品与服务时，也频繁采用这种方式。这对改进商业银行服务、规范商业银行的竞争、降低优质客户的金融成本、促进商业银行的创新等都具有明显的积极作用。

1.招标书

招标书是提供有关招标项目具体情况和投标工作事项要求的文书，是招标人利用投标者之间的竞争达到优选买主或承包项目的目的，从而利用和吸收各地，甚至各国的优势于一家的商品交易行为所形成的书面文件。它是订立合同的一种合乎法律规定的形式。一般正式招标书都采用广告、通知、公告等形式发布。

(1)招标书的结构

①标题　招标书标题有完全式标题和省略式标题之分。完全式标题由三部分组成，即招标单位名称，招标项目和文种名称，如《××大学一号教学楼建筑安装工程招标书》。省略式标题有的省略招标单位名称，有的省略招标工程项目，省略的要素在招标书中详尽列出。如《××市城市建设开发公司招标书》、《高速公路建设招标书》、《招标书》等。

②正文　招标书正文一般由前言和主体两个部分组成。前言，亦称小序。写

明招标单位的基本情况和招标目的。招标目的常常用介词“为了”、“经过”表明目的和依据，对招标的项目做开门见山、简明扼要的表述。如“根据《深圳市建设监理招标投标办法》的规定，拟对本工程施工准备阶段、施工阶段、保修阶段的监理进行公开(邀请)招标，请投标人按要求报送投标文件。”

主体，这是一份招标文书的主要部分，常用分条列项的方式表述具体内容和事宜。其中包括招标项目名称、招标范围、招标投标方法、招标时限、招标地点、招标程序，以及投标企业须知。投标企业须知，即把没有写进招标公告和招标章程，又要求投标单位必须做到的一些具体问题写进这个文件。

③签具　即写明招标单位的法定名称、地址、电话号码、传真、邮编、联系人姓名和制订招标书的日期等。签具的目的是为了便于投标单位按时、准确地报送投标书和参加投标。

④附件　招标书中有一些专门的内容，如项目的具体规格、设计勘察资料、工期一览表，以及有关说明等技术资料，可作为附件附于文后，以便投标单位参考。

(2)招标书的写作要求

①招标方案应切实可行。招标条件：一要有利于打破垄断，开展合理竞争，促进企业进行良性的科学管理；二要有利于招标单位自身降低企业成本，提高工程或产品质量，提高企业经济效益。

②招标标准应当明确，表达必须准确。招标书的文字表述应准确简洁，表意明确。句式规范，不拖泥带水。

【例文5】

××大厦室内装修工程施工招标书

我单位新建××大厦拟室内装修，为确保工程质量、安全，提高经济效益，本着公开、公正、公平竞争的原则，根据《中华人民共和国建筑法》、《中华人民共和国招标投标法》、中华人民共和国建设部令第89号、湖南省实施《中华人民共和国招标投标法》办法等有关规定，并报经市计委批准，该工程项目拟采用公开招标形式招标，择优选定施工队伍。现将该项目的招标条件及投标要求说明如下。

一、工程概况(略)。

二、工程招标范围(略)。

三、承包方式(略)。

四、主要材料供应及质量要求(略)。

五、建设工期(略)。

六、工程质量(略)。

七、合同签订要求(略)。

八、投标须知(略)。

九、开标、评标、定标(略)。

十、有下列情况之一者,投标书或投标资格无效(略)。

十一、法人代表(签字)

招标人(盖章)

20××年 月 日

2.投标书

投标书是投标单位在得悉招标信息后,根据招标书提出的条件和要求编制或填写的文书。投标书将按照招标书公告的时间报送,向招标单位申请投标。

(1)投标书的结构

一份完整的投标书应当包括如下几个部分。

①标题 投标书标题一般由项目名称和文种组成,例如《××省省属大专院校助学贷款投标书》;有时为了简略,标题也可只写《投标书》或《投标单》等。

②致送单位 即投标书的致送对象,指招标单位或招标办公室,要写其全称或规范化简称,以示郑重。

③正文 第一部分是引言。这部分是投标书的导语,要用较为概括的语句,简要明确地交代投标的目的或依据,例如“根据已收到的贵公司招标编号为ARBUO—ZB001号的项目招标文件,遵照国家有关招标投标管理办法的规定,我行经研究上述工程招标文件的投标须知、合同条件、技术规范、项目期限和其他有关文件后,我方决定参加投标。”上例引言中将投标的依据表达得很明确,让人一目了然。第二部分是主体。这部分是投标书写作的重心,必须着力写好。采用横式并列的结构,分条列款写出投标条件。要紧紧围绕招标文件的具体要求进行表述,充分展示出本单位的实力和竞争能力,从而取得竞标成功。切忌主次不分,抑或过多地自我介绍,那样反而令人反感。就通常而言,投标书的内容应主要载明竞标项目的价格(标价)、保证和条件,即保证完成的期限、组织保障、服务承诺等,要写得明确具体,以便招标单位通盘考虑,认真权衡,予以采纳。

④结尾 结尾内容应当包括投标人的单位名称、地址、电话、邮政编码、传真号等,以便招标单位进行联系。

⑤附件 投标书一般都有附件。根据招标单位不同的标的,投标单位往往须相应制作和提供所需资料,其中包括技术、财政、设备等。

(2)投标书的写作要求

①实事求是 作为投标方,要认真细致地权衡自身所具有的人员素质、技术水平、金融实力,做到量力而行,量体裁衣。切不可只为中标而夸大其词或弄虚作假。否则,就会给国家、招标单位,乃至自身利益造成难以估量的损失。

②严肃认真 在写投标书前,必须进行认真的市场情报搜集工作,力求准确吃

透招标单位的需求及思路，同时还要认真研究竞争对手的实力与营销策略，知己知彼，既合理核算成本，又使报价适中，具有竞争力。

③明确可行　撰写投标书，其所涉及的每一项内容，特别是有关的目标、标价、完成期限、质量标准及服务承诺等，必须写得明确具体，切实可行。要本着适度的原则，既不要"好高骛远"，妄加许诺，又不能过于"保守"，进而在用语上流于空洞浮泛，以至于有损投标书的质量，影响中标。

④制作规范　投标书的制作既要遵守国家对招投标工作的有关规定和具体办法，又要执行国家颁布的技术规范和质量标准，不能随心所欲，任意制作。

⑤精确周密　投标书是一种实用性很强的文书，因而在语言表达上应力求准确、简要，涉及有关的技术指标、质量要求、服务承诺等，更应如此。要避免诸如"尽可能"、"力争"、"××以后"等模糊度较大的词语出现，以免言不及义，事与愿违。同时要对照招标书的要求，对投标书各项内容的表达进行严格的检查，做到严谨周密，完备无遗，防止粗心大意，遗漏重要事项。

【例文 6】

投标书

建设单位：____________

1. 根据已收到的招标编号为______的______工程的招标文件，遵照《工程施工招标投标管理办法》的规定，我单位经考察现场和研究上述工程招标文件的投标须知、合同条件、技术规范、图纸、工程量清单和其他有关文件后，我方愿以人民币______元的总价，按上述合同条件、技术规范、图纸、工程量清单的条件承包上述工程的施工、竣工和保修。

2. 一旦我方中标，我方保证在______年______月______日开工，______年______月______日竣工，即______天（日历日）内竣工并移交整个工程。

3. 如果我方中标，我方将按照规定提交上述总价 5%的银行保函或上述总价 10%的由具有独立法人资格的经济实体企业出具的履约担保书作为履约保证金，共同地和分别地承担责任。

4. 我方同意所递交的投标文件在"投标须知"第 11 条规定的投标有效期有效，在此期间内我方的投标有可能中标，我方将受此约束。

5. 除非另外达成协议并生效，你方的中标通知书和本投标文件将构成约束我们双方的合同。

6. 我方金额为人民币______元的投标保证金与本投标书同时递交。

投标单位：（盖章）

单位地址：

法定代表人：（签字、盖章）

邮政编码：

电　　话：

传　　真：

开户银行名称：

银行账号：

开户行地址：

电　　话：

日　　期：________年________月________日

三、决策类文书

经济类文书中的决策类文书，主要是指策划方案。策划方案是公司或企业在短期内提高销售额，提高市场占有率的有效行为。策划案是相对于市场策划而言的，严格地说它是从属于市场策划的，二者是互相联系、相辅相成的。它们都从属于企业的整体市场营销思想和模式，只有在此前提下做出的市场策划和策划案才是具有整体性和可延续性的广告行为。也只有这样，才能够使受众接受一个统一的品牌文化内涵，而策划案也只有遵从整体市场策划案的思路，才能够使企业保持稳定的市场销售额。

策划案对公司或企业的生产与发展，对公司或企业产品和服务的销售，往往具有重要的意义。一份创意突出，而且具有良好的可执行性和可操作性的策划案，无论对企业的知名度，还是对品牌的美誉度，都将起到积极的提升作用。

1. 策划方案的格式

(1)策划方案名称

策划方案名称要求明确、具体，如《××商场开业策划方案》。

(2)策划方案的目标

策划方案的目标要用准确的语言或数据表达清楚。如《××商场开业策划方案》的活动主题是："××商场天长地久(9)服务月系列活动"。其主题词是：

优惠天长地久，服务天长地久

　　天长地久(9)月，服务久！久！久！

天长地久之"久"谐音于9月之"9"，与开业的时期很好地切合起来，其策划的目标十分明确。

(3)策划方案的正文

策划方案的正文包括策划的起因、背景、市场机会、创意关键、实施步骤及检查评估，这是一份策划案的主体部分。

(4)完成方案的时间

按实际完成方案日期填写“年/月/日”。

(5)预算和进度细表

列表详细说明方案所需资金投入、人力投入、组织构建和进度安排等。这部分内容是一份策划方案是否具有可操作性的依据。

(6)方案的效果预测

根据所收集的资料、情报来预测策划方案实施的量化效果。

(7)方案参考的资料

列出制订策划方案所参考的文献资料,增加方案的可信度和可行性。

(8)注意事项

这部分内容的作用是提出预防措施,以做到有备无患。

2. 策划方案的拟订步骤

(1)确定目标主题

将策划的目标主题确立于一定时空范围之内,力求主题明晰,重点突出。

(2)收集资料

围绕目标主题,通过多种方式收集信息资料。

(3)调查市场态势

围绕目标主题,进行全面的市场调查,掌握第一手资料。

(4)整理资料情报

综合市场调查的第一手资料和现有的第二手资料,整理成为对目标主题有用的情报。

(5)提出具体创意

根据实际需要,提出营销策划新的创意。

(6)选择可行方案

将符合目标主题的创意,变成具体的执行方案。

(7)制定实施细则

根据选定的方案把各功能部门和任务进行详细分配,分头实施,并按进度表与预算表进行监控。

(8)制订检查办法

对策划的方案提出详细可行的检查办法和评估标准。

3. 策划方案的写作要点

(1)主题要单一

在策划活动的时候,要根据企业本身的实际问题和市场分析的情况,做出准确的判断,提取最重要的,也最值得推广的一个主题,也只能是一个主题。在一次活动中，不可能做好所有的事情。只有把最想传达的信息最充分地传达给目标消费群体，才能引起受众群关注，才能让受众比较容易地记住你所要表达的信息。

(2)直接说明利益点

在确定了唯一的主题之后，很重要的一点是直接地说明利益点。如果是优惠促销，就应该直接告诉消费者你的优惠额数量；如果是产品说明，就应该突出最引人注目的卖点。只有这样，才能使目标消费者在接收到直接的利益信息之后引起购买冲动，从而形成购买。

(3)活动要围绕主题进行

很多策划文案在策划活动方案的时候往往希望执行很多的活动，认为只有丰富多彩的活动才能够引起消费者的注意，其实不然。在一次策划中，如果加入了太多活动，不仅要投入更多的人力、物力和财力，直接导致活动成本的增加，而且还容易导致操作人员执行不周，最终导致策划的失败。

(4)具有可操作性

一份良好的创意策划案的执行能否成功，除了需要进行周密的思考外，详细的活动安排必不可少。必须充分考虑执行地点和执行人员的实际情况，进行仔细分析，在活动的时间和方式等每一个环节的具体安排上都应该具体、周全。

【例文 7】

"雪峰"牌系列茶品营销策划书

一、营销目标

四川雪峰茶叶公司是一家集产、供、销为一体的大型茶叶公司，拥有一流的茶园、一流的技术、一流的管理。现今四川雪峰茶叶公司提出"弘扬国饮，振兴川茶"，推出"雪峰"牌系列茶品，肩负起了"振兴川茶"的领军重任，是以带给广大消费者高品质的系列茶品。

四川雪峰茶叶公司"雪峰"牌系列茶以"高品质的承诺，数量的保证，售后服务的完美"三大承诺为中心，满足消费者的需求。力争在一年的时间内，立足成都，辐射全川，达到年销售额 1 500 万元以上。随着雪峰公司的不断壮大，争取两年内占领全川走向全国。

二、营销思路及实施手段

1.营销思路(略)。

2.实施手段(略)。

第一阶段(略)。

第二阶段(略)。

第三阶段(略)。

第四阶段(略)。

三、销售预测

1. 第一阶段预计(略)。

2. 第二阶段预计(略)。

四、营销管理

1. 营销人员管理(略)。

2. 营销工作程序(略)。

3. 营销工作任务的核定及奖惩办法(略)。

四川雪峰茶叶公司

2007 年 3 月 5 日

四、检查类文书

经济类文书中的检查类文书,主要包括经济活动分析报告、查帐报告、审计报告等。

(一)经济活动分析报告

1. 经济活动分析报告的性质和作用

经济活动分析报告是对企业经济活动进行定量与定性分析结果的总结性描述。主要有以下三个作用。

①从宏观上看,有助于制订国民经济计划和发展纲要;从微观上看,有助于企业面向市场,参与竞争。

②作为现代企业管理的重要环节之一,有助于企业自觉按照经济规律组织生产和经营,提高企业的管理水平和经济效益。

③有助于政府职能部门及时调整产业结构、资源配置和生产布局,保证市场的良性运行。

2. 经济活动分析报告的写作原则

(1)针对性

针对性是确保经济活动分析信息价值的前提条件。经济活动分析报告首先必须明确一个分析对象,确定要分析什么,怎样进行分析,然后紧紧围绕分析主题,有的放矢地从错综复杂的经济现象中抓住主要问题进行分析。

(2)时效性

时效性是确保经济活动分析信息价值的关键所在。经济活动分析的目的是为了总结经验,寻找差距,改进工作。所以,在一定时期循环结束或一定分析对象活动完结后,就应及时进行分析,写出报告,以便指导下一步的工作。

(3)准确性

准确性是确保经济活动分析信息价值的决定性因素。经济活动分析报告必须准确客观地揭示经济现象的变化过程及规律,总结经验,找出问题,提出建议。

(4)逻辑性

逻辑性是确保经济活动分析信息价值的重要方法。经济活动分析报告的写作是一种从感性到理性的认识活动。在掌握大量数据和情况的基础上,运用判断、推理的逻辑方法,进行合乎事实的逻辑分析,才能如实反映客观事物的内在联系,使分析结论正确反映经济现象的变化规律。

3.经济活动分析报告的结构和写法

经济活动分析报告包括标题、正文、结尾三个部分。

(1)标题

经济活动分析报告的标题,一般应标明分析报告的时限、范围、分析内容,如《××商场2007年度经济活动分析报告》、《2009年中国汽车产销形势分析》等。也有将主要观点或建议直接作为分析报告的标题,如《产销猛增　轿车最火　效益提升》。

(2)正文

正文包括开头、主体和结语。

①开头　简要叙述和说明分析对象的基本情况,或写明分析的目的。

②主体　要根据分析报告的种类、目的、要求来安排报告主体的内容结构。主体部分应重在对具体经济活动的情况陈述和原因分析,可包含以下内容:检查计划或决策的执行情况;查找成绩或问题的原因;分析企业内部潜力;检查企业对经济政策和财经制度的执行情况。

③结语　根据分析中发现的问题,有针对性地提出改进意见或建议。

(3)结尾

经济活动分析报告的结尾应写上作者或单位名称、日期。日期写在正文的右下方。

【例文8】

××供电所××××年×月份经济活动分析报告

××××年×月×日,××供电所召开由××电工班、×××人员参加的经济活动分析会,对××××年×月份经营活动情况进行了分析并完成了分析报告,内容如下。

一、工作完成情况及原因分析

(一)供电区域经济与外部环境分析

主要供电范围:(略)。

供电区域的经济总量情况:人口、农业生产情况、工业生产情况、社会用电水平等。

产业结构变化:是否有重要的产业结构变化,变化情况如何,可能对供电企业产生什么样的影响。

经济政策：乡镇是否发布新的经济政策，内容如何，可能对供电企业产生什么样的影响。

其他可能对供电产生影响的情况。

(二)电力营销情况

1.用电需求情况

全社会用电量为×万千瓦时，同比增长×%(表1)。

供电量为×万千瓦时，同比增长×%，完成计划×%。

售电量为×万千瓦时，同比增长×%，完成计划×%。其中10千伏售电量×万千瓦时，0.4千伏及以下售电量×万千瓦时。

2.用电需求的主要特点及原因分析

比较各类售电量增长率和所占比重，列出售电量增长率居前的电量类别和超出平均增长率的×百分点，同时列出占比重居前的电量类别和贡献率较大的电量类别。

(略)

4.经济活动分析报告的写作要求

(1)标题要简括

标题就是经济活动分析报告的精华缩写，它与主题密切相关。标题要简要明确、高度概括地揭示出经济活动分析报告的主题思想，做到题文相符，使人一目了然。标题还要体现经济活动分析的范围或时限。如《2004年度经济活动分析报告》，从标题上就可以知道这是一份对企业全年经济活动进行全面评价的分析报告。又如《2004年5月份资金使用情况分析报告》，从标题上就可以知道这是一份对资金使用效果进行评价的专题分析报告，它突出了“资金使用”的概念，简明扼要地概括了分析报告的主题思想。

(2)开头要简要

开头就是经济活动分析报告全篇的引子，又是正文不可分割的部分。通常有两种写法：一是简要介绍一定时期经济活动的基本状况，以此作为展开分析的依据，如“我厂今年实现利润××万元，完成任务利润的××%，为总结经验，找出差距，吸取教训，以利再战，特作如下分析”；二是开门见山地指出某经济活动所面临的问题。

(3)主题要突出

主题就是经济活动分析报告的纲，它贯穿全篇的始终，成为全文的中心。一篇经济活动分析报告只能有一个主题，不能多中心。即使篇幅较长、内容较多、涉及面较广的经济活动分析报告，也只能围绕一个主题展开。

(4)结构要明晰

结构就是经济活动分析报告的支架，是表现分析报告的手段，所以，要求层次分明，条理清晰，前后呼应，顺理成章。

(5)数字要准确

经济活动分析报告是用经济数据作为分析的主要依据，通过分析掌握经济现象数量变化和错综复杂的数量关系，使人们的认识进一步深化，并用数字表述事物数量的变化过程及规律。所以，采用的数据必须准确、客观、具有代表性，才能得出符合客观实际的结论。因此，我们必须认真地去审查、鉴别和筛选经济数据，从数据源上把好关，为再生数据的准确性奠定基础，提高分析的质量。

(二)查账报告

1. 查账报告的性质和作用

查账是经济管理工作中应用十分广泛的经济监督活动。这项常规性工作是确保企业会计核算准确、会计监督有效的强有力手段。查账是以国家政策、法律、法规、规定，以及企业的制度规范为依据，运用一定技术、方法、经验和技巧，对企事业单位的经济信息资料，主要是会计账目，进行审查、验证、分析、查对，以检查发现其是否存有管理漏洞、员工是否存在违法舞弊行为的一种经济监督活动。有时查账还须对统计核算资料、业务核算资料和其他经济信息资料进行分析审查。通过分析，并利用会计资料，检查其所代表的经济活动，审核并评估其数据与情况是否真实可靠，企业的经济活动是否合理合法，是否符合国家的各项经济法规，企业的经营效率如何。查账的目的：一是验证各项会计资料；二是指出弊端和揭示错误；三是改进企业的财务管理工作。根据查账结果而撰写的报告就是查账报告。

2. 查账报告的内容

查账报告的写作应视查账目的、范围、结果而定。一般来说，查账报告的基本结构由基本情况、存在的问题、检查处理意见、评价和建议、附表等几个方面组成。

(1)基本情况

基本情况相当于报告的前言，要写明检查时间、受检单位的性质、资产、生产经营情况、财务管理现状，以及本次查账的对象、目的和要求。

(2)存在的问题

这一部分是报告的重点。要把检查中查出的问题整理归类，分析定性。做到条理清楚，定性准确，为查账的结果和结论奠定科学的基础。

(3)检查处理意见

检查处理意见是根据查账结果提出的解决办法。检查处理意见要有针对性，每条意见都要针对具体问题说明处理的根据，提出具体处理办法。既不能小题大做，又不能大事化小、小事化了。

(4)评价和建议

评价和建议是查账报告的结尾部分。评价要实事求是,既要指出问题,又要肯定受检单位的成绩。评价要准确,建议要实在具体。要使受检单位真正在这次查账工作中受益,从而改进自身的管理和经营。

3.查账报告的写法

(1)标题

标题一般由受检单位名称、检查项目和文种组成。如《关于××电子机械厂纳税情况的检查报告》。

(2)呈送单位

查账报告是税务人员向税务机关的报告,开头要写明报告的呈送单位,一般是税务机关的局级领导。

(3)正文

正文即查账报告的内容,这一部分是查账报告的主体,要根据具体情况分别有条理地列出来。

(4)结尾

结尾要签署报告撰写人的姓名。

4.查账报告的生效方式

查账报告撰写完毕并不能直接生效,须待报告审阅者(局领导)研究同意后,以正式文件的形式向受检单位下发"纳税检查通知",此时,查账报告作为通知的附件一起下发给纳税人执行,这时才正式生效。

【例文9】

××××年度企业所得税汇算清缴查账报告

我们接受委托,对贵公司编报的二〇〇×年度企业所得税纳税申报表进行审查验证。贵公司对所提供的资料真实性、合法性和完整性负责,我们的责任是对这些资料进行审查核实并发表审查意见。我们的审查是根据我国现行税收、财政和会计法规,以及××市国家税务局、××市地方税务局关于做好年度企业所得税汇算清缴工作的有关规定,并按照××市国家税务局《关于企业所得税汇算清缴查账报告工作有关事项的规定》、《××地区税务师事务所代理企业所得税汇算清缴和注销税务登记操作及监管程序》的要求进行的。在审查过程中,我们结合贵公司的实际情况,本着独立、客观、公正的原则,核查了贵公司提供的报表、账册、凭证及其有关资料,根据取得的资料在专业判断的基础上出具本报告。

一、企业基本情况

(一)成立日期(略)。

(二)税务登记证号:国税登记证号:×××××××××××××××××

×，地税登记证号：××××××××××××××××××××。

（三）地址（略）。

（四）法人代表（略）。

（五）注册资本（略）。

（六）企业类型（略）。

（七）经营范围（略）。

（八）其他：贵公司为增值税一般纳税人/增值税小规模纳税人，企业所得税征收方式是查账征收/核定征收。

二、会计报表及企业所得税纳税申报表的概况

贵公司编报的本年度资产负债表的资产总额×××××××××元，负债总额××××××××××××元，所有者权益总额××××××××××元。编报的本年度利润表的利润总额为×××××××××××××元。

三、会计报表及企业所得税纳税申报表存在的问题

（略）

四、企业所得税纳税方法的计算与建议

（略）

××市××区税务分局

××××年×月××日

(三)审计报告

审计报告与查账报告基本相同，都是对受检单位查账以后出具的书面报告。所不同的是审计机关可以审查一切部门（包括税务部门）和一切企事业单位。因此，审计报告比查账报告的适用范围更为广泛。

1. 审计报告的分类

根据案件的来源、审计的对象及目的，审计报告大致可分为三类。

(1)财政税务审计报告

这一类报告包括对财政、税务、金融、行政、公交、基建、商贸等诸多部门的审计。这类审计都是国家有关法规规定的必审项目。

(2)经济效益审计报告

这类报告内容主要是对企业的经济效益审计，审计目的旨在帮助企业挖掘潜力、改善经营管理、提高经济效益，是市场经济活动中企业提高经营管理能力的良好手段。

(3)公证及经济责任审计

这类审计报告有的是接受委托，有的是根据具体情况临时由上级指定办理。

2. 审计报告的基本内容

审计报告的种类较多，其具体情况和要求也不尽相同，但大致可分为以下五个部分。

(1)前言

前言是向受委托方介绍审计工作开展的大体情况，语言简明扼要，如下文。

××公司：

我们根据《上海市企业年度会计报表注册会计师审计暂行办法》(以下简称办法)的要求，接受贵公司的委托，对××企业进行了××××年度会计报表审计。

我们的审计是依据《中华人民共和国注册会计师法》有关规定和中国注册会计师独立审计准则进行的。在审计过程中，我们结合××企业实际情况，实施了包括抽查会计记录等我们认为必要的审计程序。

我们根据《办法》规定的审计内容，审计了××企业××××年度12月31日的资产负债表、××××年度的损益表和财务状况变动表。这些会计报表由企业负责，我们的责任是对这些会计报表发表审计意见，并以国家有关财经法律、法规和《企业会计准则》、《企业财务通则》、行业财务会计制度和有关规定作为审计意见的依据。

(2)基本情况

基本情况是对审计对象的性质、审计年度的经济概况做一个简明的介绍和评价，对审计的进程作一个概要的描述和汇报，如下文。

一、企业基本情况

企业类型(国有独资公司、国有资产控股的有限责任公司、股份有限公司、一般国有企业)、法定代表人、注册资金、规模(包括职工人数、子分公司情况)、主要投资者、所执行的行业财务会计制度、财税隶属关系、上年度审计揭示的突出问题，以及反映企业特点的或与本次审计相关的重要情况。

二、审计的范围、重点和方法

(一)审计的范围

1. 母公司

2. 子公司抽查面

(二)审计的重点

(三)采用的审计方法

送达审计、实地审计

(3)存在的主要问题

在这一部分里，将审计中发现并经核实的问题分条列项逐一叙述，以待处理。这是审计工作的主要目的，如下文。

三、应予调整的事项

(一)涉及税收的调整事项;

(二)损益类调整事项;

(三)不涉及损益的重分类调整事项;

(四)其他需要调整的事项。

(上述调整事项应逐一列出内容、金额和调整分录。)

以上调整共应增(减)利润净额(元)。

经上述调整后,企业的会计数据符合两则两制的要求,反映的事项符合公正、客观及一致性原则。

(4)处理意见

这一部分是针对查出的问题,按照国家的有关法规和财经纪律,提出相应的处理意见,如下文。

四、需要说明的问题

(一)固定资产占总资产的比重及未使用固定资产占固定资产的比重;

(二)长期投资占净资产的比例;

(三)是否足额上缴各种税收及附加,有无少交、长期拖欠情况(有税务师的事务所必须披露);

(四)存放时间超过三年的存货金额及占整个企业存货的比重;

(五)应收账款的分析,以及收款时间超过三年及逾期超过三年的应收外汇账款的金额,占应收账款的比重、收款方式、账面汇率等;

(六)递延资产的发生和摊销情况;

(七)发生的各类损失,如固定资产、流动资产损失、坏账损失、投资损失、对外担保损失等;

(八)上年度财政批复调整事项的未执行情况;

(九)因企业核算混乱、资料不齐而无法确认、评价应予揭示的事项;

(十)发现的其他重大问题,如潜在的资产损失、自资产负债表日至审计报告日期间产生的影响企业经营状况的重大期后事项或损失等;

(十一)当企业对本报告提出存有异议的书面意见时,应当说明注册会计师对该事项坚持意见的理由。

(5)要求和建议

这是审计人员针对审计过程中出现问题的原因进行分析研究后,从协助受审单位工作的角度出发提出的具体要求和建议。有关要求和建议应当有针对性,既切中所审单位工作中的弊端,又要切实可行,如下文。

五、内部管理建议

（略）

××会计师（审计）事务所（盖章）

中国注册会计师（签名、盖章）

××××年×月××日

思考与练习

一、简答题

1. 简述经济合同与协议书的异同。

2. 经济合同按《合同法》划分种类，是从什么角度划分的？

3. 制作协议书要注意哪些问题？

4. 市场调查报告与市场预测报告各自具有什么特点？，它们各自的侧重点是什么？

5. 策划方案的基本结构有哪些？

6. 查账报告有哪些基本内容？

7. 审计报告与查账报告有什么异同？审计报告可分为哪几类？

二、实践题

分析下面合同中存在的问题。

订货合同

编号（略）

签订日期 19　　年　　月　　日

湘潭　商行　甲方

立订货合同　以下简称方

咸宁　公司　乙方

兹由甲方向乙方订购下列货物，经双方协议，订立条款如下，以兹共同遵守。

1. 货物名称、数量规格如下：

<table>
<tr><td rowspan="2">品名及规格</td><td rowspan="2">数量</td><td rowspan="2">单位</td><td rowspan="2">单价</td><td colspan="9">金额</td><td rowspan="2">备注</td></tr>
<tr><td>百</td><td>十</td><td>万</td><td>千</td><td>百</td><td>十</td><td>元</td><td>角</td><td>分</td></tr>
<tr><td>精干麻</td><td>50</td><td>吨</td><td>8 000.00</td><td></td><td>4</td><td>0</td><td>0</td><td>0</td><td>0</td><td>0</td><td>0</td><td>0</td><td></td></tr>
<tr><td>质量要求</td><td colspan="3">纤维素 120 左右，含杂 2%～3%，含水 2%，脱胶良好（按国家标准验收）</td><td></td><td></td><td></td><td></td><td></td><td></td><td></td><td></td><td></td><td></td></tr>
<tr><td colspan="14">货款合计人民币（大写）肆拾万元整</td></tr>
</table>

2. 交货期限：年　　月　　日前

3.交货地点:供方仓库交货

4.付款方法:见电报按实数付款,一次付清

5.保证方法及费用负担:原包装不变

6.运输方法及费用负担:铁路发运费用需方负担

7.其他:货到站,需方不变,按20%罚款(必须符合以上条件)。如供方无货或货物达不到以上质量要求,罚款20%

8.本合同一式两份,双方各执正本一份存查。

甲方盖章:______	甲方盖章:______
地址:湘潭市	地址:湖北咸宁市
电话:______	电话:______
开户银行:市农行	开户银行:______
账号:______	账号:______
经办人:丁	经办人:丁

鉴评单位:______

第五章 法律文书

法律文书是法律知识的综合运用，是法律知识与写作能力、概括能力的综合体现。它是实施法律和保障有效实施法律的重要工具，是法律行为主体维护自身合法权益的重要手段。它贯穿法律活动的始终，推动了各项法律活动的开展，忠实记录了法律活动的全过程，具有主旨鲜明、材料客观、文书法定、格式规范、语体特殊等特点。其中，作为自诉类法律文书的诉状，如起诉状、上诉状、申诉状、答辩状等，是使用较频繁的民用法律文书。与人民检察院制作的公诉书不同的是，诉状类法律文书一般由当事人自己书写，或者由律师和律师事务所代书。在现代法制社会，了解熟悉各类法律文书，尤其是诉状类法律文书，有助于我们在社会中运用法律知识维护自己的合法权益。

第一节 法律文书的概念与作用

一、法律文书的概念

法律文书是指我国司法机关（含公安机关、国家安全机关、海关缉私机关、检察院、法院及监狱等机关）、公证机构、仲裁组织处理诉讼和非诉讼案件时依法制作，以及案件当事人、律师和律师组织自用或代书的具有法律效力和法律意义的文书的总称。其中包括规范性法律文书如国家法律机关制作、执行的各种法律文书，和非规范性法律文书如各类诉状。

法律文书大体包括三大类：第一类是国家司法机关为处理诉讼案件而制作的具有明显的法律效力的司法文书；第二类是国家授权的法律机构或法律组织所制作的办理或裁决非诉讼案件的公证文书和仲裁文书。第三类是案件当事人、律师和律师组织出具或代书的民用法律文书。第一类司法文书具有明显的强制性和最直接的法律效力，必须切实遵照执行。第二类公证文书和仲裁文书具有一定的法律意义或证明作用。第三类民用法律文书只有在相应的司法机关受理之后才能发挥推动法律活动进展的作用。

二、法律文书的作用

法律文书是进行各种法律活动和处理法律实务的产物，对各种法律活动的启动和深入发展及法律实务问题的解决都具有明显作用。法律文书在协商、调解、仲裁和诉讼等法律活动中起着实际的推动作用。

1.法律文书是具体实施法律的重要工具

法律文书是实施法律的重要工具。制作法律文书的目的就是为了具体贯彻实施国家某项法律。如刑事诉讼法是为了保证刑法的正确实施，惩罚犯罪，保护人民，保障国家安全和社会公共安全；民事诉讼法目的是为了保障公民、法人的合法的民事权益，正确调整民事关系，保护当事人行使诉讼权利，制裁民事违法行为，保护当事人的合法权益，维护社会秩序和经济秩序；行政诉讼法是为保证人民法院正确、及时审理行政案件，保护公民、法人和其他组织的合法权益，维护和监督行政机关依法行使行政职权。法律文书正是为了保障这些法律的具体实施而制作的：一方面为司法机关提供书面审案依据；一方面维护当事人的合法权益。

2.法律文书是法律行为主体维护自身合法权益的重要手段

当法律行为主体(公民、法人或其他社会组织)的合法权益受到侵犯时，法律行为主体可以在法律规定下实施一定的法律行为，这些法律行为表现为一定的法律文书。法律文书既是法律行为主体获得合法利益的凭证，又是法律行为主体捍卫自身合法权益的武器。

3.法律文书是法律活动的忠实记录

各种法律活动的进行，都必须以一定的文字进行记载。法律文书的制作，具体记录了各种法律活动的整个进程，反映了法律活动的进展情况。如民事诉讼案件的基本程序及其相应的法律文书为：原告起诉(起诉状)—法院依法立案受理(受理案件通知书、民事裁定书)—被告一审答辩(答辩状)—法院一审(民事判决书或民事调解书)—若诉讼当事人对法院一审判决不服可依法提起上诉(上诉状)—法院二审(民事判决书或民事调解书)—生效、执行(执行书)。对正在执行或执行完毕的案件，若诉讼当事人认为法院判决或裁定有错误，可依法提起申诉(申诉状)。可见，各种法律文书都是法律活动进程的文字载体，启动并推动着法律活动的进展。

4.法律文书是宣传法制的现实教材

各项法律的制定，既是为了规范社会之中的各种行为，又是为了教育公民自觉遵守法律。但是，法律条文是抽象而枯燥的，一般公民了解、学习起来十分困难。而各类法律文书是从具体案件中产生的，内容符合法律规范，体现法律的法定要求，而且它以生动具体的案件形式进一步阐释了法律的相关条文，比单纯讲解法律条规更容易发挥作用。因此，法律文书可以普及法律知识，培养公民的法律意识，是一种生动的宣传法律的现实教材。

5.法律文书是检查总结法律活动的凭证和参考

法律文书是法律活动的文字载体和忠实记录。保存法律文书、健全法律文书档案,既可以充当检查总结法律具体实施情况的文字凭证,又可以为进一步修订和改进法律提供参考。我国档案工作有关规定中对司法机关的法律文书档案的保存时间和要求就有明确规定。

第二节　法律文书的分类与特点

一、法律文书的分类

法律文书的分类可以有不同的划分标准,主要有以下几种。

1.依据文书制作主体划分

依据文书制作主体划分:公安机关的侦查文书,包括拘留证、逮捕证、搜查证、释放证明、刑满释放证、询问笔录、证言笔录、尸检笔录、提请批准逮捕书、起诉意见书、取保候审决定书、拘留通知书、立案报告、侦破报告、通缉令等;检察院的检察文书,包括批准逮捕决定书、不批准逮捕决定书、补充侦查意见书、起诉意见书、起诉书、免予起诉决定书、不起诉决定书、抗诉书、公诉词等;法院经常使用的法律文书,包括审结报告、法庭笔录、宣判笔录、对死刑罪犯验明正身笔录、执行死刑现场笔录、判决书、裁定书、调解书、执行通知书、死刑案件综合报告等;公证机关的公证书、证明书、委托证明书等;仲裁机关的仲裁书、律师的实务文书和监狱文书等;公民、法人或其他社会组织自书或委托律师和律师事务所代书的自诉类民用法律文书。

2.依据文书的具体功能划分

依据文书的具体功能可划分为报告类文书、命令类文书、通知类文书、决定类文书、裁判类文书、诉状类文书、笔录类文书等。

3.依据文书的制作方式划分

依据文书的制作方式可划分为文字叙述类文书、填空式文书、笔录式文书、表格式文书。

二、法律文书的特点

法律文书作为处理法律实务的工具,具有许多不同于一般文章的显著特点。

1.主旨鲜明

法律文书的主旨是指法律文书制作主体的写作意图的集中反映。任何一份法律文书都是为了解决一定的法律实际问题而制作的，都有着明确具体的目的：或是维护自身的合法权益；或是履行自己的法律职责；或是记录特定的法律行为；或是反映客观的法律后果。不同性质的法律文书，虽然主旨有所不同，但其制作目的都是明确而单一的。如检察院的起诉书是为了指控某被告人构成某种犯罪，文书中应当叙述犯罪嫌疑人的犯罪事实，列举主要证据，阐明其构成某罪的理由和法律依据。法院的判决书是为了处理某个案件依法处理涉案当事人，就必须写清案件事实，明确案件性质和涉案人员责任，处理理由和法律依据，以及具体处理意见。每一种法律责任都有相对应的构成要件、救济方式和法律依据，每份法律文书的用途都是有针对性、目的单一的。在侵权诉讼中提出违约金的诉讼请求，或在合同诉讼中提出精神损害赔偿，都得不到法院的支持。所以为了更好地发挥作用，法律文书的主旨必须鲜明。

2. 材料客观

法律讲求以事实为根据，所以法律文书对事实的认定要求客观真实，决不允许任意夸大、缩小或歪曲，更不能凭空虚构。从选择材料而言，要选择那些能够表达和证明主旨的材料。从叙述材料而言，也要避免漫无中心、主次不分、详略失当。法律文书叙述事实时要求事实要素必须齐备。叙述事实主要应写明的要素有：刑事案件法律文书叙述事实时要求写明作案（指构成犯罪的事实）的时间、地点、作案人和被害人，作案的目的、动机、情节、手段、造成的后果、作案人的态度，以及证据等；民事、行政类案件的案情叙述则围绕当事人各方的纠纷事实来记叙，包括纠纷的内容及其发生的时间、地点、涉及的人物，纠纷的发展过程（起因、过程、结局），各方的争执意见，以及证据。概括而言，法律文书在叙述事实时要求：写清事实的基本要素；具体叙述关键情节；清楚交代因果关系；抓准记清争执焦点；准确记叙财物数量；叙述事实平实有序。

3. 文书法定

法律文书的内容具有法定性。法律文书是实施法律的工具，它的内容必须符合法律对于某种法律文书的法定要求，正确适用实体法，才能有效地行使法律职责。法律文书的制作也具有法定性。法律文书是司法机关、公正仲裁机构及律师依法行使职权的一种形式，其制作主体是法律赋予拟制权的主体。法律文书的制作程序也具有法定性。它的制作必须于法有据，符合一定的法定程序，也只有按照一定法律程序和法律手续后才能生效，才具有法律效力或法律意义。

为了更准确地实施法律，法律文书在引用法律条文时应当注意：引证法律要有针对性，针对案情引用外延较小但恰恰适合于本案的内容；引用法律条文凡有条款项的，应引到条下的款或项；在不影响文字表述的情况下，尽可能引述法律的条文，但应注意条文文意的完整，不能断章取义；在有关刑事的法律文书中，应先引用我国刑法的有关规定，后引用我国人大常委会的有关决定。

4.格式规范

法律文书在长期的司法实践中，为了提高工作效率，已经形成了固定而规范的格式，由司法部门作出统一规定。如最高人民法院 1993 年试行《法院文书样式》，规范法院使用的各种法律文书。司法部为了配合《刑事诉讼法》的执行，曾于 1996 年 12 月 20 日印发了《刑事诉讼中律师使用文书格式》，对民用法律文书进行规范。2001 年又对它进行合并、修改和增补，并经全国律协刑事业务委员会充分论证，下发了新的文书格式。最高人民检察院 2002 年印行的《人民检察院法律文书格式（样本）》，规定了刑事法律文书 139 种，民事、行政法律文书 15 种，通用法律文书 5 种，共计 159 种文书格式。统一法律文书的格式，便于司法实践。

法律文书的格式规范具体体现为结构的固定和用语的专业。多数法律文书都由较为固定的结构组成，即首部、正文、尾部三部分。首部多要求写清制作机关、文种名称、编号、当事人基本情况、案由或审理经过；正文多由案情事实、处理理由、处理意见组成；尾部一般包括交代有关事项、签署、日期、用印、附注说明等。法律文书要求使用一些固定的专业术语和文书用语，如司法机关制作的部分法律文书都有一些通用的固定用语，并将它们直接印制在格式中，形成固定模板，使用时只需填写当事人姓名、适用于实体法的某条某款即可，比较有利于法律文书的制作。

5.语体特殊

法律文书的语言有其特殊要求。一要用词准确。法律文书的措辞必须精确无误，用词准确，不能产生歧义，不能模棱两可、含糊其辞。二要表述得体。各类法律文书因性质不同、内容各异而各具特色，具体表述时也应注意其中的细微差别。三要逻辑严密。法律文书讲求严密的逻辑性。叙事应将事情的前因后果、来龙去脉交代清楚。叙事和证据应环环相扣。说理应论证严密，观点与材料高度统一。结论应无可辩驳。这些都要求制作法律文书时必须认真推敲，反复斟酌，不断提高语言表达能力。

法律文书制作质量的高低，与案件的处理是否适当、能否更好地实施法律紧密相关。如一份起诉状必须如实书写被告人的犯罪事实和证据，充分阐述指控被告人犯有某种罪行的理由和法律依据。其中，叙述事实必须客观严谨、突出主罪，详略得当、表述得体、用词准确；论证理由必须抓住要害、深刻有力，立论公正、语言中肯，据事说理、以法为据。一份判决书的判决结果更是必须字斟句酌、严格推敲。

第三节　诉状类法律文书的写作

根据实际需要，本节侧重于讲述诉状类法律文书，即诉讼过程中案件当事人或其他诉讼参加人所经常使用的几种自诉类法律文书。这类法律文书俗称“状子”，是民事、刑事、行政案件的当事人为了维护自己的合法权益，依法行使诉讼权利，自书或委托他人代书的向司法机关提出指控、答辩或申诉等法律意见的书状。这些诉状理应由当事人自己书写，但限于一般公民的法律知识比较欠缺，所以目前不论是自然人还是法人，所提出的各类诉状，多数是由律师或法律顾问代书的。律师为当事人代书诉状，也是法律许可的给予当事人法律帮助的重要内容之一。

诉讼类法律文书包括起诉状、上诉状、答辩状、申诉状和辩护词等。根据案件的性质，每一种又可分为刑事、民事和行政三类。下面分别讲述起诉状、上诉状、答辩状的写法。

一、起诉状

(一)起诉状的概念

根据案件性质，起诉状通常称为民事起诉状、行政起诉状或刑事自诉状。

1. 民事起诉状

民事起诉状是公民、法人或其他组织，在其民事权益受到侵害或与其他公民、法人及其他组织发生民事权益争端时，为维护自身的合法权益，作为民事原告，就有关民事权利和义务的争议，向有管辖权的人民法院陈述纠纷事实，阐明起诉理由，提出诉讼要求的法律文书。民事案件发案率高，案由多样。从生老病死到衣食住行，从婚姻、赡养、继承纠纷，到著作权、专利权、名誉权、肖像权纠纷，以及计算机网络域名纠纷，等等，都会引起诉讼。因此，民事起诉状是一种最富实用性的民事法律文书。

2. 行政起诉状

行政起诉状是指公民、法人或其他组织，认为行政机关及其工作人员的具体行政行为侵犯了其合法权益时依据事实和法律向人民法院提起诉讼的文书。

3. 刑事自诉状

刑事自诉状是刑事案件原告或其法定代理人为追究被告人的刑事责任而直接向人民法院提起诉讼的文书。

起诉状的主要作用是启动诉讼程序和反映案件情况。《民事诉讼法》第一百零九条第一款规定：“起诉应当向人民法院递交起诉状，并按照被告人数提出副本。”起诉状不同于人民检察院的起诉书，它是公民、法人或其他组织向人民法院提交诉讼请求、反映情况的自诉文书，人民法院只有在接到起诉状时才会启动诉讼程序。

(二)起诉状的结构和写法

《民事诉讼法》第一百一十条明确规定，起诉状应当记明下列事项：(一)当事人的姓名、性别、年龄、民族、职业、工作单位和住所，法人或其他组织的名称、住所和法定代表人或主要负责人的姓名、职务;(二)诉讼请求和所根据的事实与理由;(三)证据和证据来源,证人姓名和住所。最高人民法院 1993 年所试行的《法院文书样式》的格式对此也有明确规定。如一般涉及合同纠纷的民事起诉状的格式如下。

民事起诉状

原告:

名称:________ 地址:________ 电话:________

法定代表人:姓名:________ 职务:________

委托代理人:姓名:________ 性别:________ 年龄:________

民族:____ 职务:____ 工作单位:________

住址:________ 电话:________

被告:

名称:________ 地址:________ 电话:________

法定代表人:姓名:________ 职务:________

诉讼请求:________

事实和理由:________

此　致

________人民法院

原告人:________(盖章)

法定代表人:________(签章)

____年____月____日

附:合同副本______份。

本诉状副本____份。

其他证明文件____份。

具体而言,起诉状由首部、正文和尾部三个部分构成。

1. 首部

首部包括标题和基本情况。

(1)标题

标题是诉状的名称,一般要反映案件类别和文种,标明是民事起诉状、行政起诉状或刑事自诉状。也可以在前面写清案由,如"××商品房合同纠纷起诉状"。

(2)当事人(原、被告)的基本情况

原告是自然人的,基本情况包括姓名、性别、年龄、籍贯、民族、职业、工作单位和住所。原告是法人或其他组织的,首行写法人或其他组织的名称和地址,次行写法定代表人或主要负责人的姓名、职务和电话。一般还应写明企业性质、工商登记核准号、经营范围和方式、开户银行及账号等项。如果是委托代理诉讼，要写明代理人的基本情况及与原告的关系；如委托律师代为诉讼，要写明律师姓名及所在律师事务所。被告人的写法和内容与此相同。

首部写作要注意以下几点：第一，单位、机关、团体的名称要写全称，所在地址要具体、详细；第二，法定代表人应该是单位、机关、团体的行政主要负责人。

2. 正文

正文部分有三项具体内容，即诉讼请求，事实与理由，证据和证据来源。

(1)诉讼请求

诉讼请求是诉讼所要解决的问题和所要达到的目的，是原告对相关权益的基本主张。如履行或终止合同、要求损害赔偿、给付抚养或赡养费、追索劳动报酬、偿还债务等。这个部分的写作不必写事实，要求简明扼要，不能啰唆、混乱不清。如下面这份商品房买卖合同纠纷的民事起诉状，其诉讼请求是：

1. 解除原、被告双方签订的商品房买卖合同；

2. 判决被告返还原告剩余房款 339 500 元整；

3. 本案诉讼费用由被告承担。

这份起诉状的诉讼请求将合同处置、返还款项及诉讼费用三项请求，简练而概括地分项罗列出来，诉讼请求明确，余款数额具体，让人一目了然。所以说，诉讼请求的写作，内容要合理、合法，事项要明确、具体，文字要概括、简练。

(2)事实与理由

事实和理由部分是诉状的核心内容，目的是用事实来论证当事人诉讼要求的合法性和正确性。在行文方法上，案情事实较为复杂的，一般应先写明纠纷事实或被告犯罪的事实，然后再用专门的段落阐述理由。案情较为简单、法律事实比较清楚的，也可以边叙述事实边阐明理由。在人称表述上，应注意人称的一致性。可以用第三人称的写法，即原告如何、被告怎样。也可以用第一人称的写法，即“我”如何，被告如何。

叙述事实时，要写明被告人侵权行为的具体事实，清楚陈述双方发生权益争执的时间、地点、原因、情节、事实经过，以及其他能说明问题的内容。还要写明当事人双方权益争执或纠纷的具体内容，给原告造成的损失，以及被告一方所应承担的责任。尤其要写清当事人双方争执焦点和分歧，以及被告人侵权行为所造成的后果和应承担的责任。如果原告在纠纷中有一定过错而应负一定责任，也应实事求是地写明，以便法院全面了解事态真相、分清是非。在叙述纠纷事实或被告的犯罪事实时，还必须注意提供能证明所述事实的各种证据（包括证人证言、书证、物证、视听资料等）和证据的来源。

阐明理由时，必须遵循以事实为根据、以法律为准绳的原则。特别是应以法律规定为理论依据，论证当事人诉讼要求的合法性和正确性。具体包括：分析纠纷的性质，说明是非曲直；分析证据，说明起诉所依据事实是真实可靠的；论证权利与义务的关系，说明提出的诉讼请求是合理合法的；引用恰当的法律条文，说明起诉是有法律依据的。阐明理由时，要依据具体法律条款分析被告行为的性质、造成的后果和应当承担的法律责任。如下所列起诉状的“事实和理由”部分。

原告于2008年9月10日与被告签订商品房买卖合同，约定由原告购买被告拟建造的位于××市×××的一套面积为152平方米的商品房，该房屋为××苑B座11号，交房日期为2010年5月1日之前。协议生效后，原告如约向被告一次性支付总房款389 500元。但是，被告却迟迟没有建造该房屋，超过交房日期也未能向原告交付此房屋。直至今日，被告一直违反合同约定，未履行交房义务，导致原告的入住权利无法实现。双方在合同第九条中约定：“出卖人逾期超过45日未能交房的，买受人有权解除合同。出卖人应当自买受人解除合同通知到达之日起30天内退还全部已付款，并按买受人累计已付款的1%向买受人支付违约金。”尽管原告多次向被告主张要求解除合同，返还已付房款，但被告到目前为止只返还给原告房款50 000元，迟迟不予返还剩余房款，未能承担相应的违约责任。现诉诸法院，请求法院判如所求！

此份起诉状的案情比较明了，叙述事实与阐明理由是结合在一起的。其中写清了合同签订的经过、具体内容、纠纷产生的原因、诉讼请求及有关法律、政策依据。

(3)证据与证据来源

写清事实和理由之后，还要写清证据和证据来源。原告应向法院列举所有可供证明的证据，包括证据材料的种类、名称、件数、证据来源及由谁保管，证人姓名、单位、住所，并向法院提供复印件，以便法院调查。

3.尾部

尾部包括三项：一是致送机关名称，即所送交的人民法院名称，写上“此致”，另起一行写“××人民法院”；二是具状人签名并盖章，诉状的右下方由起诉人签名；三是具状日期，注明具体的年、月、日。由律师代书的也应在年月日次行写明。如有附件或附项，应在诉状最后左下方一一注明，分别写明诉状副本几份，物证多少件，书证多少件，格式如下。

此致

××市××区人民法院

具状人：王××

2010年8月31日

附：(1)本诉状一式2份

(2)证据清单1份

(三)例文

【例文 1】

民事起诉状

原告:新西兰 THEATRELIGHT LTD.

地址:6 ROWE STREET,P. O. BOX 13-159 ONEHUNGA AUCKLAND NEWZELAND

电话:64-9-6221187　　　　　传真:64-9-6365803

法定代表人:REX GILFILLAN　职务:董事长

被告:珠海泰立灯光音响设计安装有限公司

地址:珠海市吉大石花西路42号协和大厦五楼

电话:0756-3336476

法定代表人:郑大亨　　　　　职务:董事长

被告:珠海泰立科技有限公司

地址:珠海市吉大石花西路42号协和大厦六楼、九楼

法定代表人:XIN YU ZHENG　职务:董事长

诉讼请求:

1. 判令被告一、被告二变更公司名称,立即停止使用"泰立"名称及不正当竞争行为;

2. 判令被告一、被告二立即停止侵犯泰立调光设备有限公司的"TL"注册商标及不正当竞争行为;

3. 判令被告一、被告二立即删除"泰立灯光"(www. tllighting. com)网站上的不实宣传及不正当竞争行为;

4. 判令被告一、被告二公开赔礼道歉、消除影响并在"泰立灯光"(www. tllighting. com)网站及其各自公司网站的主页、"音响世界企业信息网"(http://pro163. com/)及《珠海特区报》上登载致歉声明;

5. 判令本案诉讼费由被告承担。

事实及理由:

原告与中方股东珠海中粤新通信技术有限公司(以下简称"中粤新公司)于1994年合作成立中外合作企业——珠海泰立调光设备有限公司(以下简称合作公司),地址为珠海市吉大石花西路协和大厦六楼。1997年8月14日,合作公司取得注册"TL"商标。合作公司主要生产、销售调光台、数字化硅箱(柜)、周边设备、灯具等调光设备及其配套件产品,兼营影视、舞台、场馆工程的设计安装,先后承建了深圳大剧院灯光系统改造工程、辽宁艺术中心、天津大剧院、珠海电视中心、珠海市

报业大厦、辽宁艺术中心等工程。经过多年的苦心经营,合作公司在舞台灯光设计、安装领域取得了良好的商誉。

被告一是合作公司总经理郑大亨与其儿媳投资设立的以舞台灯光、音响工程设计为主的有限责任公司,被告二是合作公司的总经理郑大亨之子郑新宇投资设立从事调光设备、舞台灯具的研发、生产和销售,从事影视、舞台场馆的灯光系统设计安装的外商独资企业。被告一、被告二的经营范围均与合作公司相近似,但被告一、被告二却在未经合作公司允许的情况下,擅用合作公司——珠海泰立调光设备有限公司的名称"泰立",将企业分别命名为"珠海泰立灯光音响设计安装有限公司""珠海泰立科技有限公司"。根据《中华人民共和国民法通则》第九十九条第二款"法人、个体工商户、个人合伙享有名称权……"的规定,被告一、被告二的上述行为分别侵犯了合作公司的名称权。

2004年,被告一、被告二共同以"泰立灯光"的名义在www.tllighting.com网站上的首页及其他页面多次使用合作公司的"TL"注册商标对其产品进行宣传,并声称:"'泰立灯光'的品牌是在中国注册的,商标注册证:中国国家商标局1078468号。"根据《中华人民共和国商标法》第五十二条被告一、被告二的上述共同行为侵犯了合作公司的注册商标专用权。

不仅如此,被告一、被告二在www.tllighting.com网站上还进行了其他的大量不实宣传,如在介绍'泰立灯光'的历史时,完全盗用合作公司的历史,声称通过ISO9000认证,并将原本由合作公司承建完成的深圳大剧院灯光系统改造工程、辽宁艺术中心、天津大剧院、珠海电视中心、珠海市报业大厦、辽宁艺术中心等工程称为'泰立灯光'的业绩。网站上公布的'泰立灯光'的地址亦是合作公司地址:珠海市吉大石花西路协和大厦六楼。

原告认为被告一、被告二使用与合作公司相同的名称、地址,并在对外宣传中冒用合作公司的注册商标、公司历史、冒用合作公司ISO9000认证标志的种种行为,已经足以使消费者将被告一、被告二销售的产品和提供的服务与合作公司的产品和服务相混淆。故根据《中华人民共和国反不正当竞争法》第五条的规定,被告一、被告二的行为亦构成不正当竞争,严重损害了合作公司多年来所取得的良好商誉。

对于被告一、被告二侵犯合作公司合法权益的上述行为,本应以合作公司名义起诉。但因合作公司的总经理——合作公司中方股东中粤新公司董事长郑大亨同时担任被告一的股东、董事长,亦为被告二的股东郑新宇的父亲;加之合作公司的中外合作双方于2002年11月发生纠纷,自此,合作公司完全被中粤新公司控制,无法召开正常的董事会、股东会,合作公章亦由中粤新公司掌管。因此,合作公司目前不可能对被告一、被告二提起诉讼。故原告以合作公司股东身份提起股东代表诉讼,请法院根据《中华人民共和国民法通则》第一百一十八条、第一百二十条第二款的规定，支持原告的诉讼请求。

此致

珠海市中级人民法院

具状人：新西兰 THEATRELIGHT LTD.

2004 年 11 月 5 日

（选自素材天下网）

【例文 2】

刑事自诉状

自诉人（附带民事诉讼原告人）：张某某，男，36 岁，个体工商户。家住××县××乡××村 9 组。

被告人（附带民事诉讼被告人）：陈某，男，24 岁，无业。家住××县××镇××街。

案由：故意伤害

诉讼请求：

1. 追究陈某故意伤害的刑事责任；

2. 判决陈某赔偿自诉人经济损失 18 000 元的民事责任。

事实及理由：

2009 年 6 月 29 日上午，陈某、何某（已死亡）与王某等人到自诉人经营的饭馆寻衅。自诉人劝阻，陈某等人非但不听，反而共同殴打自诉人，致自诉人受伤。经医院治疗，花去医药费 16 000 元，并支付交通费 200 元，误工费 1 800 元，各项经济损失共计 18 000 元。经司法鉴定，自诉人伤势为轻伤。

案发后，王某主动认错，并支付医药费 10 000 元。自诉人决定不再追究王某的责任。

陈某故意伤害自诉人，应当追究刑事责任；同时由于给自诉人造成经济损失，亦应承担民事赔偿责任。请依法判决。

此致

×××人民法院

自诉人：张某某

2009 年 10 月 10 日

附：1. 本诉状副本 2 份。

2. 证据材料清单。

（四）起诉状的写作要求

起诉状是一种说理性很强的法律文书，关键是把理由写好。写清事实的目的，也是为了有力地阐明理由。叙述事实要按照事件发生、发展的顺序，围绕中心来写。先写当事人争执的情况，后写争执的原因和焦点。理由部分应先高度概括纠纷事实，逐条阐述起诉理由。证据及证据来源应能充分证明所述事实和理由。这样，诉讼请求才能在事实与理论两个层面都获得支撑。

二、上诉状

（一）上诉状的概念

上诉状是民事、行政或刑事案件的当事人对地方各级人民法院作出的第一审民事、行政、刑事判决或裁定不服，按照法律规定的程序和期限，向上一级人民法院提起上诉，目的是撤销一审判决，发回重审或予以改判的诉讼文书。

根据案件性质，上诉状通常称为民事上诉状、行政上诉状或刑事上诉状。

（二）上诉状的结构和写法

上诉状分为三部分：即首部、正文、尾部。

1.首部

首部包括标题和当事人基本情况。标题写明上诉状性质即民事、刑事或行政上诉状。当事人基本情况应写明的项目与起诉状相同。

2.正文

正文包括案由、上诉请求和上诉理由。

案由应当写明对何案不服进行上诉。格式上比较程式化，一般这样写："上诉人因××一案，不服××人民法院××年×月×日××字第×号的民事（或行政、刑事）判决（或裁定），现提起上诉。"

上诉请求和上诉理由是上诉状的核心内容。应针对原审判决、裁定中的不当之处，如原审判决对事实的认定、对法律的适用，以及诉讼程序方面是否正确、合法等问题，提出不服的理由和依据。如果是事实认定上有错误，包括某种行为事实不存在，或事实有重大出入，或缺乏证据，上诉状就要用确凿的证据说明事实真相，全部或部分否定原审裁决所认定的事实。如果是在认定案件性质、确定罪名，以及适用法律作出的处理等方面有误，就应从法律理论上论证和引用具体的法律根据，指明原审裁决在适用法律方面的错误。如果是违反诉讼程序方面的错误，如是否应当回避，是否应当指定辩护人、审判方式应否公开，审判组织是否合法等，也应根据相关法律条款，指出原审在违反诉讼程序方面的错误。

上诉请求和上诉理由的写法，应紧扣原审裁决中的问题阐述理由。先简要概括原审裁决内容，再针对原审裁决在事实认定上的错误，辨明事实，说明事实真相。这种叙述文字不同于起诉状中的叙述，应简明扼要，针对性强，力求用证据说明问题。针对适用法律和诉讼程序的问题，直接对其不当之处申述理由即可。

3.尾部

上诉状与起诉状的尾部一样包括三项：一是致送机关名称，只是所送交的是上一级人民法院，如"××中级人民法院"或"最高人民法院"；二是上诉人签名并签章，诉状的右下角是上诉人签名；三是具状日期，注明具体的年、月、日。由律师代书的也应在年月日次行写明。如有附件或附项，应在诉状最后左下方一一注明。

上诉状是针对原审判决或裁定中的不当之处而写作的，其观点与原审判决观点是反对关系。因此，写作时应该有破有立，一方面要注意反驳原审判决观点；一方面也要从正面立论论证上诉请求。

(三)例文

【例文3】

行政上诉状

上诉人：××省工商行政管理局

法定代表人：曹××，××省工商行政管理局局长。

委托代理人：顾××，××省工商行政管理局经济监督检查处副处长。

委托代理人：胡××，××省工商行政管理局经济监督检查处科员。

被上诉人：××县水产供销公司

因不服××市中级人民法院(××)行判字第×号判决，提出上诉。

上诉理由：

原判认为，"××年鳗鱼苗的收购价国家只规定最高限价，没有规定最低保护价，下调不在文件规定范围之内。××县物价局征得××市物价局同意，作出同意下调部分应视为有效，不作压价论处。"因此撤销×月×日至×月×日压价收购非法所得部分，将上诉人原复议决定认定的"非法所得金额812 774.83元变更为299 874.93元"。上诉人认为原判认定事实有误，适用法规不当，作出变更的理由不能成立。

一、××县物价局同意鳗鱼苗收购价格下浮的批复是无效的。根据国务院办公厅《关于发展鳗鱼生产、控制鳗鱼苗出口的通知》规定："鳗鱼苗收购由国家规定最高限价。具体价格由农牧渔业部、经贸部、国家物价局共同商定，一年一定。"农牧渔业部、经贸部、国家物价局《关于××—××年度鳗鱼苗收购价格的联合通知》规定："××年度白仔鳗鱼苗的收购指导价为每公斤3 000元，各地可根据苗情、季节和国际市场行情等实际情况适当上下浮动，但每公斤不得超过4 000元。""各地要加强领导，按照《通知》精神和省人民政府的规定制定具体管理办法。"省政府办公厅××年×月×日《关于加强鳗鱼苗生产、收购和出口管理的通知》规定："对捕捞者的鳗鱼苗收购价格，要与毗邻省市衔接，暂经省规定每公斤在3 000～3 500元之间。具体价格由各市确定。价格需要超过3 500元的，必须经省经贸委和省物价局批准，但最高不得超过4 000元。"由此可见，国家物价局、对外经济贸易部、农牧渔业部对鳗鱼苗收购的价格是一年一定的，而将具体价格的制定权下放给有关的省、市人民政府。××年×月×日，省政府在制定暂定价的同时把允许浮动范围内的具体价格制定权下放给了各市人民政府。我们认为3 000元是下限，3 500元是上限，允许各市定价的浮动范围非常明确，在浮动范围内的定价权属各市政府。

××年×月底，省粮油进出口分公司电告各地："接总公司通知，从×月×日起苏沪浙付给渔民的鳗鱼苗收购价下调为每公斤2 000元，经向省政府办公厅汇报并取得同意按期执行，××地接受价一律按新价加成30%结算，苏北鳗鱼苗场产地调价由15%改为20%，请各市县外贸立即按此电执行并转告当地政府物价水产等有关部门。"以后又3次调整收购价，并要求"立即转告当地政府、物价、水产及收购站"。可见，××年×月×日以后，鳗鱼苗收购价的实际制定权并没有下放给市、县任柯部门。

省物价局××价农学(××)第×号通知所附的《××省省级以上管理农副产品价格品种目录》把鳗鱼苗列为"省主管部门掌握的品种"。

上诉人认为，××市物价局本身无调整鳗鱼苗收购价格的权力，更没有权将价格权下放给××县物价局。因此，××县物价局同意下调收购价的批复是无效的，不合法的。

二、判决书认定的事实与实际情况有出入。判决书认定，××县水产公司在省粮油进出口分公司通知规定的收购价格的基础上分别下降30%，实际上该公司给渔民的收购价多数低于规定价的30%，如×月×日至×月×日，规定的收购价是每公斤××元，下降30%应是1 400元，扣除资源保护费，实付给渔民应是1 250元，而该公司付给渔民的收购价是1 050元、1 000元不等，最低的只有400元。×月×日至×月×日规定的收购价是每公斤1 000元，下调30%应是700元，扣除资源保护费，实付给渔民应是550元，而该公司付给渔民的收购价是400元、300元不等，最低的只有220元。该公司在3月18日至3月31日期间收购的1 000多斤鳗鱼苗中，价格下调30%以内的不到10%，90%压得还要低。

三、判决书对××市物价局授权××县物价局制定鳗鱼苗的价格的认定证据不足，法院未能当庭出示有关书证、物证，唯一的一份书面材料是案发后××市物价局给法院写的所谓证明材料。上诉人认为该材料反映的情况是不真实的。××市物价局自称，因为全市只有××县水产公司一家收购鳗鱼苗，故授权××县物价局定价。事实是××市水产公司、××县水产公司均收购鳗鱼苗，为何只给××县物价局授权?

四、判决书没有维护渔民的利益。省粮油进出口分公司在下达鳗鱼苗收购价格的同时明确规定，外贸接受价是在给渔民收购价基础上加30%，××县水产公司与外贸的结算价是按省规定收购价基础上加30%的，并没有按规定收购价付给渔民，明显是有意压价，侵害渔民的合法权益。判决书认定该公司因压价少付给渔民的40多万元的收入是不合法收入，是支持了该公司侵害渔民利益的行为，而没有维护渔民的合法权益。

综上所述，为严肃物价纪律，维护渔民的合法权益，维护社会主义经济秩序，严肃法纪，请求撤销原判，维持上诉人对被上诉人压价收购鳗鱼苗所作的《复议决定》。

此致

××市中级人民法院转送

××省高级人民法院

××省工商行政管理局

××年×月×日

【例文4】

民事上诉状

上诉人（原审原告）：黄××，男，××年××月××日出生，电话：138××××××××，住址：厦门市××号××室

被上诉人（原审被告）：厦门市××宽带网络服务有限公司，法定代表人：汪×× 总经理，地址：厦门市××路456号××中心六楼，电话393××××。

上诉人因服务合同纠纷一案，不服厦门市思明区人民法院于2004月12日3日做出的(2004)思民初字第852号判决，现提出上诉。

上诉请求：

1.请求判令撤销厦门市××区人民法院作出的(2004)××初字第852号判决书；

2.判令被上诉人赔偿上诉人2003年9月至2004年元月期间共五个月服务费的两倍，即赔偿上诉人人民币800元；

3.判令被上诉人停止其限速、封BT的违约行为，继续履行并且全面履行尚未履行的合同义务；

4.判令由被上诉人承担本案的全部诉讼费用。

事实与理由：

一、原审判决中关于双方无争议事实的认定有错误，一审判决书第3页倒数第7行“长宽局域网带宽”应该为“互联网接入带宽”，即应为“2003年9月起原告的互联网接入带宽为上行1 Mbps，下行1.17 Mbps”，一审辩论时双方均为此主张。

二、为避免混淆，上诉人再次明确主张。双方合同约定被上诉人应提供的基本服务，上诉人的主张是互联网（亦称Internet、因特网）接入服务，而不是接入网络服务，也不是互联网络服务；双方合同约定的10 Mbps带宽（或接入带宽），上诉人的主张是互联网（因特网）接入带宽，而不是接入网络带宽，也不是互联网络带宽。

三、一审判决认定被上诉人不存在欺诈行为，其认定是错误的。1.被上诉人在答辩状中称其向上诉人提供的基本服务是“接入网络服务”，而双方签订的合同明确约定基本服务是“Internet（亦称互联网、因特网）接入服务”，很显然被上诉人故意隐瞒了其所提供的服务的真实情况，误导消费。根据《最高人民法院关于贯彻执行〈民法通则〉若干问题的意见》第六十七条“一方当事人故意告知对方虚假情况，或者故意隐瞒真实情况，诱使对方当事人作出错误意思表示的，可以认定为欺诈行为”之规定，被上诉人的行为应当被认定为欺诈行为。2.上诉人所提供的，并且已被一审法院所确认的证据，已经充分证明双方对带宽的约定是10 Mbps互联网接入带宽。用户手册和《长城宽带用户协议书》中约定“24小时与Internet相接，接入带宽高达10/100 Mbps”、“Internet接入服务”，也就是10 Mbps接入带宽的互联网接入服务，通常理解就是10 Mbps互联网接入带宽，对此被上诉人在一审辩论中已承认，只是辩称应依据《计算机信息网络国际联网管理暂行规定》来解释，而显然该法规并不适用本案。3.一审判决中“但从原告向被告支付每月80元服务费的代价来看，其要求被告提供接入互联网骨干网10 Mbps的带宽，不符合民事法律关于民事活动应遵循的公平和等价有偿原则。”因此而认定被上诉人不存在欺诈行为，显然是错误的。上诉人的理解并不是在合同订立时上诉人站在有利地位要求被上诉人做出不公平、不等价的承诺，而是被上诉人故意隐瞒其真实情况造成的。根据《民法通则》第四条的规定，民事活动不但应当遵循公平和等价有偿原则，而且还应当遵循诚实信用的原则。认定行为人是否存在欺诈行为，应当依据诚实信用原则，以及《最高人民法院关于贯彻执行〈民法通则〉若干问题的意见》第六十七条的规定。4.如果说“80元与10 Mbps带宽的互联网接入服务不成等价”，那请问80元与多少Mbps带宽的什么服务成等价？

四、双方的合同关系并非因上诉人三个月未续缴费而终止。事实上，上诉人在合同的有效期限中向被上诉人办理暂停手续，被上诉人（厦门××宽带公司）无理予以拒绝，之后上诉人向被上诉人续缴费用，而被上诉人依然无理予以拒绝。被上诉人厦门××宽带公司的市场部经理胡××在福建电视台4套表示在诉讼未结束前不办理上诉人的暂停或续缴费用的手续，同时表示上诉人办理暂停或续缴费用是不存在任何意义的。在这样的情况下，上诉人还有什么其他有效措施可以续缴服务费？因此并不存在上诉人“未采取其他有效措施续缴服务费”的事实。且合同并未约定被上诉人××宽带公司有单方终止该协议的权利。因此双方之间的合同关系并不是由于上诉人的原因而终止，而是被上诉人单方面拒绝履行义务。因为被上诉人首先拒绝上诉人办理暂停手续，其行为已经违反了双方之间的合同约定。就目前来讲双方之间的合同状态是暂停服务状态，因为2004年3月30日上诉人已经按照合同约定前往被上诉人住所地办理暂停服务的手续，并不因为被上诉人不履行办理手续而改变双方之间的合同状态为暂停服务状态的事实。

五、一审判决认定被上诉人的行为构成违约，但最终的判决结果却未判定被上诉人承担任何违约责任，事实上是纵容被上诉人继续违约、任意侵犯消费者合法权益。一审法院片面理解上诉人的诉讼请求，上诉人请求法院判令被上诉人继续履行合同义务，是针对合同义务中尚未履行的部分。事实上被上诉人已经拒绝办理上诉人的续缴费用、暂停手续；明确表示在提供基本服务时依然采取限速、封BT的措施；明确表示不办理上诉人续缴费用、暂停等业务手续，并以此拒绝履行合同义务。根据《合同法》第107条、第108条的规定，上诉人可以要求被上诉人继续履行其尚未履行的合同义务，并且要求被上诉人在继续履行合同义务时，应当依合同约定全面履行，即履行办理手续、停止限速、停止封BT。

综上所述，被上诉人所提供的服务不符合双方关于"10 Mbps带宽的互联网接入服务"的约定，侵犯了消费者的合法权益，且声称是上诉人错误理解了合同的内容。但一审法院却没有采信上诉人提供的证据材料，在没有查清事实的情况下，错误地认定被上诉人不存在欺诈的事实，且在认定被上诉人违约的情况下不支持上诉人提出的承担违约责任请求，上诉人认为一审法院判决有失公允。故此，上诉人为了维护消费者的合法权益，依据《民事诉讼法》第一百四十七条之规定，向贵院提起上诉，望给予公正裁决。

此致

厦门市中级人民法院

上诉人：×××

××年×月×日

附：1. 本上诉状副本1份。

2. 书证1份。

(四)上诉状的写作要求

1. 针对性强

上诉状是针对原审判决或裁决中的不当之处所作的反驳，一定要紧扣原审判决和裁决进行。

2. 理由充分

必须在辨明事实、有充足的法律依据的基础上充分阐明上诉理由。

三、答辩状

(一)答辩状的概念

答辩状是指刑事案件、民事案件或行政案件的被告人和被上诉人，在收到起诉状或上诉状副本以后，在法定期限内，针对起诉或上诉的请求和理由向人民法院作出答复或辩驳的一种书状。答辩是被告人、被上诉人的诉讼权利，它有助于辨明是非正误、有罪无罪。我国诉讼法明文规定，被告人或被上诉人都有申诉的权利，都有权提出答辩状。

答辩状是与起诉状和上诉状相对应的文书。根据案件性质的不同，答辩状可分为民事答辩状、行政答辩状和刑事答辩状。按照案件审理程序，答辩状可分为一审程序上的答辩状和二审程序上的被上诉答辩状。答辩状也可以由代理人代写。

(二)答辩状的结构和写法

答辩状同样包括首部、正文和尾部三部分。

1.首部

首部包括标题和当事人的基本情况。答辩状的标题在一审与二审中有所不同。一审期间的写为刑事答辩状、民事答辩状和行政答辩状，二审期间写为刑事被上诉答辩状、民事被上诉答辩状和行政被上诉答辩状。标题要反映案件类型和文种名称。当事人基本情况的填写要求与起诉状、上诉状一样。

2.正文

正文是答辩状的主体，包括事由、答辩理由和答辩意见(答辩请求)。

(1)事由

一审答辩状一般写为："因××一案，根据起诉状所列事实、理由和请求，现答辩如下"或"答辩人于××年×月×日收到××人民法院交来原告因××一案的起诉状的副本，现提出答辩如下"。二审答辩状一般写为："为×××(姓名)诉××(事由)一案，上诉人不服原判，现就上诉状所列各点，答辩如下"或"××年×月×日接到上诉人×××的上诉状副本，现提出答辩如下"。

(2)答辩理由

答辩意见应当针对原告在诉状中提出的诉讼请求、所依据的事实和理由，或上诉人在上诉状中提出的上诉请求和理由进行辩驳。答辩状要有的放矢、切中要害。不仅要针对起诉状或上诉状中所提出的请求事项、事实和理由进行申辩，而且应当提出相反的事实、证据和理由，证明自己提出的理由是正确的，要求是合理的。对起诉状或上诉状中真实的事实、合法的理由，不能妄加否定或诡辩。涉及事实有误的，要说明事实真相；涉及指控的罪名、法律责任等问题，要根据事实和法律，进行有理有据的答辩。答辩理由应实事求是，以理服人，不能隐瞒、歪曲事实，强词夺理或曲解法律，提出不合理要求。

(3)答辩意见

答辩意见是在充分阐明答辩理由的基础上，概括地提出结论性的意见与要求。附列证据和证据来源、证人姓名和地址。

3.尾部

尾部首先写明呈文对象，即致送法院名称；其次是答辩人签名、盖章；最后是具状年、月、日。如答辩状为律师代写，还要注明代书人。

(三)例文

【例文5】

答辩状

答辩人：青岛××船务代理有限公司

法定代表人：姚××，经理

住址：略

被答辩人：山东××进出口有限公司

法定代表人：何××，董事长

答辩人与被答辩人货运代理合同纠纷一案，因被答辩人不服青岛海事法院青海法海商初字第53号判决一案所提上诉。答辩人依照事实和法律提出答辩。答辩的理由和根据如下。

1.答辩人认为一审法院认定事实基本正确，没有歪曲、曲解法律，××(或“被告”)辨认的上诉理由不能成立。

本案的焦点在于公司法人人格的混同。但是无论在一审还是二审上诉人(被告山东××进出口有限公司)的上诉状中，上诉人均未提出像样的证据来证明自己公司人格的独立性，也未对答辩人(原告)关于被上诉人人格混同证据提出能进行否认的证据。相反，在一审庭审中，上诉人对混同经营、滥用公司法人独立地位，描述为“节约成本”。因此，实际上上诉人也无法否认其滥用公司法人独立地位。

2.上诉人认为“上诉人是由诸葛××、何××等5人投资设立的公司，具备独立的股东、合法的资本、健全的账务等法人的必须条件，是一个完全独立的法人”。对于这一点，答辩人及一审法院并没有否认。因为公司人格否认是以公司人格合法、有效的存在为前提条件。从逻辑上讲，若公司的独立人格根本不是合法的存在，也就无所谓股东滥用公司人格的行为，更谈不上以此为据否定法人的独立人格。

本案中，上诉人一方面做着股东滥用对公司的控制权，操纵公司实施有损公司自身利益的事，是公司形骸化的自损行为(这一点答辩人在一审时律师的代理词中已说得很明确了)；另一方面，上诉人又利用公司人格的独立原则，抗辩债权人的债权，妄想达到规避法律的目的，是行不通的。上诉人对公司的自损行为违背了权利不得滥用的原则和诚信原则，因此理应对其公司人格予以否认。

3.答辩人在二审中再次提出四份证据(见证据1、2、3、4)。这几份证据还是要说明上诉人与被上诉人山东美食食品有限公司的业务和客户相同。而这种相同并不是上诉人所谓的“一审法院仅以上诉人与被上诉人山东美食食品有限公司的部分业务与客户相同，就否认了上诉人的独立人格，是以偏否全”。它是全部的证据链中重要的一环，它不仅仅是业务的混同，而是事实上的业务资源的转移。如果将这种“部分业务与客户相同”从整个证据链中割裂开来，那才是真正的以偏否全。

4. 上诉人似乎有许多的“不明白”。这也难怪，如果将三家公司的财务、业务、机构、人员高度混同，甚至今天用这家公司的名义做业务，明天为了逃避债务又用另一家，后天又在考虑如何建立另一家公司，他如何能分得清，又怎样能够“明白”呢？

从以往的司法实践来看，像这种“公司法人人格”否认的案件中，原告方往往处于弱者的地位，并且多以缺乏有效的证据而苦于投诉无门。然而，本案中，上诉人却总是玩弄嘴上功夫，拿不出实质性的东西，这才是答辩人所“不明白”的。

5. 最后须阐述一下对一审判决的一点看法，答辩人认为，一审法院既然已认定诸葛××为三家公司（被告）的实际控制人，又以“无证据证明诸葛××的股东身份，没有证明诸葛××的财产与公司财产混同”，否认了答辩人要求诸葛××连带承担美食公司债务的诉讼请求，是不妥的。最高人民法院于 2003 年 11 月 4 日向社会公布《关于审理公司纠纷案件若干问题的规定（一）（征求意见稿）》第 48 条确立了“公司法人人格否定”制度，第 49 条、第 50 条、第 51 条分别规定在以下几种情况下，债权人有权提出“公司法人人格否认”之诉，直接要求控制股东对公司债务承担连带责任：(1)过度控制（滥用公司法人人格）；(2)实质一人公司（即控制股东与公司两者资金混同、业务混同、财务混同，以至无法区分哪些属于控制股东所有，哪些属于公司所有）。新《公司法》第 64 条对于一人公司股东采取了法人资格滥用推定的态度，即举证责任倒置的态度。倘若一人公司的股东不能证明公司财产独立于股东自己的财产，就应当推定一人股东滥用了公司法人资格。因此答辩人认为仍须追究一审第四被告的法律责任，由诸葛××与山东××进出口有限公司、山东××公司共同对山东美食公司的债务承担偿还责任，还法律的公平与正义。

综上所述，答辩人认为一审判决认定事实基本清楚，适用法律正确，审判程序合法，依法应予以维持。被上诉人的上诉请求没有事实和法律依据，依法应予驳回，并应判令上诉人承担本案一审和二审诉讼费用。

此致

山东省高级人民法院

答辩人：青岛××船务代理有限公司

2006 年 11 月 16 日

另附证据：1. 山东××食品有限公司提单

2. 该份提单的委托书

3. 山东××进出口有限公司提单

4.该份提单的委托书

上述证据证明,两家公司的客户、业务、人员、联系方式,乃至行文格式高度一致。

5.诸葛××与何×的夫妻关系状况。

(四)答辩状的写作要求

1.针对性强

与上诉状一样,答辩状是针对原告或上诉方的指控,所进行的有理有据的答辩,其针对性非常强。答辩时应集中答辩对方的指控,不宜旁生枝节。

2.据实说理

答辩状必须依据事实和法律进行答辩,不能为了反驳指控而歪曲事实。

思考与练习

一、简答题

1.法律文书有哪些特点?

2.起诉状的正文部分应写明哪几项内容?

二、写作题

1.根据下面材料,拟制一份起诉状。

2009年10月25日,张××,男,汉族,以机修工身份进入×××玻璃制品有限责任公司工作,成为公司职工,月工资3 650元,至解除劳动关系时满一年仍未签订劳动合同。2010年6月24日上午,张××在管制瓶车间修理2号机时,因电机两根三角皮带突然启动,致张××右食指挤压离断伤,右食指中节指骨开放性粉碎性骨折,当天即送入景德镇市第二人民医院抢救,共住院152天,花费医疗费29 538.29元(公司已付)。因事故的发生,×××玻璃制品有限责任公司扣除了张××同年8月份工资2 405元,当月实发工资1 245元。2010年12月14日,市劳动局认定张××为工伤,并于同年12月18日鉴定张××为劳动能力伤残十级。张××对此鉴定结论不服,于2010年12月29日向江西省劳动能力鉴定委员会申请再次鉴定,该委会重新鉴定后认定申诉人构成丧失劳动能力伤残九级,张××于2011年3月17日签收该鉴定结论通知书。

2010年12月27日,张××与×××玻璃制品有限责任公司解除劳动关系,×××玻璃制品有限责任公司未依法为申诉人缴纳工伤保险。张××认为,依据《劳动合同法》、《工伤保险条例》、江西省实施《工伤保险条例》若干规定等规定,×××玻璃制品有限责任公司应支付医疗费29 538.29元;住院伙食补助费152天×20元/天=3 040元,营养费152天×20元/天=3 040元,护理费152天×68.6元/天=10 427元,劳动能力重新鉴定费160元,交通费酌情1 000元;一次性伤残补助金 3 650 元/月×8 个月＝29 200 元，一次性工伤医疗补助金 3 650 元/月×16 个月＝58 400 元，一次性伤残就业补助金 3 650 元/月×8 个月＝29 200 元；支付申诉人解除劳动合同经济补偿金 5 475 元；返还扣除的申诉人工资 2 405 元；共计：189 797 元。

张×× 持有《工伤认定书》、《工伤职工劳动能力再次鉴定结论通知书》、出院记录、医院疾病报告书、医院住院收据、工资明细表、二院术前小结，手术记录单及疾病诊断报告单。他计划委托律师代书起诉状。

2. 根据上述材料，请代×××玻璃制品有限责任公司拟制一份答辩状。

第六章 礼仪文书

我国是一个文明古国，也是世界上有着悠久历史的礼仪之邦，“礼”起源于远古时期的巫术仪式。古人祭祀、祈求神灵保护，《说文解字》里解释：“礼，履也，所以事神致福也”，意思就是祭祀神明祈求福气的仪式。后来周公制礼作乐，去掉了神秘性，保留了神圣性，完成了巫术仪式的理性化，形成了礼仪。之后孔子把“礼”作为君子人格修养的手段与体现，从此，“礼”成为中国人的一种生活态度、行为方式。

随着现代社会生活的发展，人们的交往日益频繁，交际方式日益增多。根据不同的需要，在不同的场合，针对不同的对象，运用恰当的文字工具处理社会中各种人际关系，已成为人们适应现代社会生活的必然要求，礼仪文书恰恰满足了这种要求。

迎来送往、节日庆典、婚丧寿贺、致谢慰问等各种礼仪和仪式活动中，都必然会使用各种礼仪文书。它是人们在日常工作和生活中进行文明交往、传播信息、密切人际关系、增强友好气氛、显示礼貌风范的一种重要的、必不可少的社交工具。尤其是现代社会，写好、用好礼仪文书，对于人与人之间关系的调和，促成事业的成功，以及幸福生活的获得等都是非常有意义的。为了更好地适应瞬息万变的现代社会，我们一定要努力学习并熟练掌握礼仪文书的写作及运用。

第一节 礼仪文书的概念及作用

一、礼仪文书的概念

礼仪，即礼节和仪式的总称。礼仪文书是指国家机关、企事业单位、社会团体或个人在各种社会交往、礼仪活动或商务活动中，为一定的礼仪目的或在各种不同礼仪场合，根据不同情况，遵循相应习俗和人情，用以沟通感情、增进友谊、改善关系时所撰写的礼仪文字材料。礼仪活动中使用的各类文书统称为礼仪文书。

二、礼仪文书的作用

在现代社会中，对于各类企业单位来说，礼仪文书的写作及运用，谋求的不是直接推销商品，而是通过间接方式帮助企业、单位及各种服务部门树立良好的形象，与内外公众沟通信息，协调关系，扫除相互关系中的障碍，谋求合作与信任，以便获得尽可能多的经济效益和社会效益。

在人际交往过程中，礼仪文书承担着沟通个人、单位、集体之间情感，增进友谊、密切联系、交流感情的作用，如慰问信、贺电（函）、感谢信、致辞等，借助文字工具，在特定场合、特定时间，通过礼节性和规范性用语，传达彼此之间的思想和感情，增进了解和信任，建立良好关系。因此，对于现代人来说，熟悉、能写、会写各种礼仪文书，是一项必备的基本功。

此外，礼仪文书既能将个人或单位等想要传达的信息传递出去，又能通过规范的行文表达喜庆、祝贺、悼念、感谢等礼节。这种融合生活化、情感化和礼节性为一体的礼仪文书所承担的传递信息、表示礼节的功能是其他各种文书形式所不能取代的。某些礼仪性文书，如讣告、聘书等，还承担着告知事项和处理事务的功能。

第二节　礼仪文书的分类与特点

一、礼仪文书的分类

自古至今，礼仪应用文种类繁多、体裁各异、内容广泛，没有严格的分类标准。本书从社交礼仪的特点、使用范围等角度分为以下几类。

1. 社交类

在人际交往或社会活动中，为促进双方关系的友好发展，同时又体现人们文明的交流方式，在礼仪场合经常使用的文书。如邀请函、请柬、感谢信、慰问信、表扬信、致辞等。

2. 婚丧嫁娶类

常见文种如讣告、悼词、唁电、挽幛、祭文、墓碑文等。

3. 诚信类

常见文种如保证书、决心书、倡议书等。

二、礼仪文书的特点

礼仪文书作为现代公共关系、礼仪活动和社会行为的重要组成部分，既是公共部门、社会企业与广大公众沟通信息的传播载体，又是一种礼仪行为在精神和意识方面的体现。礼仪文书有如下几个特点。

1. 交际性

礼仪文书最突出的特点就在于它的交际性。礼仪文书主要体现交际双方或多方的喜好、愿望、情感，反映的是一种“双边”或“多边”关系，只不过它是采用书面形式来互相接触、互通信息，以达到相互了解、彼此吸取对方的长处和积极因素的目的，为增进友谊、加强合作、促进人际关系的和谐起催化剂作用。

2.情感性

一般文书要求“用事实说话”、“以理服人”，礼仪文书由于其特殊性质，不仅要“以理服人”，更要“以情动人”，具有强烈的情感性和感染力。它实际上是人们进行情感交流的一种书面形式。所以，礼仪文书的写作不只是写作技巧问题，首先应考虑它们需要表达一种什么样的感情，感情的深度如何，然后再考虑采用哪种格式，如何遣词造句。这样才能做到情理交融，文情并茂，真挚感人。

3.礼仪性

作为社交礼仪活动的载体，礼仪文书注重“以礼相待”，强调因人、因事、因地、因时地待人接物，要求遵循约定俗成的礼仪规范，充分考虑和尊重对方的情感、意愿、习俗和爱好。上至全社会通行的人生重大礼仪活动，如婚丧嫁娶、生辰寿诞、节日庆典等，下至日常交际往来应酬，如答谢辞行、邀约请托、道歉致谢、勉励规劝等，大多是用书面的文字材料加上礼仪活动，来充分地展示丰富的礼仪内容。不仅用词典雅、称谓谦恭、祝颂礼貌，而且在书写款式、书写材料等方面也颇为讲究。礼仪性是礼仪文书区别于其他应用文体的一个重要特点。

4.规范性

与其他形式的应用文体一样，各种礼仪文书也有自己固定的格式和规范，不同的文书适用于不同的范围和场合，以及特定的格式和写作要求。当然，礼仪文书的写作要求，并非如法定的党政公文那样经权力机关用法定文件规定下发，它的体式、制发、效能都是在民间实际运用中约定俗成的。运用时应严守各种体式和用文规范，按要求去撰写。如书信写作中，不仅称谓语、开头、结尾的应酬和问候祝颂语有很多讲究，而且也要注意行文中书写的款式，即以抬头表示尊敬，以侧写表示谦逊等。如果用错了对象、用错了场合或不合于情境名分，就会伤感情，影响交际效果。

第三节　礼仪文书的写作

一、邀请函、请柬

（一）邀请函

1.邀请函的概念

邀请函，又称邀请信、邀请书，指个人、社会团体、企事业单位或各级行政机关邀请有关人士参加某项会议、工作、交际或洽谈业务等社会活动时所使用的专用礼仪信函。邀请函可以加强社团之间或个人之间的联系和友谊，深化某种正面氛围，扩大某种正面影响。同时发出邀请也是为了表示正规和重视。

邀请函和请柬是党政机关、企事业单位、社会团体和个人均可使用的社交书信，是人们日常工作和生活中常用的应用文种之一。

2.邀请函的结构及写法

邀请函主要表达：向谁邀请？为什么邀请？邀请做什么事情？希望受文者接受邀请。谁邀请？邀请的具体时间？全文结构通常为：标题＋称谓＋正文＋署名＋日期。

(1)标题

标题可直接以文种“邀请函”三字作标题；也可由致函者、事由、文种构成标题，如《重庆市人民政府　中华人民共和国商务部关于邀请参加 2008 年(重庆)全球采购会的函》；或以致函者＋致(给)＋受文者、文种构成标题，如《××××有限公司致××××办事处的邀请函》。标题居中书写，长句可分行居中书写。

(2)称谓

称谓即对受文者的称呼，受文者可以是被邀请的个人，也可以是被邀请的单位。如果是个人，往往在姓名后标识职务或职称，如“×××教授、经理、主任”等，或写“×××先生、女士、小姐”等也可以；如果是单位，单位名称应当用全称或规范化的简称。居左顶格书写，后加冒号。作为礼仪性文书，可在受文者前加上“尊敬的”、“尊贵的”等定语，以示礼貌。

(3)正文

正文一般包含前言、邀请事项、结尾三部分。前言通常说明邀请函的背景、意义、根据等；事项部分具体明确地阐明会议或活动的名称、内容、方式、时间、地点等。如果是邀请对方观看演出，一般附以入场券。如果有其他要求，如“请准备发言”、“请准备节目”等要加以注明。末尾表示欢迎、邀请或盼望对方光临，常以“诚挚邀请”、“敬请光临”等祝颂语作结，尾语写法或尾随文末，或转行居左空两格书写。

(4)署名与日期

署名可以是单位也可是个人。如果是单位，直接署上活动主办单位全称，并加盖公章。如果以个人名义致函，一般应先写职务或身份，再写姓名，可加盖私人印章。位于正文右下方适当位置，一般情况为最后一字右空四格。日期，可用汉字小写，也可用阿拉伯数字，在正文右下方、署名的下一行。

3.例文

【例文 1】

2008 年中国国际男子服装展邀请函

尊敬的________先生/女士：

您好！

一直以来，东三省作为重工业城市，经济发展迅速，近年来其服装市场也突飞猛进地发展起来。服装服饰消费需求越来越大，但是从设计、生产到消费一直没有形成一个精准的市场定位和完整的供应体系，而大众消费力逐渐增强，消费选择却处于后滞状态，这使全国服装品牌都十分关注东三省服装市场。

为了繁荣东北轻纺服装产业的发展，推动我国北方纺织品服装企业进行资源优化配置、加快结构调整，帮助推动我国男子服装用品在东三省的市场占有率，在哈尔滨市人民政府的大力支持下，香港锦鸿国际展览贸易有限公司于2008年8月7日至8月9日，在哈尔滨国际会展中心举办2008年中国国际男子服装用品展。

商机不容错过，香港锦鸿展览贸易有限公司竭诚欢迎您的参与，共同发展，多赢共荣。

联系人：陈先生

电话：86-021-52500168

传真：86-021-52505772

邮箱：appla.shjhexpo@163.com　　03@908090.com

主办单位：香港锦鸿国际展览贸易有限公司

2008年8月1日

【例文2】上海世博会第三次参展方会议邀请函

邀　请　函

中国2010年上海世博会第二次参展方会议已于2007年11月15日至16日成功举行。我非常高兴地通知您，上海世博会事务协调局决定于2008年11月13日至14日在上海召开第三次参展方会议。

本次会议旨在向国际参展者详细介绍2010年上海世博会的最新筹备情况，并回答与参展事务相关的各种问题。会议期间还将组织与会者参观世博会场地。国展局有关官员将应邀出席本次会议。

截止到2008年9月1日，已有177个国家和44个国际组织正式宣布参加中国2010年上海世博会。我们希望这些国家和国际组织能派出代表参加上海世博会第三次参展方会议。考虑到来华旅途遥远，我们欢迎各个国家和国际组织派遣其驻华使节出席本次会议。

我们期待着贵方早日回复，并与您在上海会面。

2010年上海世博会组委会委员

2010年上海世博会执委会常务副主任

上海市常务副市长

杨　雄

2008年9月1日

4.邀请函的写作要求

邀请函是礼仪性文书的一种，写作时首先一定要诚恳、热情，语气谦恭，使受文者能够通过文字感受到邀请者的诚意,从而愉快地接受邀请。其次,语言要文雅庄重,邀请函是礼仪交往的媒介,应以文雅庄重,甚至华丽的语言,表达礼仪之邦热情、典雅的传统。最后,文章层次要清楚,尤其是时间、地点、参加人,以及内容等重要关键词,一定要表达清楚。

(二)请柬

1. 请柬的概念

请柬,又称请帖,是个人、团体或单位在节日和各种喜庆活动中邀请宾客时使用的一种简便的礼仪性邀请函件。一般用于座谈会、联谊会、纪念仪式、婚宴、寿诞和重大庆典等友好交往活动。它是一种友好的具有通知性质的礼仪书信,体现了对应邀者的尊重,以及邀请者主办活动的热烈和隆重。一般分封面、封里两部分,又有横式、竖式两种写法。

从请柬的发出者来讲,有单位团体的,也有个人的;从活动内容来讲,有邀请某人前来庆贺的、前来指导或出席某种集会的;从外观来讲,有开合式的、有正反面的;从格式来讲,有书信式的,由邀请者拟写全文,有填写式的,由邀请者在印好的请柬上填写。

2. 请柬的写作结构

请柬的结构通常包括封面、封里、称谓、正文、署名及日期。

(1)封面

封面有横式和竖式两种。封面应写明喜庆活动或社交活动的内容和文种,如"婚礼请柬"。若需邮寄另加信封。

(2)封里

封里有完整的内文,采用书信格式,由称谓、正文和署名及日期构成。如果封面是横式的,则封里的文字从左到右横写。如果封面是竖式的,则封里的文字从右到左竖写。

(3)称谓

称谓要求写清被邀请者的称呼或姓名。与邀请函类似,切忌直呼其名。

(4)正文

正文要求写清什么事,什么日期,什么地点,做什么;邀请对象的范围,人数。

(5)署名及日期

署名和日期要求写清发出邀请的单位、部门或个人名称,并注明发出邀请的年月日。

3. 例文

【例文3】展览会请柬

请柬

《中国山水画展》定于2011年×月×日在××市工人文化宫西展厅举行

预展。

敬请光临指导

展出时间:2011 年×月 19—31 日

上午:7:30—11:30

下午:14:30—18:00

中国美术家协会××分会(盖章)

2011 年×月×日

【例文 4】婚礼请柬

封面

婚礼请柬

封内

送呈　　台启

谨定于公历　　年　　月　　日(星期六),农历　　年　　月　　日为×××先生和×××小姐举行结婚典礼,敬备喜宴,敬请　　光临。

×××敬邀

席设:×××酒店××厅

时间:××月××日××时

4.请柬的写作要求

请柬的写作要求主要有以下几点。

①请柬一般要用红纸或较为鲜艳的彩色纸,封面可用花边、图案等装饰,要求设计美观、装帧精良,可用美术体的文字和烫金,图案色彩装饰以鲜红色的居多,以示喜庆。

②表意要周全,措辞简洁、文雅、庄重,结尾一般用"敬请光临"、"恭候莅临"等请语。请语是请柬的重要标识,请柬必有请语,请语必用雅语。

③突出"请"意,避免使用"务必"、"必须"之类带强制性词语,不能有半点强求之意。如有需要注意事项,要在请柬上适当的位置注明,如联系人、联系电话或文件要求、交通路线等。在例文 4 中,婚宴举行的具体位置及时间,必须告知被邀请者,否则就失去了请柬的意义,达不到行文目的。

5.邀请函与请柬的异同

邀请函和请柬都属于邀请他人参加会议或活动的礼仪性社交文书,它们有相同之处,也有很大的不同。

(1)相同之处

功能目的相同,都具有"邀请"作用,同样具有庄重性和礼仪性特点,文章结构也一样,都由五部分构成。

(2)不同之处

首先,内涵性质不同。邀请函一般是为实质性工作、任务或事项发出的,如科研成果鉴定会、学术研讨会等,而请柬一般是为娱乐性、例行性、礼仪性活动发出的,如“晚会”、“庆典”、“娱乐”等。

其次,邀请对象有差异。请柬可由个人发出,也可由社会组织发出,邀请对象一般都是上级领导、专家、社会名流、兄弟单位代表、亲朋好友等,称谓一定要确指,如“尊敬的×××教授”或“敬爱的×××董事长”等;而邀请函一般由社会组织出面,当邀请人员较多时,称谓可以不确指某个人,而是组织,如“各培训机构”等,当人员较少时,可确指,如“尊敬的××老师”、“×××同志”等。

再次,结构要素的差异。请柬的内容单一,结构简单,篇幅短小,礼仪性更强,表述更加庄重、典雅。一般可购买使用统一制作的成品,有时也可自行制作创意性、人性化的精美作品。而邀请函比请柬复杂,信息量比较大,除了像请柬一样写明活动时间、地点外,还包括介绍活动举行的背景、意义,活动的具体安排等,活动的内容必须表述得更加具体、详细,目的是希望能够有更多的单位或个人参与活动。因而一般采用书信体格式。

最后,语言特征的差异。邀请函的文字容量大于请柬,务必使被邀请者明确其中的意思,达到正常交流交际的效果,最终做到表意周全、敬语有度、语气得体。请柬文字容量有限,要十分讲究文字的推敲,语言务必简洁、庄重、文雅,语气尽量热情,请语多以文言词语为佳,最终做到话语简练、达雅兼备、谦敬得体。

二、感谢信

(一)感谢信的概念

感谢信,指用来表达对自己有所支持、帮助、关怀、支援、勉励或祝贺的单位、集体或个人表示感激、谢意的一种专用信函。从受文对象看,有直接写给被感谢者个人或特定单位的专指性感谢信,也有对众多的单位或大众表示感谢的普发性感谢信。不管是何种类型的感谢信,都具有确指性,既要有一定的受文对象,同时还要具有事实性。引发感谢信写作的契机是既成的事实,已经真实发生的事件,不可杜撰,此外,信函中应充满着对对方的感激之情。

感谢信是示情性特殊书信的一种样式。在现代社会大家庭中,随着物质文明与精神文明的不断提高,好人好事层出不穷,掌握感谢信的写作方法,在我们现代社会中有着非常重要的意义。它是人与人之间沟通情感、增进友谊、团结互助的桥梁与媒介,也是对社会正义、勇敢、真诚等高尚行为的肯定和颂扬。它能温暖人心,鼓励人积极向上,在大力发展市场经济的今天,推动精神文明进一步向前发展。

感谢信可以直接寄给受信者单位的领导，或寄给受信者个人；还可以寄送新闻媒体；也可以用告示方式直接张贴到受信者单位。

(二)感谢信的写作结构

感谢信写作有其特定的格式和结构。

1.标题

标题通常有三种形式结构：一是只标示文种名称，"感谢信"三字用稍大字体写于首行居中位置；二是由感谢对象和文种构成，如"致×××的感谢信"；三是由感谢者、感谢对象和文种构成，如"××××总公司致×××商场的感谢信"。

2.称谓

称谓即在标题下顶格写明被感谢的机关、单位、团体名称或个人姓名，后缀"先生/女士"或职务/职称。

3.正文

正文通常包含两方面内容。首先要按照叙述要素，简述所感谢事件的前因后果，且要在叙事的基础上特别说明经由对方的关心、帮助、支持对整个事件的成功产生的效果，以及他们的可贵精神所产生的深远影响。其次，对受文者品德作高度的评价和颂扬，向对方表示诚恳的感谢，并表示向对方学习的态度和决心，或向对方提出祝愿和希望。

4.敬语

按信函格式写上"此致敬礼"、"谨表谢意"或"致以最诚挚的敬意"一类敬语。

5.落款

正文右下方署上发信单位名称或个人姓名及发信日期。

(三)例文

【例文 5】

第 29 届奥林匹克运动会组委会致广西感谢信

广西壮族自治区党委　郭声琨书记，

广西壮族自治区人民政府　马飚主席：

奥运圣火 6 月 6 日正式开始了在广西境内的传递。在党中央、国务院的正确领导下，自治区党委、政府精心组织、周密安排，确保了抗震救灾期间火炬在广西境内的顺利传递。从山水甲天下的桂林、自治区首府南宁到革命老区百色，奥运圣火传递贯穿广西全境，不仅见证了八桂大地的秀美风光和蓬勃生机，更见证了壮乡儿女对奥运的热情期盼和对灾区同胞的深切关爱。值此奥运火炬广西传递圆满完成之际，谨向你们并通过你们向广西各族人民表示衷心的感谢并致以崇高的敬意！

奥运火炬将带着广西人民对灾区人民的关爱继续传递下去。我们坚信，在党中央、国务院的正确领导下，在全国人民的共同努力下，我们一定能够夺取抗震救灾斗争的全面胜利，一定能够圆满完成奥运筹办的各项任务，办一届“有特色、高水平”的奥运会。

最后，祝广西壮族自治区经济发展、社会进步、人民幸福！

第29届奥林匹克运动会
组织委员会
2008年6月8日
（文章来自广西新闻网）

【例文6】

贺昌玉同学感谢《大学生》杂志为其呼吁捐款治病

《大学生》杂志社：

请贵刊转告全国所有关心我的大学生、解放军战士、工人、教师及各界朋友，我的病情经几家大医院治疗和各界的关心，目前已得到控制，现正在家休养。如不出意外，下学期开学即可返校学习了。

顽疾缠身，是人生中的不幸，我遭此一难，几乎摧毁了我和我的家庭。由于《大学生》杂志的呼吁，一封封来自远方的书信、一张张几经周折转来的药方，使我那不情愿跳动的心，又恢复了正常的节奏；几乎凝滞的血，又沸腾了。一双双援助的手，一颗颗充满爱的心，指明了我生活的路，温暖了我一家几乎冷却的心。

可敬的叔叔、阿姨、各位同学们：

我和你们天各一方，相见无期，你们却把微薄的收入，甚至把你们的助学金、生活费，或者靠卖字画攒下的钱寄给了我。而你们当中有的甚至本人就有残疾，没有经济收入，而要用你们宝贵的血来挽救我……近来我的脑海中经常出现你们的身影。有年迈的老人，有可爱的军人，有可敬的老师，还有很多我不相识的人……我无法具体描绘你们的形象，但你们的高尚品格，助人为乐的精神将永存于我心中，永存于我家乡父老的心中……

唯一遗憾的是我不能面见答谢各位。在此请接受用你们的爱心挽救的人的深深谢意，愿你们的爱的春风暖遍祖国，充满世界。

为了不辜负你们的一片爱心和良好祝愿，我将继续我的学业，继续我的事业，争取取得优异的成绩，献给关心我的远方的各位朋友们。

愿我们的心永远相通！

贺昌玉
××××年×月×日

（四）感谢信的写作要求

首先，事件陈述要简洁精当，内容真实无误，有关人物、时间、地点、缘由、结果要交代清楚，对方的关心、支持、帮助所产生的效果要强调；其次，议论、评价适当，对受文者的良好行为及品德的评价和颂扬既要有高度，又要恰如其分，注意充分适度地表达感激之情。另外，情感要鲜明、朴实、真挚，感激之词要符合双方身份。最后，文字要简练、精当、通俗，篇幅不宜过长。

三、致辞

(一)致辞的概念

致辞，也称致词，指在各种会议、公共关系活动中，由有一定身份或代表性人员所作的欢迎、祝贺、感谢等性质的讲话，常见于重要节日、宴会、展览会、纪念庆典等场合中，主要用于增进相互了解、密切内部之间感情、协调相互之间关系，实现团结、教育的目的。

按照致词在不同场合下的使用，常见几种为：欢迎词、欢送词、答谢词、祝(贺)词。

1. 欢迎词

欢迎词是指在迎接宾客(外宾或内宾)光临的欢迎仪式上，或在有关会议开始时，由有关人员(多是各级领导)对来宾表示欢迎所作的讲话。

2. 欢送词

欢送词是指在来访宾客临别时，接待方在送别仪式上或有关会议结束时，对宾客离去表示欢送所作的讲话。

3. 祝词

祝词是指在喜庆场合对特定对象表示美好祝愿的言辞或讲话稿，既有口头形式的，也有书面形式的。祝词是现代社会交往中使用频率较高的一种礼仪文书，常见的有：祝酒词、祝寿词、祝婚词、节庆祝词、典礼祝词、会议祝词、奠基祝词等。

欢迎词、欢送词、祝(贺)词是在各种社交活动，如会议、仪式、宴会、庆典中广泛使用的演说类事务礼仪文书，致辞者通常都是单位领导人，有时也可指派特定代表讲话。

(二)致辞的结构及写法

欢迎词、欢送词、祝(贺)词的格式和写法大致相同，正文结构一般都包括标题、称谓、正文三部分。

1. 标题

单行标题可直接以文种“欢迎词”、“欢送词”、“祝(贺)词”为标题；也可由致辞者、仪式场合、文种构成，如《××董事长在×××有限公司周年庆典上的欢迎词》；或由致辞者、欢迎(送)对象、文种构成，如《人民医院致赴汶川医疗队的欢送词》。或由仪式场合、文种构成，如《在×××与××婚礼上的贺词》。也可以双行标题形式出现，如《众志成城　共赴国难——人民医院致赴汶川医疗队的欢送词》。

2. 称谓

称谓或称受文者，是对听众的称谓。欢迎词、欢送词称谓一致，位于标题下居左顶格书写。通常要用尊称，称呼姓名时，用全名，不能称小名、绰号。姓名前常加表示尊敬的修饰词，“尊敬的××”、“敬爱的×××”等。称谓排列顺序通常为：身份，从高到低；性别，先女后男，尽可能覆盖全体参加对象。在重要场合，对重要人物要单独列出来，加以强调，“尊敬的××市长，女士们，先生们”。

3. 正文

正文包括前言、主体、结语三部分。总体大致相同，不同类别的致辞内容略有区别。

(1)欢迎词

前言，写清缘由，说明为何举行欢迎仪式、举行何种欢迎仪式、致辞者身份，对来宾、与会者表示热烈欢迎、感谢和问候。事项部分为主体部分，根据具体场合，对初次来访宾客，可肯定其访问意义、作用，介绍主办方情况；对具有合作历史的来宾，或强调合作意义，或回顾交往历程，追溯合作友谊，或赞扬对方付出努力，客观评价其业绩，展望未来前景等。用简短话语作结语，再一次向来宾表示欢迎，并致以良好的祝愿或希望。

(2)欢送词

前言，首先要表达真挚、热情的欢送之意，如“感谢指导”、“感谢来访”等。主体部分要根据具体场合，概述回顾来宾来访的情况、业绩、贡献、意义、作用或双方的友谊，并对此作积极客观的评价。如是私人欢送会还应注意表达双方在共事合作期间彼此友谊的加深增进，以及分别之后的想念之情。如为朋友送行，还应加上些勉励的话语。结语，应选用一些简短的话语，再次表达依依惜别之情，对宾客来访和指导表示感谢，同时，传达出祝愿和欢送的意思。

(3)祝词

开头首先点明祝贺的内容，并对此表示祝贺、感谢及敬意。此处表达祝贺者的心情，语言要振奋人心，热情奔放，注意渲染气氛。常用“欣闻”、“欣悉”、“欣获”等开端语。主体，首先表示祝贺，阐述其取得的成绩及其意义，并表示向祝贺对象学习、关心等，最后提出希望，表示决心，并进一步表示祝贺。结尾处又是一次情感的高潮，通过主体部分勉励话语的铺垫，作一次总的概括和总结，再一次表示祝贺，强化效果，从而达到高潮。一般用固定尾语，如“祝会议取得圆满成功”、“祝相亲相爱、白头偕老”、“为××××干杯”等。

(三)例文

【例文7】欢迎词

周恩来总理在欢迎尼克松总统宴会上的讲话

总统先生，尼克松夫人，女士们，先生们，同志们，朋友们：

首先，我高兴地代表毛泽东主席和中国政府向尼克松总统和夫人，以及其他的美国客人们，表示欢迎。同时，我也想利用这个机会代表中国人民向远在大洋彼岸的美国人民致以亲切的问候。

尼克松总统应中国政府的邀请，前来我国访问，使两国领导人有机会直接会晤，谋求两国关系正常化，并就共同关心的问题交换意见，这是符合中美两国人民愿望的积极行动，这在中美两国关系史上是一个创举。

美国人民是伟大的人民。中国人民是伟大的人民。我们两国人民一向是友好的。由于大家都知道的原因，两国人民之间的来往中断了二十多年。现在，经过中美双方的共同努力，友好来往的大门终于打开了。目前，促使两国关系正常化，争取缓和紧张局势，已成为中美两国人民强烈的愿望。人民，只有人民，才是创造世界历史的动力。我们相信，我们两国人民这种共同愿望，总有一天是要实现的。

中美两国的社会制度根本不同，在中美两国政府之间存在着巨大的分歧。但是，这种分歧不应当妨碍中美两国在互相尊重主权和领土完整、互不侵犯、互不干涉内政、平等互利和和平共处五项原则的基础上建立正常的国家关系，更不应该导致战争。中国政府早在一九五五年就公开声明，中国人民不要同美国打仗，中国政府愿意坐下来同美国政府谈判，这是我们一贯奉行的方针。我们注意到尼克松总统在来华前的讲话中也谈到，“我们必须做的事情是寻找某种办法使我们可以有分歧而又不成为战争中的敌人”。我们希望，通过双方坦率地交换意见，弄清楚彼此之间的分歧，努力寻找共同点，使我们两国的关系能够有一个新的开始。

最后，我建议：为尼克松总统和夫人的健康，为其他美国客人们的健康，为在座的所有朋友们和同志们的健康，为中美两国人民之间的友谊，干杯！

【例文8】欢送词

在湖南(芙蓉王)体育代表团挥师广东参加九运会欢送仪式上致的欢送词

湖南省委副书记 代省长 张云川

同志们：

再过两天，万众瞩目的中华人民共和国第九届运动会就要在广东隆重举行。今晚，我省体育代表团，肩负着省委、省政府的重担，肩负着六千五百万三湘父老的期望，即将踏上光荣之旅，拼搏之旅，开赴广东，征战九运会，为湖南人民争光，借此机会，我谨代表省委、省人民政府，以及全省六千万各族人民，希望你们继续发扬三湘奥运健儿不畏强手、顽强拼搏的精神，在九运会上充分体现强者风范，力争发挥出最佳竞技水平；希望你们继续发扬团结协作、无私奉献的精神，充分体现湖南代表团(芙蓉王)体育文明之师的风范，以饱满的热情和必胜的信心夺取运动成绩与体育道德双丰收；希望你们以扎实的工作作风，认真完成各项工作任务，以高超的运动技艺，确保实现“保八争七”的九运目标。

我省体育健儿是一支能征善战、勇于拼搏、不怕困难的队伍；是一支团结协作、纪律严明、作风优良的队伍。我相信，只要我们广大运动员、教练员和全体工作人员有个好的精神状态，只要我们能够在比赛场上发挥出好的竞技水平，只要我们能够展现出良好的体育道德风尚，就一定能完成省委、省政府提出的“弘扬奥运精神，巩固十强地位，决心再创辉煌”的光荣任务，以优异的成绩，谱写湖南体育事业的新篇章，为我省的两个文明建设作出应有的贡献。待到大家凯旋时，我们一定像欢迎奥运健儿一样，摆上庆功宴为你们祝捷、庆功。

祝大家一路顺风！

【例文 9】祝词

夏衍贺杨绛 80 华诞

无官无位，活得自在；有才有识，独铸伟词。

【例文 10】祝词

谨祝各位圣诞快乐

温斯顿·丘吉尔

各位为自由而奋斗的劳动者和将士：

我的朋友、伟大而卓越的罗斯福总统，刚才已经发表过圣诞前夕的演说，已经向全美国的家庭致友爱的献词。我现在能追随骥尾讲几句话，内心感到无限的荣幸。

我今天虽然远离家庭和祖国，在这里过节，但我一点也没有异乡的感觉。我不知道，这是由于本人的母系血统和你们相同，抑或是由于本人多年来在此地所得的友谊，抑或是由于这两个文字相同、信仰相同、理想相同的国家，在共同奋斗中所产生出来的同志感情，抑或是由于上述三种关系的综合。总之我在美国的政治中心地——华盛顿过节，完全不感到自己是一个异乡之客。我和各位之间，本来就有手足之情，再加上各位欢迎的盛意，我觉得很应该和各位共坐炉边，同享这圣诞之乐。

但今年的圣诞前夕，却是一个奇异的圣诞前夕。因为整个世界都卷入一种生死搏斗之中，使用着科学所能设计的恐怖武器来互相屠杀。假若我们不是深信自己对别国领土财富没有贪图的恶念，没有攫取物资的野心，没有卑鄙的念头，那么我们今年的圣诞节，一定很难过。

战争的狂潮虽然在各地奔腾，使人们心惊胆跳，但在今天，每一个家庭都在宁静的、肃穆的气氛里过节。今天晚上，我们可以暂时把恐惧和忧虑抛开、忘记，而为那些可爱的孩子们布置一个快乐的晚会。全世界说英语的家庭，今晚都应该变成光明的和平的小天地，使孩子们尽量享受这个良宵，使他们因为得到父母的恩物而高兴，同时使我们自己也能享受这种无牵无挂的乐趣，然后我们担起明年艰苦的任务，以各种的代价，使我们孩子所应继承的产业，不致被人剥夺；使他们在文明世界中所应有的自由生活，不致被人破坏。因此，在上帝庇佑之下，我谨祝各位圣诞快乐。

（以上两例文均来自川聘人才网）

(四)致辞的写作要求

致辞的写作要求主要有以下几点。首先,用语要礼貌、称谓要恰当。致辞多用于社交场合,要措辞严谨、妥贴适度。如重要严肃场合致辞应典雅、庄重,宴会或舞会应轻松愉快、幽默诙谐。称谓一定要合乎对象身份,根据具体对象选择合适称呼,既要尊重对方,又要把握好分寸。其次,感情充沛、真挚热情。必要的客套之后,要以诚相见,一定要体现发自内心的真情实感,由衷地表达自己的高兴与祝愿。话语要富有感染力,充满希望,使人感到温暖、愉悦。最后,篇幅简短精悍,语言精确。致辞容量小、篇幅短,长则几百字,短则几十字,不宜长篇铺叙,以表达情感为主。

四、讣告、唁电、悼词、祭文、挽幛

(一)讣告

1. 讣告的概念

讣告,“讣”原指报丧之意,“讣告”又称“讣闻”、“讣文”或“报丧条”,它是由逝者家人亲属、工作单位或专门成立的治丧委员会发出的,向死者亲友、同事和社会相关人士告知某人去世的不幸消息的一种通告性文书。

目前,社会上通行的讣告有三种常见形式:一般式讣告、新闻式讣告和公告式讣告。一般式讣告可张贴于死者住宅门口或工作单位,也可张贴于公告栏,也可通过新闻报道形式,作为一条消息在报纸上公布。新闻式讣告主要用于有一定影响和声望的知名人士的逝世,通过新闻媒体的形式发布,晓谕世界各地,内容与一般式讣告相似,但写作格式要符合消息写作。公告式讣告是讣告中最庄严、隆重的一种,一般用于发布党和国家主要领导人或在社会上具有崇高地位和荣誉的知名人士逝世的消息。由党和国家一定级别的机关、团体通过媒体发布。通常由公告单位公告、治丧委员会公告和治丧委员会名单组成。此类公告内容较前两类为多,篇幅较长。

2. 讣告的结构及写法

一般式讣告和新闻式讣告,篇幅短小,写作结构简单,根据死者身份决定内容的详略,一般都包括标题、正文、落款三部分。

(1)标题

一般式讣告直接以文种“讣告”为题,或冠以逝者名字,如“×××讣告”,首行居中排布,字体略大。新闻式讣告标题一般写作“×××同志逝世”、“×××(单位)×××(职务)×××同志病逝”等,此类公告一般要按照有关规定办,不是任意可刊登的。

(2)正文

无论何种形式讣告,正文一般都首先写明死者姓名、职务、逝世原因、逝世时间、逝世地点和终年岁数。其次,简要概述死者主要的生平业绩,以及对死者的简单评价和对他的哀悼之词。最后,通知吊唁、开追悼会或瞻仰遗容等的具体时间、地点和办法,以及其他事宜。结尾多以"谨以讣闻"或"特此讣告"作结。

(3)落款

署明发讣告的团体或个人的名称或姓名,以及讣告发出时间。须联系的,应注明联系方式。

公告式讣告结构一般有以下几项。①公布消息,由发布单位、团体以公告形式向社会各界公布逝世消息。标题由发布单位和公告共同组成,正文内容主要告知逝者姓名、职务、逝世原因、逝世时间、逝世地点和终年岁数。署明公告时间。②治丧委员会公告,这是公告式讣告的核心,用于交代一些主要事宜。标题用粗体大写字体写明"×××同志治丧委员会公告"。正文为逝者丧事安排及具体要求,吊唁或瞻仰遗容具体时间、地点、参加人,以及其他事宜。"特此公告"作结。署明日期。③治丧委员会名单,有两部分:一是治丧委员会领导成员名单,一般按职务大小排列;二是全体治丧委员会成员名单,按姓氏笔画排列。成员人数要交代清楚。

3. 例文

【例文 11】一般式讣告

鲁迅先生讣告

鲁迅(周树人)先生于一九三六年十月十九日上午五时二十五分病卒于上海寓所,享年五十六岁。即日移置万国殡仪馆,由二十日上午十时至下午五时为各界瞻仰遗容的时间。依先生的遗言:"不得因为丧事收受任何人的一文钱"。除祭奠和表示哀悼的挽词、花圈等以外,谢绝一切金钱上的赠送。谨此讣闻。

鲁迅先生治丧委员会

蔡元培　内山完造

宋庆龄　茅盾　胡风等

(因刊载于当时报纸,而未署明日期)

【例文 12】新闻式讣告

中国共产党的优秀党员、忠诚的共产主义战士、

享誉海内外的杰出科学家和我国航天事业的奠基人

钱学森同志逝世

中国共产党的优秀党员、忠诚的共产主义战士、享誉海内外的杰出科学家和我国航天事业的奠基人,中国科学院、中国工程院资深院士,中国人民政治协商会议第六届、第七届、第八届全国委员会副主席钱学森同志,因病于 2009 年 10 月 31 日

8时6分在北京逝世，享年98岁。

【例文13】公告式讣告

中国共产党中央委员会

中华人民共和国全国人民代表大会常务委员会

中华人民共和国国务院

公告

中国共产党中央委员会、中华人民共和国全国人民代表大会常务委员会、中华人民共和国国务院以极其沉痛的心情宣告：我国爱国主义、民主主义、国际主义和共产主义的伟大战士，杰出的国际政治活动家、卓越的国家领导人，中华人民共和国名誉主席、中华人民共和国全国人民代表大会常务委员会副委员长宋庆龄同志因慢性淋巴细胞白血病，于1981年5月29日20时18分在北京逝世，终年90岁。

宋庆龄同志的逝世，是我们国家和全国人民的巨大损失。决定为宋庆龄同志举行国葬，以表达我国各族人民的沉痛悼念。

宋庆龄同志治丧委员会已经成立。

我国爱国主义、民主主义、国际主义和共产主义的伟大战士，卓越的国家领导人宋庆龄同志永垂不朽！

一九八一年五月二十九日

宋庆龄同志治丧委员会公告

为了表达全国各族人民对我国爱国主义、民主主义、国际主义和共产主义的伟大战士，杰出的国际政治活动家、卓越的国家领导人，中华人民共和国名誉主席、中华人民共和国全国人民代表大会常务委员会副委员长宋庆龄同志的深切哀悼，现决定：

一、五月三十一日至六月二日，在人民大会堂举行吊唁。中央党政机关、各民主党派、人民团体和北京市各方面的负责人、各方面的群众代表，以及外国驻华使节和在京的国际友好人士，参加吊唁，瞻仰遗容。

二、六月三日下午四时在人民大会堂举行追悼会。中央人民广播电台、中央电视台转播追悼会实况。

三、从五月三十日至六月三日，在北京新华门、天安门、外交部和我国驻外使领馆及其他驻外机构均下半旗志哀，六月三日举行追悼会当天，全国下半旗志哀，同时停止娱乐活动一天。

四、依照我国惯例，不邀请外国政府和友好人士派代表团或代表来华吊唁。

特此公告。

一九八一年五月二十九日

宋庆龄同志治丧委员会名单

宋庆龄同志治丧委员会名单(三百九十二人,以姓氏笔画为序。)(略)

4.讣告的写作要求

讣告的写作要求主要有以下几点。

①执笔者写作之前要对逝者的生平简历、去世时的情况、开追悼会的时间、地点等问题有明确了解。评价介绍要实事求是,概述生平简历时一般不要指出其错误、缺点,这是由讣告这种文体的性质决定的。

②语言要简洁、准确、严肃、凝重。逝者去世的时间要详细、精确,以体现对逝者的哀悼。

③写讣告一般用白、黄两种纸,上书黑字,四边加黑框以示致哀。

④具有化悲节哀、继承逝者遗愿的基调,避免宣泄个人的过度悲哀之情及其他消极情绪。

(二)唁电

1.唁电的概念

唁电,是向死者家属或单位组织表示安慰、问候,对死者表示哀悼的电报。以信函形式发出的称唁函,以电报形式发出的称唁电。

依据发布唁电一方的情形,唁电可分为个人唁电、单位唁电和国与国之间拍发的唁电三种。个人唁电,是个人向丧者家属或逝世者单位所发出的唁电,此种唁电的发出者多是逝世者生前的密友或知己,或是深受死者影响、教诲、关怀、帮助的人。单位唁电,指领导机关、单位团体向逝世者家属所发的唁电,这种唁电致哀对象多是原机关或单位重要领导人或曾为单位作出较大贡献的人物。国与国之间拍发的唁电,一般是发给对方的国家政府机关或其他相应的重要国家政府机构的,逝世者一般为国家重要领导人或为两国友好发展作出巨大贡献的重要人物。

2.唁电的结构及写法

无论何种类型的唁电,一般而言,都由标题、开头、正文、结语、落款几部分构成。

(1)标题

标题有两种形式:一种直接以文种名称构成标题,首行居中写“唁电”两字;另一种由逝世者亲属姓名或单位名称加文种构成,如《致许广平女士的唁电》。

(2)开头

顶格写明收唁电方的单位或逝世者家属的称呼。如是家属,一般在姓名后加“先生”、“女士”、“同志”、“夫人”等尊称,后加冒号。

(3)正文

另起一行,空两格书写。先以两三句直抒噩耗传来的悲恸之情,话无须多;后以沉痛的心情,简要概述死者生前的优秀品德和功绩,以激起人们对他的缅怀、思念并表达致电单位或个人对逝者遗志继承的决心和行动;最后向逝者家属表示深切的哀悼和亲切的问候、安慰。

(4)结语

一般多以“肃此电达”、“特此慰问”等字样作结。

(5)落款

在右下方,写明发电单位名称或个人姓名,并在此下面署上发电具体年月日。

3. 例文

【例文 14】

致许广平女士的唁电

上海文化界救国联合会转许广平女士鉴:

鲁迅先生逝世,噩耗传来,全国震惊。本党与苏维埃政府及全苏区人民,尤为我中华民族失去最伟大的文学家,热情追求光明的导师,献身于抗日救国的非凡领袖,共产主义苏维埃运动之亲爱的战友,而同声哀悼。谨以至诚电唁。深信全国人民及优秀的文学家必能赓续鲁迅先生之事业,与一切侵略者、压迫势力作殊死的斗争,以达到中国民族及被压迫的阶级之民族和社会的彻底解放。

肃此电达

中国共产党中央委员会

苏维埃中央政府

一九三六年十月廿二日

【例文 15】

唁函

钱学森先生治丧委员会并转家属:

惊悉钱学森先生不幸逝世,对此我们谨表沉痛的哀悼与深切的怀念!

钱学森先生是中国航天科技事业的先驱和杰出代表,被誉为“中国航天之父”和“火箭之王”。他也是中国近代力学和系统工程理论与应用研究的奠基人和倡导人,并一贯关心和支持中国的科普事业。

钱学森先生是高士其先生的生平挚友。八十年代初期,高士其应钱学森的邀请参加了第一届中国思维科学讨论会,并担任了中国思维科学学会筹委会的顾问,邀请高士其之子高志其担任中国思维科学学会筹委会核心组成员。此项工作高士其先生一直进行到八十年代的中、晚期,直至生命的结束。为此,高老与钱老结下了深厚的友谊,并在社会工作中相互给予心照不宣的支持。对此,我们表示由衷的赞叹和真挚的谢忱。

今天，在宇宙太空中翱翔着“高士其星”与“钱学森星”，它们相知、相交共同照耀着世界大地，散发着永恒的精神光芒。

尤其值得指出，钱学森先生对中国文化的贡献是潜在的，也是巨大的。他在晚年与赵朴初先生进行的文化与宗教的探讨是关于一个民族文化回归和文化软实力的根本问题。这一高瞻远瞩的探讨是文化、哲学史上的重要篇章，应当载入史册。

钱学森先生的逝世是中华民族和中国科技界的重大损失，但他的伟大精神与崇高人品却永远留在人们的心中，永远、永远……

值此全社会的不幸与中华民族的悲痛之际，谨请你们节哀珍摄。

钱学森先生永垂不朽！

高士其基金会

二〇〇九年十一月三日

（文章来自中国网）

4.唁电的写作要求

唁电的写作要求主要有以下几点。

①生平、事迹叙述概括、准确，不溢美，不贬损，实事求是，分寸得当。

②感情真挚，语言恳切。不论何种类型的唁电、唁函，都应重在表达对逝者远去的沉痛悼念之情，语言切忌雕琢、晦涩、华而不实，应恳切、朴实。

③语言运用把握分寸，注意要与被悼念者的身份、关系符合，此外，应劝慰逝者家属节哀顺变。

(三)悼词

1.悼词的概念

悼词，指向逝世者表示缅怀、敬意和沉痛哀悼的语词或文章，有广义和狭义之分。广义的悼词是指向逝世者表示哀悼、缅怀与敬意的书面体悼念性文章。狭义的悼词专指在追悼会上对逝世者表示敬意与哀思的宣读体哀悼文章。

现代悼词是一种具有现实性和高度思想性的文体，其表现形式和手法多种多样，根据不同的角度和标准有不同的类型。

(1)按照用途分

按照用途可分为宣读体悼词和书面悼词两大类。①宣读体悼词专门用于追悼大会，由有一定身份的人进行宣读，主要是对在场的参加追悼会的人讲话，而不是对逝者的讲话，应以记叙或评价逝者的生平事迹为主要内容，而不是宣泄个人情感，在表达全体在场群众对死者的哀思与敬意之外，要勉励大家学习逝者的优点，化悲痛为力量。②书面悼词一般多用于报刊发表或礼节性的书面哀悼，内容多为赞颂逝世者的优秀品德和不朽功绩，表达对逝者的无限敬意和沉痛哀悼。写作时形式不拘一格，可写成纯记叙式或抒情式文章，也可写成夹叙夹议式散文，还可以写成诗歌体或书信体等。

(2)按表现手法分

按表现手法可分为记叙式、议论式和抒情式三类。①记叙式悼词，以记叙逝者生平业绩为主，可适当加以抒情或议论。宣读体悼词常采用这种形式，也是现代悼词常见的类型。②议论式悼词，以议论逝者对他人、对社会的贡献为主，可适当加以记叙或抒情。③抒情式悼词，以抒发悼念、哀思之情为主基调，可适当加以叙事和议论。

2. 悼词的结构及写法

宣读体悼词一般由标题、开头、主体、结尾几部分构成。

(1)标题

多以文种作标题。如书面发表时，可用《××××同志悼词》或《×××在×××同志追悼大会的悼词》等。首行居中排布，字体稍大。

(2)开头

用沉痛的语气全面准确点明逝世者的姓名、职务、职称或称呼，以示尊崇。

(3)主体

主体部分是悼词最重要的部分，详细介绍逝者的生卒年月、籍贯、简历及生平业绩，追溯其一生的主要功绩及成就。一般以时间先后为序，突出逝者对人民、对社会的贡献，并作出总体客观性的评价和赞颂。此部分可采取夹叙夹议的方式。

(4)结尾

结尾主要表达对逝者的悼念之情及化悲痛为力量的决心，号召学习逝者的优点，继承先贤遗志。多以积极的语言作结，如“×××××同志千古”、“永垂不朽”、“精神常在”等。

3. 例文

【例文16】

哀韦杰三君

朱自清

韦杰三君是一个可爱的人；我第一回见他面时就这样想。这一天我正在家，听到敲门的声音；进来的是一位温雅的少年。我问他“贵姓”的时候，他将他的姓名写在纸上给我看，说是苏甲荣先生介绍他来的。苏先生是我的同学，他的同乡，他说前一晚已来找过我了，我不在家，所以这回又特地来的。我们闲谈了一会，他说怕耽误我的时间，就告辞走了。是的，我们只谈了一会儿，而且并没有什么重要的话——我现在已全忘记——但我觉得已懂得他了，我相信他是一个可爱的人。

第二回来访，是在几天之后。那时新生甄别试验刚完，他的国文课是被分在钱子泉先生的班上。他来和我说，要转到我的班上。我和他说，钱先生的学问，是我素来佩服的;在他班上比在我班上一定好。而且已定的局面,因一个人而变动,也不大方便。他应了几声,也没有说什么,就走了。从此他就不曾到我这里来。有一回,在三院第一排屋的后门口遇见他,他微笑着向我点头。他本是捧了书及墨盒去上课的,这时却站住了向我说:"常想到先生那里,只是功课太忙了,总想去的。"我说:"你闲时可以到我这里谈谈。"我们就点首作别。三院离我住的古月堂似乎很远,有时想起来,几乎和前门一样。所以半年以来,我只在上课前,下课后几分钟里,偶然遇着他三四次;除上述一次外,都只匆匆地点头走过,不曾说一句话。但我常是这样想:他是一个可爱的人。

他的同乡苏先生,我还是来京时见过一回,半年来不曾再见。我不曾能和他谈韦君;我也不曾和别人谈韦君,除了钱子泉先生。钱先生有一日告诉我,说韦君总想转到我班上;钱先生又说:"他知道不能转时,也很安心的用功了,笔记做得很详细的。"我说,自然还是在钱先生班上好。以后这件事还谈起一两次。直到三月十九日早,有人误报了韦君的死信。

钱先生站在我屋外的台阶上惋惜地说:"他寒假中来和我谈。我因他常是忧郁的样子,便问他为何这样;是为了我么?他说:'不是,你先生很好的;我是因家境不宽,老是愁烦着。'他说他家里还有一个年老的父亲和未成年的弟弟;他说他弟弟因为家中无钱,已失学了。他又说他历年在外读书的钱,一小半是自己休了学去做教员弄来的,一大半是向人告贷来的。他又说,下半年的学费还没有着落呢。"但他却不愿平白地受人家的钱;我们只看他给大学部学生会起草的请改奖金制为借贷制与工读制的信,便知道他年纪虽轻,做人却有骨气的。

我最后见他,是在三月十八日早上,天安门下电车时。也照平常一样,微笑着向我点头。他的微笑显示他纯洁的心,告诉人,他愿意亲近一切;我是不会忘记的。还有他的静默,我也不会忘记。据陈云豹先生的《行述》,韦君很能说话;但这半年来,我们听见的,却只有他的静默而已。他的静默里含有忧郁,悲苦,坚忍,温雅,等等,是最足以引人深长之思和切至之情的。他病中,据陈云豹君在本校追悼会里报告,虽也有一时期,很是急躁,但他终于在离开我们之前,写了那样平静的两句话给校长;他那两句话蕴涵着无穷的悲哀,这是静默的悲哀!所以我现在又想,他毕竟是一个可爱的人。

三月十八日晚上,我知道他已危险;第二天早上,听见他死了,叹息而已!但走去看学生会的布告时,知他还在人世,觉得被鼓励似的,忙着将这消息告诉别人。有不信的,我立刻举出学生会布告为证。我二十日进城,到协和医院想去看看他;但不知道医院的规则,去迟了一点钟,不得进去。我很怅惘地在门外徘徊了一会,试问门役道:"你知道清华学校有一个韦杰三,死了没有?"他的回答,我原也知道的,是"不知道"三字!那天傍晚回来;二十一日早上,便得着他死的信息——这回他真死了！他死在二十一日上午一时四十八分，就是二十日的夜里，我二十日若早去一点钟，还可见他一面呢。这真是十分遗憾的！二十三日同人及同学入城迎灵，我在城里十二点才见报，已赶不及了。下午回来，在校门外看见杠房里的人，知道柩已来了。我到古月堂一问，知道柩安放在旧礼堂里。我去的时候，正在重殓，韦君已穿好了殓衣在照相了。据说还光着身子照了一张相，是照伤口的。我没有看见他的伤口；但是这种情景，不看见也罢了。照相毕，入殓，我走到柩旁：韦君的脸已变了样子，我几乎不认识了！他的两颧突出，颊肉瘪下，掀唇露齿，那里还像我初见时的温雅呢？

这必是他几日间的痛苦所致的。唉，我们可以想见了！我正在乱想，棺盖已经盖上；唉，韦君，这真是最后一面了！我们从此真无再见之期了！死生之理，我不能懂得，但不能再见是事实，韦君，我们失掉了你，更将从何处觅你呢？

韦君现在一个人睡在刚秉庙的一间破屋里，等着他迢迢千里的老父，天气又这样坏；韦君，你的魂也彷徨着吧！

1926 年 4 月 2 日。

原载 1926 年 4 月 9 日《清华周刊》

4. 悼词的写作要求

悼词的写作要求主要有以下几点。

①材料要真实、可靠，评价要恰如其分，尊重历史，尊重事实，行文有据，褒扬得当。以本文体性质，悼词中不宜讲逝者的错误和缺点，多以赞誉之词为主，因此，行文时须仔细斟酌，从客观事实出发，使结论经得起历史的考验。

②悼词一般要由逝者生前所在组织或单位团体撰写，写作一定要符合逝者身份，注意篇幅的简短，详略得当，要选择他一生中最有代表性的事迹，不能面面俱到，写成“年谱式”悼词。

③语言朴实、严肃，避免使用带有消极、迷信色彩的词语。

5. 讣告与悼词的区别

悼词与讣告虽均属于祭悼性文体，但两者在写作目的和写作内容方面都有一定的区别。讣告主要目的是报丧，其内容主要以逝者去世的有关内容和通知举行悼念仪式的时间、地点为主。悼词的主要目的是悼念与缅怀，其主要内容以追述、评价逝者的生平业绩，表达对逝者的深切哀悼和无限敬意为主。

(四)祭文

1. 祭文的概念

祭文，本是古代祭祀天地鬼神的一种文体，与古代的祭祀礼仪紧密相连，后来发展到祭人。屈原根据楚国民间祭歌而写成的《九歌》就是最早的祭文体。古代祭祀文体和我们现在所说的哀悼性文体是有很大区别的，古代祭文范围极其广泛，天、地、鬼、神、祖先、人、物等,几乎无所不包,无不可祭。在逐渐的发展过程中,古代颂神式的祭文演变成哀祭死者的哀悼性文字,尤其到唐宋之时,广泛兴盛,种类繁多,出现不少书写此类文章的大家,并留下许多脍炙人口的名篇,如韩愈的《祭十二郎文》,欧阳修的《祭石曼卿文》等。祭文这种形式一直沿用至今,只是现在用得很少。

2.祭文的结构及写法

古代祭文,形式自由,用典较多,讲究文辞修饰,且有一定的格式,通常形式为:标题＋开头＋内容＋结尾。

(1)标题

标题通常写成“祭××文”,如“祭祖父文”,中间称呼表示逝者的辈分与生者的关系。首行居中排布。

(2)开头

通常以“维”字开头,占一整行,后加冒号。“维”是助词,作发语词用,无具体意义。

(3)内容

紧接发语词,另起一行,开篇明义,言明祭文时间及祭谁,谁来祭。后接祭文内容,是祭文主体部分,要求内容简短,语言精练,以最简洁概要之词表达悲哀沉痛之情。可简述逝者生平事迹、品德、功绩,表达生者的深切哀痛之情。一般以两三百字为宜,切忌拖泥带水。

(4)结尾

常用“尚飨”或“伏食尚飨”一词结尾。“尚”,庶几、希望也。“飨”,设牺牲以品尝也。“尚飨”为临祭而望亡人歆飨之词。

3.例文

【例文 17】

祭石曼卿文

欧阳修

呜呼曼卿!生而为英,死而为灵。其同乎万物生死,而复归于无物者,暂聚之形;不与万物共尽,而卓然其不朽者,后世之名。此自古圣贤,莫不皆然,而著在简册者,昭如日星。

呜呼曼卿!吾不见子久矣,犹能仿佛子之平生。其轩昂磊落,突兀峥嵘而埋藏于地下者,意其不化为朽壤,而为金玉之精。不然,生长松之千尺,产灵芝而九茎。奈何荒烟野蔓,荆棘纵横;风凄露下,走磷飞萤!但见牧童樵叟,歌吟上下,与夫惊禽骇兽,悲鸣踯躅而咿嘤。今固如此,更千秋而万岁兮,安知其不穴藏狐貉与鼯鼪?此自古圣贤亦皆然兮,独不见夫累累乎旷野与荒城!

呜呼曼卿!盛衰之理,吾固知其如此,而感念畴昔,悲凉凄怆,不觉临风而陨涕者,有愧乎太上之忘情。尚飨!

石曼卿是欧阳修的好友，他在办理河东事务时，表现杰出的才能，主张练兵于平时以防患于未然。但在北宋那样一个苟安求和的政策下，一直未受重用，且壮志未酬就英年早逝。欧阳修很敬佩他，故撰写此文。

文章以赋体行文，骈散交错，一韵到底，情感悲伤，哀婉动人。作者开篇既没有追怀两人的交往友谊，又没有细写曼卿的生平业绩，而是激发丰富的想象力，通过对比亡友英灵与墓地的凄凉，抒发无限的感慨和思念。祭文三呼曼卿，逐层展开文思，赞颂其不朽的英名，进而哀悼其生前虽抱负非凡，志在功业，死后却坟墓荒凉，最后回顾交情，直抒怀念。

4. 祭文与悼词的区别

悼词与祭文都用于追怀逝者，写作时都要追述逝者的生平事迹并表达生者的哀痛之情，但两者不能等同。祭文古已有之，悼词则产生于近代，是从祭文脱胎而来；悼词通常用于德高望重的、对社会、国家或革命有突出贡献的人，而祭文则一般用于与自己亲近的普通人的逝去，如亲人、朋友、知己等；悼词一般使用第三人称，而祭文常用第一人称；祭文一般重在通过叙述往事表达哀思之情，悼词除传达哀痛之情外，还要夹以适当的议论评析阐述事理。现在祭文这种形式已用得很少了。

(五)挽幛

1. 挽幛的概念

"幛"是由匾派生而来，把匾上的题词移到布或绸上即成了幛。挽幛，也称礼幛，即哀吊的礼品，通常用整幅绸布做成，也有用纸的立轴，称"礼轴"。为便于悬挂，通常竖幅。

挽幛、挽联是追悼逝者所常用的礼仪方式，通常只在逝者灵堂或出殡当日张挂，其题词不拘形式，不限字数。有的只写一个"奠"字，通常以四字为多。可用固定词语，或撰写合适的词句，属哀悼送礼用的，用词应具褒扬、吊唁之意。使用范围广泛，适用于一切逝者，无论长幼、尊卑、亲疏，格式上均是一样。

2. 挽幛的结构及写法

挽幛若采用直写方式，就必须从右向左安排三部分书写，若是采用横写方式，则应从上往下安排三部分书写。

(1)第一部分

亦称上款，面向幛子右手边(或顶上边)，顶头主要写逝者姓名加颂词称呼，通用如"×××先生千古"、"×××同志千古"。挽幛常用称谓见表 6-1。

(2)第二部分

正中间写祭幛语，字距要一致，一般不能超过上款和下款，也可不要这一部分。

(3)第三部分

面向幛子左手边(或底边)尾部写送祭人姓名和身份称呼和悼词，如送祭幛者与逝者系亲属同姓，送者可只署名，不写姓。

表 6-1 挽幛常用称谓

逝 者	逝者家属称	他 人 称
祖父	先祖父、先大人、先祖考	令先祖父、令先大人、令先祖考
祖母	先祖母、先大母、先祖妣	前面称呼前加一令字
父亲	先父、先严、先考	前面称呼前加一令字
母亲	先母、先慈、先妣	前面称呼前加一令字
伯父	先伯	前面称呼前加一令字
叔父	先叔父	前面称呼前加一令字
夫	先夫、亡夫	令先夫、令先夫君
妻	先室、先妻、亡妻	令先室、令先妻、令先夫人
兄	先兄	令先兄
丈夫之祖父母	先祖翁、先祖姑	令先祖翁、令先祖姑
丈夫之父母	先家翁、先家姑	令先家翁、令先家姑

说明：①对长辈冠一“先”字，对平辈冠一“亡”字，对未成年之幼辈可称夭亡或夭折。

②凡称别人死亡家属，不分辈分，均冠“令先”二字。

3. 例文

挽男祭幛：乡邦硕望　五福全归　长爷德徽　化鹤仙逝　斗山安仰
天丧斯文　文星遽落　长才未尽　功勋不朽　光耀寰宇
福全德备　德隆望重　南极星坠　福寿全归　齿德兼优
哲人其萎　大德不灭　天不假年　吾将安仰　与世长辞

挽女祭幛：懿范长存　淑德长昭　母仪千古　女宗共仰
女宗安仰　母仪垂范　驾返瑶池　驾鹤西归
宝婺星沉　坤仪足式　壶范犹存　壶范垂型
温恭淑慎　萱帏月冷　巾帼称贤　风寒绮阁
懿范长昭　慈足风寒　彤管流芳　琼楼月缺

男、女通用祭幛：音容宛在　德高望重　流芳千古　风范永存　雅训永存
邻里楷模　死得其所　悲泪如泉　教诲难忘　愁肠千结
恩德及我　沉痛哀悼　重如泰山　劳动一生　大义凛然
正大光明　肝胆俱裂　长辞盛世　典范长存　青史永垂
天人同悲　俭朴家风　高风亮节　劳苦功高　浩气长存

老师丧挽幛词：桃李含悲　教诲犹闻　痛失师表　绵机声寂

好友丧挽幛词：友谊长存　痛失知音　痛殒知心

《钱公赋》挽幛——悼钱学森先生

钱公赋

嗟夫！五四之后罕大师，幸有钱公学森存。倡言："离经不叛道"，以是思维常创新。

伟哉！文理哲三者并重，概集天下之大成，遂复三论巨系统，故为航天总指挥。

惜哉！世人皆赞科学巨匠，又焉知彼文化大擘。尝与朴初漫论道，盖谓文化是根本。

壮哉！中华民族之英雄，荣世曜耀一圣贤，我愿钱公再莅世，福祉华夏千万代。

高志其敬挽

（文章来自中国网）

(六)保证书、决心书

1.保证书、决心书的概念

保证书、决心书是在日常生活、工作或学习中，某个人、集体或单位为响应上级组织或上级部门号召开展工作、完成某项艰巨任务而向组织、社会或领导提出的保证或表明决心的一种实用文书。因犯了错误、做了错事，表达自己要彻底改正或悔改的决心所写的保证材料，也称保证书或决心书。

保证书、决心书可以约束人们的行为，调动人的积极性，通过写保证书或决心书，可以发动群众想办法、定措施，保证号召的落实，形成众人拾柴火焰高的局面。保证书和决心书虽然不是法律文书，没有法律效力，但是，由于它是个人、集体或单位自愿订立，而且要求有关领导和群众给予指导、检查、监督，这就产生了约束力，保证书和决心书的提出者也会自觉地在所定条款的范围内行动，保证条款的落实和任务的完成。保证书的作用主要是受文的组织、机关或个人依此对立保证者进行监督、约束和限制；其次也有立保证者依此进行自我检查、自我约束、自我督促的作用。

保证书、决心书的主要特点是承诺性和誓言性。它是集体或个人向上级组织、领导机关或个人誓言性地承诺一定完成某项工作或一定不再犯某种错误。保证的内容是一定能做到也一定要做到的，一经承诺，定要尽力而行。此外，保证书和决心书都是单方的，是下对上表决心的，不要求上级给予答复，上级也没有给予答复的职责。

2.保证书、决心书的结构及写法

保证书、决心书一般都由标题、称呼、正文、署名及日期四部分构成。

(1)标题

第一行居中用稍大字体写上"决心书"、"保证书"字样，有时也可在文种前写明事情的主题。

(2)称谓

标题下空两行顶格书写保证书送达的上级组织、领导机关、团体的名称或个人姓名,有时可冠以敬语修饰,如“敬爱的”等,后加冒号。如是面对广大群众的,也可不写称呼。

(3)正文

正文是保证书、决心书的主要构成部分。先写明缘由,简述为什么写保证书,主体部分多分条列出,写出保证的具体内容或决心做的具体事项,保证或决心做到什么,多长时间达到什么程度,采取什么样的措施,等等。内容要具体,可实行、可检查、监督,能起到相应的作用。最后,多以致敬语作结。也可以再一次强调保证的主要内容作结尾,有的保证书也可没有结尾。

(4)署名及日期

正文右下方,署上立保人的单位名称及个人姓名,下一行署上日期。如果人数众多,最好是每个人都签名,如果是单位、集体,写上名称后最好盖上公章。

3.例文

【例文 18】保证书

完成实习任务保证书

系领导:

我们××级××班全体同学马上要去××日报社实习了。实习是理论联系实际、培养独立工作能力的重要教学环节,是在实践中对所学知识的综合考查。在实习动员会上系领导的讲话,增强了我们搞好这次实习的决心和信心,为了不辜负领导和老师们对我们的殷切希望,圆满完成实习任务,我们全班同学向组织作以下保证。

一、明确实习目的,端正实习态度,把实习阵地当做锻炼自己、提高自己工作能力的课堂。

二、遵守实习单位的各项规章制度,努力完成实习单位交给的各项任务。

三、虚心向实习单位的领导、指导老师和群众学习,学习他们的好思想、好作风和丰富的工作经验及业务知识。

四、克服实习中的一切困难,努力熟悉报社的各项业务,为毕业后从事新闻工作打下良好的基础。

五、搞好实习队内外团结,彼此合作,同心协力完成实习任务。

此致

敬礼!

×××系××级××班全体同学

2010 年 1 月 1 日

【例文 19】决心书

决心书

××领导：

全国首次三好学生、优秀学生干部和先进集体代表会议已经在首都北京胜利开幕了，这是我们全体学生的喜事、我们全体学生的光荣。当我们从广播中听到我们的代表受到党和国家领导同志亲切会见，并号召我们坚持“三好”方向，深入持久地开展“三好”活动，争当建设社会主义精神文明先锋的消息后，我们的心情十分激动。经过热烈的讨论，我们一致认为这是党对我们的信任，对我们的期望。为了让“三好”之花开得更鲜艳，把我国建设成一个高度物质文明和高度精神文明的社会主义现代化国家，我们决心做到：

一、加强马列主义、毛泽东思想的学习，不断提高思想觉悟，争当坚持四项基本原则的积极分子；

二、积极投入“五讲四美”活动，做好事、树新风，努力提高共产主义道德水平；

三、集中精力，刻苦攻读，不断提高文化水平，掌握更多的为人民服务的本领；

四、积极开展体育活动，认真锻炼身体，增强身体素质，使人人都有健康的体魄；

五、鼓干劲，争上游，努力完成本职工作，争取为国家创造更多的物质财富，在社会主义物质文明建设中作出更多贡献。

我们都是在职职工，都有自己的本职工作，我们既是精神文明的建设者，又是物质文明的建设者。我们一定要努力完成本职工作，决不辜负本单位领导的支持和希望。工作时鼓干劲、争上游，把参加学习所耽误的时间和任务，在工作中弥补起来，并争取超额完成。做一个社会主义物质文明建设的积极分子。

此致

敬礼！

××全体学员

××年×月×日

（以上两篇文章均来自实用文体写作网）

4. 保证书、决心书的写作要求

(1)实事求是，量力而行

保证书、决心书是个人或下级对上级或领导所作出的保证或表示的决心，一定要根据实际情况，实事求是，保证的内容和决心要做到的事情一定要具有可行性，采取的措施要具有可操作性，切忌为应急而天马行空地说大话、空话。

(2)措辞严谨，态度明确

保证书、决心书多采用分条列项形式阐述各项内容，所以措辞一定要准确、严谨，如此才能便于执行和监督。另外行文态度要明确，不可模棱两可、似是而非、毫无分寸，如此不仅可能造成理解上的混淆不清，而且给保证者带来负面的影响。

(3)内容具体，措施落实

保证书要具体阐明保证做到什么？做到什么程度？采取什么样的措施完成？有些文书还须表明什么时间完成？决心书则要阐明为何要下决心？决心做什么？决心做到什么程度，等等。这些内容在正文行文时一般都采用分条列项的形式逐条展开，层次分明，内容清楚，措施具体。既方便自己执行，按时完成，又便于领导或上级监督、检查，同时还能显现自己的决心和诚意。

思考与练习

一、简答题

1. 邀请函和请柬有哪些异同？

2. 讣告和悼词有哪些不同？

3. 欢迎词的写作要求有哪些？

二、写作题

1. 大学四年毕业在即，请代表你们班起草一份请柬，邀请有关领导和任课教师出席毕业典礼，毕业合照和毕业聚会活动。班级名称、时间、地点自拟。

2. 请代全班同学向任课老师致新年献辞。

3. 请为四川汶川大地震中遇难同胞写一篇悼词。

4. 请以××城律师事务所的名义拟写一份给逝者孙志强同志（事务所员工）亲属的唁函，以示对其亲属的亲切慰问。

三、案例分析

邀请信

2010年××月××日下午，举行教师座谈会。

敬请光临！

教务处

×××年××月××日

请柬

谨定于×××年××月××日下午××时在布里奇酒家举行宴会，欢迎×××能源研究所高级工程师×××先生及其夫人。

敬请光临！

迪克尼先生和夫人

××××能源研究所所长

罗伯特·中斯通　谨订

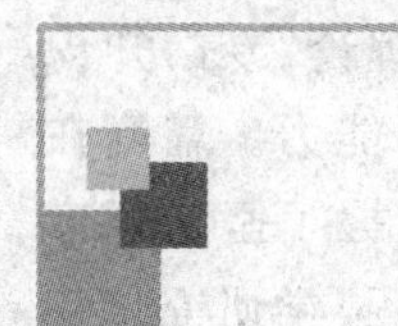

第七章　科研论文

科研论文的写作过程就是科学研究的过程。科学研究是一项复杂的脑力劳动，更是一种创造性的劳动。它需要研究者具有扎实的知识理论素养，勤于思考、善于思考，深入钻研、勇于创新。科研论文有专业人员撰写的科研报告、学术论文，也有学生撰写的学业论文，如课程论文、学位论文和毕业论文。按照不同的分类标准还可以分成不同的类别。科研论文不同于一般文章。从论文风格而言，它更强调写作的科学性、专业性和创新性；从构成而言，从选题、搜集材料到拟订提纲和撰写完成，它有一套完整的写作程序和严密的逻辑结构。了解科研论文的特点和写法，有助于更好地进行科学研究。经常练习学术论文的写作，可以总结知识、开启思路，培养自己的研究能力和创新能力，也可以为科学发展贡献力量。

第一节　科研论文的概念与作用

一、科研论文的概念

科学研究是人类为追求思想进步、科学发展和整个社会不断前进而进行的探索，是一项严肃而神圣的事业。科学研究的根本目的是追求真理，推动技术进步和科学发展，以最终促进社会的繁荣和人类的发展。科研论文的写作有一定共同的规范。中华人民共和国国家标准《科学技术报告、学位论文和学术论文的编写格式》(G117713—87)，规定了科研论文的三种主要形式即科学技术报告、学位论文和学术论文的定义、分类和编写格式。本章侧重于讲述学位论文和学术论文。

1. 学位论文

学位论文是表明作者从事科学研究取得创造性的结果或有了新的见解，并以此为内容撰写而成，作为提出申请授予相应的学位时评审用的学术论文。一般来说，学位论文也称毕业论文，是高等学校应届毕业生毕业前，在有指导教师的指导下所撰写的学科领域内带有总结性的初步创造性的论文。目的在于培养学生综合运用所学知识提出问题、分析问题和解决问题的能力，是学生完成学业所必修的科目之一。

不同程度的学位论文，在篇幅的长短、学术性和理论性的深度上要求有所不同。①学士论文应能表明作者确已较好地掌握了本门学科的基础理论、专门知识和基本技能，并具有从事科学研究工作或担负专门技术工作的初步能力。篇幅在8 000～10 000字。②硕士论文应能表明作者确已在本门学科上掌握了坚实宽广的基础理论和系统的专门知识，并对所研究课题有新的见解，有从事科学研究工作或独立担负专门技术工作的能力。篇幅在20 000～30 000字。③博士论文应能表明作者确已在本门学科上掌握了坚实宽广的基础理论和系统深入的专门知识，并具有独立从事科学研究工作的能力，在科学或专门技术上做出了创造性的成果。篇幅在50 000～80 000字。

2.学术论文

学术论文是某一学术课题在实验性、理论性或观测性上具有新的科学研究成果或创新见解和知识的科学记录；或是某种已知原理应用于实际中取得新进展的科学总结，用以提供学术会议上宣读、交流或讨论，或在学术刊物上发表，或作其他用途的书面文件。学术论文应提供新的科技信息，其内容应有所发现、有所发明、有所创造、有所前进，而不是重复、模仿、抄袭前人的工作。

科研论文要求运用科学的原理和方法去阐明新的科学问题，揭示、反映事物的本质和规律。其观点应当有一定的深度，对事物的认识能够从表面现象上升到理性认识。因此，科研论文的写作是衡量一个人学术水平和科研能力的重要标识。

二、科研论文的作用

科学研究论文有多方面的作用，表现在以下几方面。

1.思维训练和创新能力的培养

科学研究是一种复杂的思维过程，要想使思维更加确切、缜密，必须将思考的问题用文字、图形和其他符号记录下来，以便于推敲、计算和修改。写作科学研究论文，需要观察、实验、思考并用文字描述出来，即知识的综合运用能力。因此，写作科研论文的过程本身，就是一种思维的训练和创新能力的培养。

2.记录新的科学研究成果

科研论文是新思想、新理论、新发明、新创造的记录。科学研究是一代又一代科研工作者的智力接力，每一项新的科研成果的产生就是科学的又一个新的起点。而科研论文就是这些新起点的记录，为后来的研究者提供了线索和研究基础。

3.交流与推广科研成果

科学研究需要同行之间的交流，新的科研成果需要推广应用到社会之中。这些都必须凭借完整的科研论文才得以完成。

4. 推动科学进步

科学研究是对已有知识的传承与发展，或者推动已有知识的深化，或者建立新的知识统系。科学研究工作的深化，能够推动科学的进步。

第二节　科研论文的分类与特点

一、科研论文的分类

科学研究论文按照不同的标准有不同的分类。

1. 按研究的学科领域

科研论文可分为自然科学论文和人文社会科学论文。每类又可按各自的门类分下去。如人文社会科学论文，又可细分为文学、历史、哲学、教育、政治、经济、法律、管理等学科论文。

2. 按研究内容的性质

科研论文可分为理论研究论文和应用研究论文。理论研究，重在对各学科的基本概念和基本原理的研究；应用研究，侧重于探讨如何将各学科的知识转化为专业技术和生产技术，直接服务于社会。

3. 按写作目的

科研论文可分为交流性论文和考核性论文。交流性论文，目的只在于专业工作者进行学术探讨，发表各家之言，以显示各门学科发展的新态势；考核性论文，分为学年论文、毕业论文和学位论文，目的在于检验学生不同学习阶段的学术水平。

4. 按写作方法

科研论文可分为立论性论文和驳论性论文。

二、科研论文的特点

科研论文属于议论文的范畴，具有一般议论文的基本特征。同时，科研论文又是专门对自然、社会和人文领域的各种现象与问题进行分析探讨的文体，因此它又具有区别于一般议论文的独特之处。

1. 科学性

科学是关于自然、社会和思维的知识体系。科学研究的目的就在于揭示客观事物的内在本质和发展变化的客观规律，探求客观真理，作为人们改造世界的指南。所以，科研论文的写作应该具有实事求是、客观严谨的态度。不能急功近利，不能剽窃造假。科学性是一篇科研论文的灵魂与生命。科研论文的科学性主要表现在如下几方面。

(1)观点正确

科研论文的观点,必须合乎规律、真实可信、准确。科学性,要求作者在立论上不得带有个人好恶的偏见,不得主观臆造,必须切实地从客观实际出发,从中引出符合实际的结论。

(2)材料真实

做科学研究,首先,应尽可能多地、全面地占有资料,不仅要搜集有利于论文观点的材料,还要搜集不利的材料,以最充分的、确凿有力的论据作为立论的依据。其次,材料必须真实可靠,不能弄虚作假,不能凭空捏造。再次,尊重材料的原意,不能曲解材料,或穿凿附会。最后,科研论文使用材料时,应反复核对,认真查阅,落实文献出处。

(3)论证严密

科研论文必须经过周密的思考,进行严谨的论证。论证的逻辑必须严密,环环相扣,层层深入。推论合乎逻辑,论述要全面客观,不可以偏概全。

2.专业性

科学研究论文总是属于一定的研究领域,是对某一学科领域问题进行的专业性的探讨,因此它有极强的专业性。每一个专业都有一套特有的理论体系,科研论文的专业性首先表现在熟练运用专业理论分析、解决专业领域的问题。专业性也体现在语言上,不同研究领域有其特有的术语体系,不同专业领域的科研论文往往使用不同的专业术语。专业术语使用是否准确,可以反映论文专业水平的高低。

3.创新性

科学研究是对新知识的探求,或提出新观点,或发现新材料,或运用新方法,是一种创造性的劳动。科研论文必须提供新的科技信息,其内容应有所发现、有所发明、有所创造、有所前进。因此,创新性是科学研究的生命和科学价值所在。

科学研究论文的创新性有时是基础科学研究方面的创新,即作者发现新现象、提出新概念、发掘新理论、开拓新领域。如 2010 年诺贝尔经济学奖被提出“市场查寻摩擦理论”的美国经济学家彼得·戴蒙德和戴尔·莫滕森,以及具有英国和塞浦路斯双重国籍的经济学家克里斯托弗·皮萨里季斯三人分享,他们所开发的理论解释了市场上一些贸易摩擦,为解决冲突提供了理论导向。有时是应用科学研究的创新,即研究方法的创新。如 2003 年诺贝尔经济学奖获得者英国的克莱夫·格兰杰和美国的罗伯特·恩格尔,分别用“随着时间变化的易变性”和“共同趋势”两种新方法分析经济时间序列,从而给经济学研究和经济发展带来巨大影响。有时是在技术开发方面的创新,即如何及时将科研成果转化为直接生产力。中国有很多好的科研成果,但这些成果的转化还有很大空间。

第三节　科研论文的写作

科研论文的写作,含选题、搜集材料、拟定提纲和撰写论文四个步骤。

一、选题

选题是科学研究的第一步。选题就是选择、确定自己所要研究的学术问题,即发现问题并提出问题的创造性过程。选题正确与否,直接关系到研究的成败和论文的价值。科学研究论文的写作是一项需要花费较长时间和较大精力的艰苦劳动,如果选题恰当,就能及时围绕选题搜集材料,深入研究,得出成果,甚至及时转化为生产力,推动经济发展和社会进步。如果选题不当,不仅毫无科学价值,而且白白耗费了时间与精力。科学研究的实践证明,只有选择了有意义的课题,才有可能收到较好的研究成果,写出较有价值的学术论文。

(一)选题原则

选题有两个基本原则,即科学性原则和可行性原则。

1. 科学性原则

选题的科学性原则是指选题要有科学价值。科学价值分理论价值和实用价值。理论价值是指对理论、学说有所补充、修正、深化或突破,发展科学理论,使之更系统、更全面。实用价值是指选题应关注社会需要,运用基础理论去分析和研究现实生活中急需解决的问题。一般来说,揭示科学规律、突破科学难题、发现和发明、填补研究空白,都是具有理论价值的选题。基础理论的研究虽不能直接解决具体问题,但是它能指导对具体问题的研究,而具有实用价值的选题必须在基础理论的指导之下方能进行。因此,选题的科学价值的两方面是一致的,在具体选题中不可能截然区分,只有侧重点的不同。

2. 可行性原则

一项科学研究选题,还要考虑是否可行,即是否具备完成研究的内、外部条件。科学研究的内部条件是指研究者个人主观因素,外部条件则是指学科发展、导师指导、经费问题、实验设备、材料来源等客观情况。研究者个人主观因素主要有以下几点。

(1)个人兴趣

兴趣是最好的老师。科学研究是一项漫长而艰苦的劳动,需要广泛地搜集资料,细致深入地分析资料,不厌其烦地反复试验和论证,持之以恒地深入挖掘和思考。如果没有主观的研究热情、积极探索的强烈愿望和追求真理的坚定信念,是不可能坚持下去并有所成就的。只有选取自己感兴趣的课题,才能最大限度地激发研究热情和创新灵感,乐此而不疲。所以,应当选择自己有兴趣的选题进行研究。同时,研究者也应当注意在专业学习或工作中培养自己的科研兴趣。

(2)个人专长

除了兴趣之外,还要根据个人的专业特长进行选题。每位研究者的知识结构、兴趣爱好、个人特长都有所不同,选题应当发挥自身优势,扬长避短,选择自己最熟悉、理解最深刻的课题。

(3)科研能力

选题必须充分考虑个人的实际研究能力,量力而行,大小适度。初学者由于专业方面的积累有限,很难驾驭过大过难的选题,容易泛泛而谈,难以深入挖掘。鲁迅先生提出写文章"选题要小,开掘要深",非常精辟。初学者选题应"小题大做",应当尽量缩小研究范围。这样不仅有利于资料的搜集,也使思维更加集中,有利于研究的深入。把一个小题目钻研深透,一样可以做出大成就。

(二)选题方法

选题有一定的方法与步骤。选题的方法因个人研究特点的不同而有不同的途径。一般而言,选择课题有以下一些思路可供参考。

1.选择亟待解决的难题

基础理论研究和应用研究领域都有很多尚未解决又亟待解决的课题,这些难题的突破,常常可以创造出较高的理论价值和实用价值。如袁隆平为提高水稻产量解决中国人的粮食问题,研制出杂交水稻。中国经济发展过程中出现的现实问题如调整结构、抑制通胀、调节收入分配等,都是值得深入研究的问题。

2.选择填补空白的课题

填补科学空白是指对某一科学领域尚未研究或研究不充分的问题进行研究。学科之间发展的不平衡会在其边缘地带造成研究的空白,同一学科内部局部与局部发展不平衡也会造成研究空白。填补这些学科上的短缺或空白,往往产生重大的科研成果,有极大的科学价值。还有科学上的新发现与发明也都属于填补空白的研究。基础研究领域中在自然、社会和思维领域发现新的现象、特征或规律,应用研究科技领域取得具有新颖性、先进性和实用价值的应用技术成果,都是令人期待和振奋的。

3.补充发展已有研究成果

这种选题是在前人已有的论述基础上进行深度挖掘。如对前人理论的补充、修正和延伸,对现有技术方法的改良、新材料的补充,从不同的角度加以论述,等等,都是将已有研究向前推进、发展。或是对通说的纠正,学术界某些流行的观点,随着时代发展、科技进步和认识水平的提高而过时了,很多人没有认识到,有必要指出并进行纠正。另外,学习和研究经典名著也是科研选题的重要方面。

4. 进行学科的交叉研究

各种学科门类都有其自身的理论体系、范畴和方法，一方面为学科提供了规范的发展方向，另一方面也在一定程度上束缚了某一学科向外延伸。所以，现在也提倡一种打破学科界限的跨学科研究。如印度的阿马蒂亚·森撰写的《伦理学与经济学》将经济学与伦理学放在一起思考。

5. 比较研究

对几种事物的同一方面或同一事物的几个方面进行比较研究，往往可以发现新问题，得出新结论，因此，这类选题较受欢迎。

为了帮助大学生、研究生了解并学习规范的科学研究的方法，保证选题质量，避免重复劳动浪费精力，学位论文的选题一般都有规定的程序步骤：首先，查阅、了解选题资料进行初选；其次，进行调研，确定选题；再次，开题，制订科研计划任务书；最后组织专家评审开题报告，确定选题。这些步骤可以帮助研究者在专家教授的指导下，了解学科前沿动态，从中发现有价值的问题，提出问题并解决问题。

二、搜集材料

确定选题之后，就应当围绕选题搜集和研究资料。要尽可能广泛地搜集相关的材料信息，全面占有资料，及时了解相关学科发展的前沿状况如新理论、新观点和新问题，写作时才能得心应手。材料有直接材料也有间接材料，不同性质的材料搜集的方法也有所不同，可以从日常生活中观察感受，也可以从调查采访中搜集储存，还可以从文字资料中采集积累。

(一)文献材料的搜集

文献是人们用文字、图形、符号、声频、视频和数字等手段记录下来的知识，包括图书、报刊等纸质文献和各种视听资料，如胶片、录音带、录像带、影片、磁带、光盘、网站等。搜集文献材料不仅是一项重要的工作，而且是一门重要的学问。因为文献资料本身的载体类型、发生渠道、加工方式等具有多样化特点，而且由于不同学科在理论方法、技术手段上日趋完善，相关文献资料与情报信息以前所未有的速度成倍增长，再加上学科之间的交叉渗透，使同类信息的分布更为分散或紧密交织，增加了查找的难度。

1. 纸质文献资料的查找

纸质文献的种类很多，有图书、期刊、报纸、机关文件、会议文献、学位论文、专利文献、标准文献、档案文献、产品样本(出版形式)等。按照文献的内容与加工情况，可以将其分为：一次文献，是指以作者本人的工作经验、观察，或者实际研究成果为依据而创作的具有一定发明创造和一定新见解的原始文献，如期刊论文、研究报告等，数量庞大，载体分散；二次文献，是指对一次文献进行加工整理后产生的一类文献，如书目、索引、文摘、题录等具有检索功能，而词典、年鉴、类书、资料汇编、政书、手册、表谱、图录、名录等属参考型；三次文献，是在一、二次文献的基础上，经过综合分析而编写出来的文献，有综述、述评、年度报告之类。

撰写科研论文，必须熟悉了解所在学科的研究动态。为了查找的方便，首先要学习文献检索工具的使用方法，尤其要善于利用加工整理过的三次文献与二次文献。初接触一个选题，如果一开始就一头扎进浩如烟海的原始文献中去搜集材料，往往事倍功半，所得甚微。我们可以先查阅综述类文献，掌握相关选题的大致研究状况；再利用书目、索引类工具书进一步确定材料范围；最后锁定最有价值的那些材料，集中精力阅读。

可供查阅图书的工具书，有《全国总书目》、《全国报刊索引》、《国外社会科学论文索引》、《新华书目报》、中国人民大学《复印报刊资料》、《全国高等学校社会科学学报总目录》、《国内学术会议文献通报》等。纸质文献一般都是按照中国图书情报分类法编排。如果手头掌握有较明确信息的材料，可直接按书名、按著者、按序进行检索。如果没有也可进行分类检索或主题检索。

2.网络信息资源的利用

由于互联网具有信息多、内容丰富、形式多样、资源共享、检索方便、超时空等优势，利用网络信息资源查询资料逐步成为搜集资料的一种重要方式。

上网查询有很多资源可供选择，有网站网页信息，如高校和科研机构网站、图书馆网站、出版社或图书出版公司网站等，还有网络数据库和联机数据库信息检索系统。著名的有中国知识资源总库（http://dlib.edu.cnki.net），可以提供中国期刊方阵来源期刊所有论文的全文。还有一些专业性网站，如中国经济学教育科研网（http://www.cenet.org.cn）、中国经济信息网（http://www.cei.gov.cn）、清华大学中国经济研究中心（http://www.ncer.tsinghua.edu.cn）等，都能够提供很多信息资源。

上网查询，既可以利用目录式搜索引擎，即按站点本身分类浏览信息，又可以使用检索式搜索引擎，即关键词匹配的方式。利用网络信息资源，要注意辨别、核实。

（二）直接材料的搜集

科学研究最终还是要解决社会生活中的现实问题，需要对现实生活进行社会调查。如经济学、社会学、管理学等方面的论文都需要通过社会调查来搜集第一手资料；自然科学论文写作中科学实验的方法、材料、数据也都是必不可少的材料。因此，调查研究是十分必要的。

军事家不打无把握的仗，调查研究也必须做好充分的准备工作。毫无准备、仓促上阵的调查研究既提不出问题，又得不到有用的资料。要准备的内容很多，有些准备是长期的，工夫在平时。为了提高对问题的敏锐度，以及把握事物本质的能力，研究者必须不断地深入学习专业理论，及时了解相关政策，还应养成随时搜集材料、积累资料的习惯，尤其要加强自己的知识储备，提高个人素养。有些准备是临时性的，如捕捉调查线索，明确调查任务，学习有关的理论政策，查阅有关资料，学习有关专业知识，拟定调查提纲等。临时性准备对于调查研究来说非常重要。

做好准备之后，还要注意针对不同的调查对象采用适当的调查方法。如统计调查通过记数或计量来了解事物的广泛性和普遍规律，包括普遍调查、重点调查、典型调查和抽样调查等方式，有助于发现社会现象的普遍规律，适合研究经济问题时使用。搜集原始数据还有一些具体方法如直接观察法、报表法、访问法、调查法、实验法等。运用这些数据研究问题时也要谨慎，统计调查往往是有侧重地搜集数据，有极强的针对性，不一定能够完全说明问题。应当将多种方式调查所获得的数据或材料进行综合分析研究，更能说明问题。

对特殊现象、特殊问题适合采用个案调查法。个别事例总是和整体相关联的，了解具体的事例、生动的情节和独特的个性，侧重于把握事物的性质。把个别行为放在社会的背景下研究、分析、比较，也可以发现某种普遍性原理。个案调查一般有个别访问、开调查会、观察体验等方法。也有的调查是隐性的，需要通过潜查暗访才能获知真相，主要用于批评错误和揭露事实的真相。

无论采用何种调查方法，都应当坚持实事求是、热情虚心、坚韧不拔、吃苦耐劳的调查作风。只有这样，才能获得真实有用的材料，才能真正发现问题，有所创见。

(三)搜集材料的方法

1.勤做读书笔记

搜集资料的过程中应当养成勤做读书笔记的习惯，围绕选题，将所阅读的各种资料，进行分类摘抄，并随时写下阅读的心得体会，捕捉思想的火花。做读书笔记的好处很多。可以帮助记忆，加深对阅读书籍的理解，还可以积累材料，为科研论文的写作奠定资料基础。同时，坚持做读书笔记，也能够培养严谨治学的品格，锻炼思考能力。读书笔记形式多样，并无固定模式，可根据读书情况灵活掌握。平时阅读宜采用摘录书中要点与心得体会结合的札记体，以随时记录读书心得与创见。写作科研论文宜做标明出处、忠于原文的摘抄笔记，以积累研究资料，方便查找和引用。

2.逐步深入

围绕选题来搜集材料的过程，就是科学研究逐步深入的过程。确定选题之后，应当首先搜集研究对象的原始材料，尽可能多地了解研究对象；其次，搜集与选题相关的前人的研究成果资料。要了解本学科的研究历史与现状，明确在本学科中过去已经进行了哪些研究，有什么成果；弄清现阶段的研究达到了什么程度，以及哪些问题尚未得到解决。这样才能站在学科前沿高地进行科学研究，而不是画地为牢，自说自话。还可以避免与别人的研究重复，发展个体研究的独特之处。再次，围绕创新点搜集材料，深入研究。

总之，搜集材料是科学研究中最重要的环节，贯穿于科学研究的始终。善于搜集资料，充分占有资料，是科学研究工作的有力保证。对材料进行分类、选择与提炼，是资料搜集工作的逐步细化，也正是科学研究工作步步深入的过程。

三、拟订提纲

拟订提纲，就是编写研究计划。科学研究是一项长期的过程，应当事先拟订周密的研究计划，按计划有步骤地进行，以如期完成。拟订论文提纲，主要包括拟定标题，确立基本论点，确定论证方式和论证框架等工作。学位论文或一些重大项目的开题报告，就是在完成前期准备工作之后所制订的研究计划的书面提纲。这里以学位论文或毕业设计的开题报告为例，介绍拟订提纲的基本方法。

学位论文开题报告的格式各个学校大同小异，主体部分则大体一致。

（一）标题

科研论文的标题，是从所搜集的资料中提炼出来的，一要能够明确揭示论题，让人一看就知道所论何事；二要能够概括论文主要观点，清晰凝练；三要简洁明朗醒目，能够引人注目。如《金融危机对商品出口的影响——以宁波实证为例》、《利用经济结构转型化解我国当前的通胀压力》、《李鸿章的经济思想在洋务运动中的体现》等，论题或观点，表述得十分明白，读者一目了然。

（二）正文

开题报告的正文主要包括以下几点。

1.研究（或设计）的目的与意义

这个部分要求对本课题选题的依据进行说明，即拟开展的研究项目想要实现怎样的研究目的，进行此项研究具有什么样的理论价值或实用价值。

2.国内外同类研究（或同类设计）的概况综述

这个部分要求在充分搜集研究主题相关资料的基础上，分析国内外研究现状，提出问题，找到研究问题的切入点，还要附上主要参考文献。现在的研究成果总是以前人研究成果为基础的，不了解已有的研究成果，就不可能有发展与创新。所以，研究综述是开题报告当中的重头戏，它能够反映出研究者对选题的了解程度，如是否对选题的科学背景有全面、深入的了解，选题是否立足专业前沿，选题在所在专业领域的意义等。

3.课题研究（或设计）的方案

包括研究内容、研究目标、研究方法、技术路线、拟解决的问题、重点、难点和创新点等。研究内容就是一份详细的论文提纲，要用精炼的语言概括出主要观点，再用小标题逐层展示研究的逻辑思路。其他几个方面则用简洁的语言如实说明。

4. 研究计划

为了保证研究论文完成的质量与效率，开题报告还要求报告研究论文写作的时间安排、实施进度与完成程度，以做到心中有数。这个计划虽然有一定的伸缩性，但是研究者应当根据选题合理安排时间与进度，确保计划与实际进展的一致性。

高校或科研机构非常强调导师对学生选题的指导，规定必须组织开题报告会，对选题进行审核、讨论、修改。一些重大科研项目组会召开多次论证会，组织同行专家对课题研究计划进行评审和反复讨论，就是要在项目正式开始之前充分吸收各方意见，进一步修订研究方案，以利于研究的顺利开展。

四、论文构成

学术论文与学位论文的主体构成是相同的。为了便于国际交流，现在的科研论文的形式都遵守共同的国际学术规范。各学术期刊和国内各高校的学位论文编写格式都是以中华人民共和国国家标准《科学技术报告、学位论文和学术论文的编写格式》为基础编制的。这里重点介绍学位论文的基本构成部分，以及各构成部分的写作。

(一)题名

题名又称标题或题目。题名是以最恰当、最简明的词语反映论文中最重要的特定内容的逻辑组合。论文题目是一篇论文给出的涉及论文范围与水平的第一个重要信息，也是必须考虑到有助于选定关键词和编制题录、索引等二次文献可以提供检索的特定实用信息。

科研论文的标题应当能够准确传达论文主旨或主要观点。可以是单标题，如《财政扩张与供需失衡：孰为因？孰为果？》指出了论题；《注册税务师行业风险防范及控制》表达了观点。

也有的论文使用双标题。如果想在标题中表述较多的内容，既想概括地表达出文章的论述范围，又想表明自己的观点，就可以在主标题下加一副标题。主标题概括地表述论文的主题或讨论范围，副标题作为主标题意思的补充和引申。如《全要素生产率增长有利于提升我国能源效率吗？——基于35个工业行业面板数据的实证研究》，提出了问题，也说明了研究范围和研究方法。《税制变迁中的目标税制界定：体系完美与公共精神——出发点、过程及其合宜性判断》指出了研究对象及研究的切入点。

论文标题应避免烦琐、累赘和过于平淡无味。尽量避免在标题中使用非公知公认的缩略词、公式等,中文标题的字数最长一般不宜超过 20 个字。还要注意在题目中突出创新点来,使人看了标题知道文章有新见解。为了论文可参与国际化交流,论文还应有一个相应的英文标题。英文标题要与中文标题保持一致,不宜超过 10 个实词。

(二)摘要

论文一般应有摘要,也称内容提要,它是论文内容不加注释和评论的简短陈述,是论文要点的浓缩,使读者不阅读论文全文即能获得必要的信息。摘要应具有独立性和自含性,应是一篇完整的短文。不用图表和非公知公用的符号或术语,不得引用图、表、公式和参考文献的序号。

摘要应包含以下内容:①从事这一研究的目的和重要性;②研究的主要内容,指明完成了哪些工作;③获得的基本结论和研究成果,突出论文的新见解;④结论或结果的意义。论文摘要虽然要反映以上内容,但文字必须十分简练,内容亦需充分概括,不需要列举例证,不用图表、化学结构式,也不要作自我评价。如《货币政策与贸易不平衡的调整》(《经济研究》,2011 年第 3 期)一文的内容提要写道:

建立了一个开放小国随机动态一般均衡模型,研究不同的货币政策和汇率政策对调整贸易不平衡的作用,同时考虑了资本开放与否对不同政策效果的影响。分析发现,由于名义黏性的作用,无论资本开放与否,调整价格都无法快速实现贸易平衡,并会引起产出和物价的较大波动。而较快的汇率调整政策会较快实现贸易平衡,且无论资本开放与否,都不会引起经济波动。从福利角度比较,较快的汇率调整总是优于价格调整,且在资本开放环境下的调整总是优于资本封闭下的调整。通过中国数据校准和模拟发现,在渐进调整汇率的政策下,价格水平被迫作出调整可能是带来 2005 年人民币汇率改革之后经济波动的原因。

这段内容提要,介绍了建立数学模型研究方法、研究对象、研究内容、研究结论,以及其对当前经济现象的解释,语言简洁而表述清晰。

学位论文也应有相应的英文摘要,内容与中文摘要基本一致。中文摘要篇幅一般不宜超过 200～300 字;外文摘要不宜超过 250 个实词。如遇特殊需要字数可以略多。一般限制其字数不超过论文字数的 5%。例如,对于 6 000 字的一篇论文,其摘要一般不超出 300 字。

(三)关键词

关键词是为了文献标引工作,从论文中选取出来,用以标示全文主要内容信息款目的单词或术语。一篇论文可选取 3～8 个词作为关键词。关键词或主题词的一般选择方法是:由作者在完成论文写作后,纵观全文,选出能表示论文主要内容的信息或词汇,这些主词或词汇,可以从论文标题中去找和选,也可以从论文内容中去找和选。如《外包与要素价格:从特定要素模型角度的分析》(《经济研究》,

2011 年第 3 期)一文选取了“特定要素模型,外包,要素价格,相对工资”四个词组或短语作为关键词,有三个是从标题中选出的,提供了该论文的主要信息。关键词与主题词的运用,主要是为了适应计算机检索的需要和国际计算机联机检索的需要。

(四)引言

引言又称前言,也叫绪论、导论、引论,属于整篇论文的引论部分。主要是介绍论文的研究对象、研究理由、研究目的、前人的工作和知识空白,理论依据和实验基础,预期的结果及其在相关领域里的地位、作用和意义。引言和摘要的内容侧重点是不同的。引言的篇幅大小,并无硬性的统一规定,可根据整篇论文篇幅的大小及论文内容的需要来确定,措词要精练。一般的科研论文只需用简短的文字引出下文。如《地方政府“土地财政”是如何产生的》(《宏观经济研究》,2011 年第 1 期)一文开篇的一段话:

近年来,“土地财政”已经成为我国宏观经济运行中的突出问题之一。尽管中央政府出台了一系列调控措施,但“土地财政”问题并没有得到根本解决,宏观经济风险依然存在。深入寻找该问题的症结,解决当前地方政府对土地财政的依赖成为未来政策着力解决的重要难点。在当前中国财政体制条件下,地方政府为什么具有如此强烈的“土地财政”依赖?其背后的推动力是什么?哪些措施可以有效解决这个问题?这一系列问题的回答有助于我们认识该问题的本质,对于进一步推进地方政府财税体制改革、构建和谐社会具有长远的战略意义。

这段话就是这篇论文的引言。从内容而言,它以提问的方式指出了论题的学术价值和现实意义、思考的切入点和论文的逻辑思路等,有效地引起了读者的关注。从表达而言,对论题背景的揭示简洁明晰,对论题的思考以提问的方式深刻有力又步步深入,对论题意义的说明简单明了。

学位论文的引言则需要更长的篇幅,因为它必须反映出研究者确已掌握了相关领域坚实的基础理论和系统的专门知识,具有开阔的科学视野,对研究方案经过了反复论证。所以,有关历史回顾和前人工作的综合评述,以及理论分析等,可以单独成章,用足够的文字叙述。学位论文的引言主体是国内外研究概况综述,这部分文字必须具有足够的篇幅和说服力。

(五)正文

正文是一篇论文的本论,属于论文的主体,它占据论文的最大篇幅。论文所体现的创造性成果或新的研究结果,都将在这一部分得到充分的反映。正文必须主题明确,内容充实,论据充分可靠,论证有力,逻辑严密。

1. 正文的结构

正文的写作最重要的就是论证结构的安排,因为本论的逻辑层次往往是通过结构体现出来的。科研论文的论证结构一般有如下几种。

(1)并列式结构

这是一种比较常用的结构方式，也称横式结构或平列式结构，即将中心论点分为关系并列的几个分论点，各个分论点平行排列，分别从不同侧面、不同角度论证中心论点。如《国家审计职责的界定:责任关系的分析》(《审计与经济研究》2011年第2期)一文的五个部分分别是:①国家审计与政府的关系——责任重构;②各级国家审计之间的关系——责任重释;③国家审计与国有企业的关系——责任重建;④国家审计与内部审计的关系——责任重塑;⑤国家审计与社会审计的关系——责任重理。这五个部分显然是从五个方面讨论国家审计职责的五种责任关系，条理非常清晰。并列式结构有利于条理清晰地论述问题，较全面地分析问题，行文相对容易驾驭一些。这种结构要注意的是，分论点的提炼和小标题的拟订非常关键。

(2)递进式结构

递进式结构也称推进式结构或纵式结构，是一种针对论题层层递进、步步深入的结构方式。提出问题、分析问题与解决问题的思路就是这种类型。这种结构反映了认识由浅入深、从现象分析到本质把握的思维过程，前后层次之间呈现出逐渐深入的逻辑关系，有利于深刻透彻地阐明主要观点。如《策略性模糊在信息甄别中的作用——以企业接班人计划为例》(《经济研究》,2011年第3期)分为四个部分:一、模型设定;二、均衡结果;三、均衡结果的含义及其对企业接班人计划的解释;四、总结。论文的四个部分是层层递进的关系，后一个部分依据的正是前一个部分的结果。这种结构要求各层次的逻辑关系呈链条式递进，环环相扣，水到渠成地得出结论。

(3)交叉式结构

交叉式结构是以并列式结构或递进式结构之一种为主，局部夹杂另一种结构方法的结构方式。有些论题十分复杂，需要将并列式和递进式结合起来才能说明清楚。如《地方政府"土地财政"是如何产生的》(《宏观经济研究》,2011年第1期)一文含五个部分:①"土地财政"的实质与不良影响;②制度前提，政绩考核偏向下的地方政府竞争;③地方政府的预算约束及行为选择;④地方政府预算约束下的行为选择——"土地财政";⑤"土地财政"的改革方向。整篇论文按照提出问题(第一部分分析地方政府"土地财政"的实质)、分析问题(第二、三、四部分递进式分析造成土地财政的原因)、解决问题(第五部分提出改革的方向)的递进式结构安排。但局部采取了并列式结构，如第二部分又分为"偏向经济内容的地方政府政绩考核制度"和"地方政府目标与权力结合的结果——地方政府竞争"两个平行的逻辑段，从纵向考核与横向竞争两方面说明催生地方政府土地财政的制度压力。

2.正文中图、表及数学公式的使用

财经科研论文经常会用到图表、数学式。根据中华人民共和国国家标准《科学技术报告、学位论文和学术论文的编写格式》规定，论文中的图、表、附注、参考文献、公式、算式等，一律用阿拉伯数字分别依序连续编排序号。序号可以就全篇论文统一按出现先后顺序编码。

(1)图

图包括曲线图、构造图、示意图、图解、框图、流程图、记录图、布置图、地图、照片、图版等。图应注意以下几个问题。

①图应具有“自明性”，即只看图、图题和图例，不阅读正文，就可理解图意。

②图应编排序号。每一图应有简短确切的题名，连同图号置于图下。必要时，应将图上的符号、标记、代码，以及实验条件等，用最简练的文字，横排于图题下方，作为图例说明。

③曲线图的纵横坐标必须标注“量、标准规定符号、单位”。此三者只有在不必要标明(如无量纲等)的情况下方可省略。坐标上标注的量的符号和缩略词必须与正文中一致。

④照片图要求主题和主要显示部分的轮廓鲜明，便于制版。如用放大缩小的复制品，必须清晰，反差适中。照片上应该有表示目的物尺寸的标度。

(2)表

表的编排，一般是内容和测试项目由左至右横读，数据依序竖排。表应有自明性，应编排序号。

每一表应有简短确切的题名，连同表号置于表上。必要时，应将表中的符号、标记、代码，以及需要说明事项，以最简练的文字，横排于表题下，作为表注，也可以附注于表下。

表的各栏均应标明“量或测试项目、标准规定符号、单位”。只有在无必要标注的情况下方可省略。表中的缩略词和符号，必须与正文中一致。表内同一栏的数字必须上下对齐。表内不宜用“同上”、“同左”、“,”和类似词，一律填入具体数字或文字。表内“空白”代表未测或无此项，“—”或“…”(“—”可能与代表阴性反应相混)代表未发现，“0”代表实测结果确为零。

(3)数学式

正文中的公式、算式或方程式等应编排序号，序号标注于该式所在行(当有续行时，应标注于最后一行)的最右边。较长的式，另行居中横排。如式必须转行时，只能在“＋、－、×、÷、＜、＞”等符号处转行。上下式尽可能在等号“＝”处对齐。

小数点用“.”表示。大于999的整数和多于三位数的小数，一律用半个阿拉伯数字符的小间隔分开，不用千位撇。小于1的数应将0列于小数点之前。

3. 论文注释

写作论文时,如果引用了他人的学术观点或学术成果,就应该加注予以说明,标明出处。如果有一些问题需要说明,插入正文又会破坏原文的逻辑和行文的流畅,也需要使用注释。论文的注释应当规范。

注释有脚注、尾注、夹注、题注和章节注五种。不同刊物使用注释的格式不尽相同,但使用频率最高的是脚注和尾注。

脚注又叫页下注,是将注释写在页面底端,用一条横线与正文相分隔。清楚直观,便于查阅,适合于专著或篇幅较长的论文。

尾注又叫文末注,是将所有的注释集中放在论文结尾处。注释集中排列,又可以起到“参考文献”的作用,一举两得。尾注一般适用于篇幅较短的论文,如学士学位论文和期刊上发表的论文。

脚注和尾注的著录项目都是:主要责任者,书名或期刊名,版本,出版项(出版地:出版者,出版年)或年卷号,参考页码。

专著著录格式是:[序号]主要责任者. 文献题名. 版本. 出版地:出版者,出版年:页码.

例:[2]刘少奇. 论共产党员的修养. 修订2版. 北京:人民出版社,1962:76.

期刊著录格式是:[序号]主要责任者. 文献题名. 刊名,出版年份,卷号(期号):起止页码.

例:[4]李四光. 地壳构造与地壳运动. 中国科学,1973,(4):400～429.

(六)结论

论文的结论部分,应反映论文中通过实验、观察研究并经过理论分析后得到的学术见解。结论应是该论文的最终的、总体的结论。结论不是正文中各段的小结的简单重复。结论应当体现作者更深层的认识,即从全篇论文的全部材料出发,经过推理、判断、归纳等逻辑分析过程而得到的新的学术观念和见解。如果不可能导出应有的结论,也可以没有结论而进行必要的讨论。还可以在结论或讨论中提出建议、研究设想、仪器设备改进意见、尚待解决的问题等。

具体而言,结论的写作内容一般应包括以下几个方面:①本文研究结果说明了什么问题;②对前人有关的看法做了哪些修正、补充、发展、证实或否定;③本文研究的不足之处或遗留未予解决的问题,以及对解决这些问题的可能的关键点和方向。如《财政扩张与供需失衡:孰为因? 孰为果?》一文的结论部分:

轻消费重积累,是发展中国家在经济赶超阶段普遍采取的战略,一段时间内确实起到迅速提高经济增长率的效果。但是消费需求的增长乏力,最终妨害了经济增长的潜力和质量。我国自1998年实施积极财政政策以来，就不断采取各种措施，着眼于扩大内部消费需求。在长达十多年时间里，虽然几经努力，但是内需不振、供过于求的局面一直没得到明显改善。本文认为，其中一个重要原因是，我国财政扩张政策与供需失衡之间存在循环累积因果关系，即供需失衡不但是财政扩张的原因，以间接税为支撑的财政扩张，也成为供需失衡的重要原因。

那么，如何打破供需失衡与财政政策之间的循环累积因果关系呢？这是一个庞大的系统性工程，其落脚点无非是抑制盲目投资、扩大居民消费需求。对此国内已有大量文献分析，这里不再赘述。我们的思路是，应从调整国民收入分配结构入手，扭转自20世纪90年代中期以来国民收入中居民部门分配所占比重下滑局面。从调整手段上讲，向居民部门倾斜的手段无非以下几种：在初次分配中，直接增加居民部门收入，其方案有减税、增加工资等；在二次分配中，增加对居民部门的支出，主要有增加社会保障支出等。这些政策手段有的正在实施，如医疗和养老保障制度改革，最低工资方案等；有的操作空间较小，如减税等。我们认为，既然现在国民收入分配格局是一个长时间积累的结果，那么调整国民收入分配格局就不可能毕其功于一役。当前积极财政政策在通过扩大财政投资，关注拉动经济增长的效果的同时，还应将积极财政政策与结构调整结合起来，解决经济结构中深层次矛盾问题。

与经不起国际经济危机冲击的小国不同，中国目前实际上仍具有多方面巨大的潜在发展优势，如极广阔的内地纵深、广大农村对于工业品的需求潜力巨大、城市化率尚低、产业链远未充分展开等，积极财政政策完全可以在节省资金的同时大有作为。例如，我们可以在政策方案选择中，淡化扩大财政支出的“硬政策”，强化改善市场环境的“软政策”。举例来说，扩大就业是增加居民收入、解决社会矛盾的重要手段，能有效地改善国民收入分配格局。当前中国不是没有就业岗位需求，而是市场环境使得一些就业需求受到抑制，如社区服务、集贸市场、劳动密集型产业都能很强地吸纳劳动力。政府在这些领域应显示更多的作为，如积极推动行业协会建立、对家政公司实行统一管理、农村基础设施建设采取“以工代赈”方式等，既节省财力，又扩大就业，增加居民收入。

这部分文字有三层意思：一是指出了从研究中所发现的问题，即我国财政扩张政策与供需失衡之间存在循环累积因果关系；二是提出了解决的方向，应从调整国民收入分配结构入手，推行经济结构调整，解决经济结构深层次矛盾；三是提出解决办法的现实基础和可行性，中国实行积极财政政策可以在节省资金的同时大有作为。

从语言表达上来说，结论应该准确、完整、明确、精练。措词严谨，逻辑严密。不能模棱两可、含糊其辞，也不应夸大，对尚不能完全肯定的内容要留有余地。

(七)致谢

按照 GB7714—2005 的规定，致谢语句可以放在正文后，体现对下列方面致谢：国家科学基金、资助研究工作的奖学金基金、合同单位、资助和支持的企业、组织或个人；协助完成研究工作和提供便利条件的组织或个人；在研究工作中提出建议和提供帮助的人；给予转载和引用权的资料、图片、文献、研究思想和设想的所有者；其他应感谢的组织或个人。

学位论文的致谢主要是表达对学校、指导教师、其他提供帮助的老师、同学，以及父母亲人的感谢之情；也可以简单描述写作论文过程中的感受。

(八)参考文献

在学术论文后一般应列出参考文献，其目的有四，即：①为了能反映出真实的科学依据；②为了体现严肃的科学态度，分清是自己的观点或成果，还是别人的观点或成果；③为了对前人的科学成果表示尊重，同时也是为了指明引用资料出处，便于检索；④为读者进一步阅读和研究提供线索。撰写学术论文过程中，可能引用了很多篇文献，只需要将引用的最重要和最关键的那些文献资料列出即可。

参考文献表可以按顺序编码制组织，各篇文献要按专论正文部分标注的序号依次列出。也可以按“著者-出版年”制组织，各篇文献首先按文种集中，可分为中文、日文、西文、俄文、其他文种五部分，然后按著者字顺和出版年排列。中文文献可以按笔画、笔顺排列，也可以按汉语拼音字顺排列。

中华人民共和国国家标准《文后参考文献著录规则》(GB7714—2005)，对文后参考文献的著录项目与著录格式作出了如下规定，暂举以下三种进行说明。

1. 专著

著录格式：主要责任者. 题名：其他题目信息[文献类型标志]. 其他责任者，版本项. 出版地：出版者，出版年：引文页码[引用日期]. 获得和访问路径.

2. 连续出版物

著录格式：主要责任者. 题名：其他题目信息[文献类型标志]. 年，卷(期)-年，月，卷(期). 出版地：出版者，出版年[引用日期]. 获取和访问路径.

3. 专利文献

著录格式：专利申请者或所有者. 专利题名：专利国别，专利号[文献类型标志]. 公告日期或公开日期[引用日期]. 获取和访问路径.

文后参考文献的著录格式与论文注释类似，不再赘述。

五、例文

我国云计算产业发展趋势及政策建议①

田杰棠

摘要：云计算技术的应用与推广有利于企业降低成本、提高资源利用率。我国云计算产业发展较快，但是市场规模尚小，"十二五"时期将是云计算产业快速发展的机遇期。我国云计算产业发展面临的困难主要有：各界认识存在分歧，发展思路不明确；基础设施不能满足云计算发展的需要；关键技术尚有待突破；"云安全"问题仍是关键制约因素；尚缺乏行业标准。当务之急是统一认识并厘清发展思路，逐步解决制约云计算产业规模化发展的基础设施、技术、安全、标准等问题，并适时建立"中央政府云"。

关键词：云计算　企业信息化　行业标准　软件业

国际金融危机对世界经济产生了重大影响。在发达国家经济陷入困境、纷纷出台短期经济刺激政策之际，各国政府和专家也都非常关注一个中长期问题，即"后危机时代"有没有哪些新技术可以引领一个新的经济繁荣时期。在这一背景下，云计算同智慧地球、物联网等概念一样，迅速成为各界关注的焦点。云计算是一种信息技术资源的交付和使用模式，指通过网络获得硬件、平台、软件及服务等所需的资源，其中提供资源的网络被称为"云"，而云计算产业则是指专门提供各种"云"服务的产业。云计算的应用将使用户不再耗资建设自己的数据中心，也不用大量购买价格昂贵的软件，而是直接通过网络获得各类资源，并按使用量付费，从而大大提高了资源的利用效率，促进信息的高度共享。云计算被视为信息技术(IT)产业的未来发展方向和革命性变革之一。因此，有必要深入研究我国云计算产业发展前景和潜在影响，尽早展开试点，以便及时发现问题，做好未来大规模发展云计算产业的准备工作。

(一)云计算产业在我国的发展现状与前景

1. 市场规模尚小，软件即服务(SaaS)占据主体地位

目前，官方统计机构还没有建立起云计算产业的统计体系，也没有发布过相应数据，但是一些研究机构对此做过一些统计工作。由于对云计算应用的理解不同，各研究机构对我国云计算应用市场规模的预测存在较大差异。目前，比较有权威性的统计数据分别来自赛迪顾问和计世资讯两家研究机构。根据赛迪顾问的统计结果，2009 年中国云计算市场规模为 92.23 亿元，比 2008 年增长 26.85%。② 相对

---

① 田杰棠《我国云计算产业发展趋势及政策建议》，《经济纵横》，2011 年第 8 期。

② 详见赛迪顾问主办的《信息产业研究》2010 年第 4 期"云计算应用市场及建设模式研究"专题。

于这种口径较窄的统计数据，计世资讯提供了一种包含搜索引擎与网络游戏的口径较宽的统计数据，认为2009年云计算应用的市场规模已达403.5亿元，比2008年的315.2亿元增长了28%。[①] 计世资讯的研究提供了云计算应用的细分市场结构，其中，以软件即服务(SaaS)为代表的云应用服务所占市场比例最大，是目前云计算服务的主要方式。2009年SaaS在云计算服务中所占比例为87.8%；平台即服务(PaaS)所占比例为11.8%；基础设施即服务(IaaS)所占比例为0.4%。

(二)地方政府态度积极，中央政府部门已开始推进地方试点示范

云计算在我国的应用还没有真正普及，目前主要是个人用户比较多，企业用户相对较少，而地方政府对云计算表现出了高度的热情。北京、上海、江苏、广东等很多省市都结合自身特色，推出了各自的云计算发展战略。地方政府对云计算高度关注主要出于两方面原因：一是试图通过设立云计算中心，为本地区企业提供IT服务；二是为了提前布局，抓住云计算的发展机遇，培育战略性新兴产业，拉动云计算相关产业的发展。2010年10月18日，工信部和国家发改委联合发布了《关于做好云计算服务创新发展试点示范工作的通知》，确定在北京、上海、深圳、杭州、无锡等五个城市先行开展云计算服务创新发展试点示范工作。试点工作重点包括四个方面的内容：一是推动国内信息服务骨干企业针对政府、大中小企业和个人等不同用户需求，积极探索软件即服务(SaaS)等各类云计算服务模式；二是以企业为主体，产学研用联合，加强海量数据管理技术等云计算核心技术的研发和产业化；三是组建全国性云计算产业联盟；四是加强云计算技术标准、服务标准和有关安全管理规范的研究制订，着力促进相关产业的发展。

(三)多数企业用户对使用云计算尚存顾虑

埃森哲公司对100多位IT高级管理人员所做的问卷调查结果显示，中国企业已开始探索使用云计算，但在态度方面依然谨慎。目前，他们更倾向于创建私有云，而不是使用公有云服务。只有不到20%的受访企业在使用公有云服务，构建和运行私有云平台的比例要更高，愿意把核心应用委托给云服务商的用户极少。云计算应用目前仅限于少量的低风险业务和试点项目。与美国等国家相比，我国云计算的应用规模还很小，企业对云计算应用的接受程度远低于其他国家。[②]

(四)"十二五"时期将是云计算产业成长的关键机遇期

自2007年云计算概念引入以来，云计算在国内一直处于技术发展和概念推广期。综合各方面的判断，"十二五"时期将是云计算产业成长的最关键时期，云计算

① 详见计世资讯，《2010年中国SaaS与云计算研究报告》。

② 详见埃森哲公司的《中国云计算发展的务实之路》报告。

市场将进入成长阶段,产业规模将会高速增长。预计到 2015 年前后,云计算应用将开始进入较成熟的发展阶段。

二、云计算产业发展可能带来的影响

(一)对企业信息化模式的影响

第一,会降低企业信息化成本。云计算这种基于互联网的服务交付方式的出现,将使企业信息化建设的费用大大降低。企业无须再购买繁杂的 IT 设备,只需要通过互联网远程应用等软件,就可以实现信息化管理。在使用费用上,用户只需每月支付一定的租金,就可以租用这些软件和服务,而且服务功能还会不断增加。

第二,降低企业信息基础设施的投资风险。在传统模式下,企业为开发、部署及扩展计算机应用系统,需要购买大量新设备、定期淘汰旧服务器,资金耗费多,风险较大。当企业把一个应用程序部署到“云”中时,可扩展性和基础设施投资等问题也就转移给了云运营商。而云运营商的基础设施规模可以适应各个客户的业务量增长和工作负荷尖峰情况的需要,从而减轻了企业客户所面临的投资风险。

第三,企业能够利用的资源大大增加。在云计算应用前,企业根据自身需求投资基础设施,其可利用的资源受自身设施的限制,不可能无限扩展。引入云计算后,云服务商所能提供的资源和服务要远大于单一的企业,这会使企业客户能够支配更多的资源。

第四,信息资源的使用更加灵活,企业的需求可以得到快速回应。除了能够节省成本,云计算的另一个特点就是可以快速部署。在企业定制好需求以后,云服务商会选择相应的成熟模块,快速地部署实施。相比于传统的管理软件,云计算的回应更加快速。此外,用户还可以根据实际情况的变化,随时改变应用配置。

第五,中小企业的信息化程度将会加深。据统计,70%以上的中小企业在信息化的投入上不足 1%。而应用云计算以后,中小企业只需要付出非常低的租金,就可以使用与大中型企业相媲美的资源。这种租用模式将给中小企业带来低成本、高性能和专业化等多种好处,从而进一步加深中小企业的信息化程度。

(二)对软件业和电子商务发展的影响

第一,云计算会给传统软件产业带来根本性变化。云计算将省略传统软件复杂的购买和安装程序,其所有应用和许可都可以随时购买生效,并通过网络完成软件服务等应用,无须占用本地过多的资源。同时,云计算也打破了绑定在某一个单独机器上的对软件应用空间和时间的限制,所有应用所需要的计算能力、存储、带宽、电力等都由数据中心提供。此外,在云计算模式下,软件销售将从出售软件包及终端用户授权许可,转变为出售“云计算”服务,只要使用“云”,就需要付费。而以复制光盘为代表的盗版模式在云计算的冲击下将可能不复存在。

第二，云计算将助推电子商务的发展。云计算的应用会降低企业电子商务的运营成本，企业不必花费大量的人力、财力、物力去建立电子商务系统及后台的维护支持，这些任务都将由云计算运营商来处理。企业可以集中精力去研究和拓展市场，使其电子商务网站成为更加有效的交流、沟通与信息传播平台，实现与客户的互动，并提供丰富的网络服务。

(三)对互联网服务业的影响

第一，从资源配置角度看，更多的资源将从用户端走向"云"端，互联网的"端到端"理念将面临巨大挑战。目前，用户端主要通过不断升级硬件和软件来享受更多的互联网服务。云计算应用以后，几乎所有的计算和存储资源都集中到了"云"端，用户端将变得越来越简单。通过虚拟化技术，"云"端的资源将被用户以租用方式使用，用户不再需要自己购置和升级软硬件。

第二，从服务内容角度看，互联网将提供更多层次的服务。传统软件厂商一般通过出售软件介质来盈利，这些软件都安装在用户的电脑上，软件功能越强大价值就越高。云计算应用后，用户无须关心软件的购买、维护和升级，这些工作都由云计算运营商来完成。用户通过浏览器接入"云"端后，可以低租金享受更多的服务。软件厂商会因此而将各类业务转移至云计算平台，建有大型云计算数据中心的运营商将有偿提供计算及存储资源服务。

第三，从资源耗费角度看，云计算服务所耗费的成本将明显降低。在硬件不可靠的情况下，通过云技术，将多个低端服务器组合成集群，就可以实现与大型服务器相同的功能，而商业成本将大大降低。

第四，从行业监管角度看，互联网监管模式也将随之转变。云计算的出现打破了地域的概念，资源的跨地域存储与本地化监管之间的矛盾将会进一步凸显。对此，互联网监管必须要有全局观，在网络资源存储、资源共享和网络安全监管等方面做好不同地域之间的沟通与协调工作。

三、发展云计算产业面临的主要问题

(一)各界认识存在分歧，亟须正本清源

到目前为止，国际上对云计算尚无统一概念，我国学术界与产业界对云计算的理解也各不相同。如，有人认为云计算就是扩展的网格计算，也有人认为虚拟化、分布式就是云计算。许多厂商以"旧瓶装新酒"，提供的所谓"云计算"服务与原来的服务相比，并没有实质性改变。有业内人士指出，一些地方政府投巨资建设所谓的"云"系统，其设备和资源利用效率很低，完全没有体现出云计算的高效、节能和低成本优势。在未来一段时间，关于云计算认识的分歧仍然可能会存在，而这将直接影响到云计算应用价值的实现。

(二)信息技术基础设施还不能完全满足云计算发展的需要

规模化发展的云计算需要带宽更大、稳定性更高的网络。我国互联网在网速方面仍然比较落后,数据的长途传输引起的时间延迟较长,难以满足云计算发展的要求。同时,云计算需要数据资源、软硬件资源更多地部署在网络中,其核心环节就是稳定的互联网数据中心(IDC),并以此承载若干的应用服务平台。我国许多科技园区或大企业拥有自己的数据中心,但是这些传统的数据中心分布比较分散,存在高能耗、高成本、低效率等问题,无法满足云计算发展的需要。少数企业数据中心规模较大,还须进一步整合,更多现有的数据中心还达不到提供云服务的要求。

(三)云计算关键技术尚有待突破

由于对云计算的认识未能统一,所以有关云计算的技术认识也存在较大差别。一种观点认为,云计算是并行计算、分布式计算、网格计算和效用计算等技术的进一步发展;另一种观点认为,云计算没有新的技术,只是现有技术的集成。从已有的典型厂商商业模式来看,不同厂商对云计算的技术理解和实现方式也存在很大差别,因而提供了特征不同的云计算产品和服务。另外,从应用角度看,云计算面临着应用模式下一些特有技术的瓶颈问题,关键技术问题如数据的私密性、数据传输瓶颈、性能的不可预见性、可扩展存储能力等都需要突破。能否在这些技术上实现突破并进一步实现商业化,将影响到云计算的进一步发展。从目前情况来看,国内外厂商之间还存在较大的技术差距。

(四)“云安全”问题仍是云计算发展的关键制约因素

“云安全”包括两个层面:一是用户层面担心的数据安全问题,包括由于系统不可靠造成的数据丢失,以及可能被对手或黑客攻击并窃取隐私或商业秘密;二是国家层面的安全问题,由于公有云计算环境由外部供应商提供并与他人共享,这就有可能导致有关国家经济、军事、政府部门的敏感数据,以及科研成果失窃,从而威胁到国家的经济和社会安全。埃森哲公司的问卷调查结果显示,安全问题是全球对云计算的最大质疑,而这种担忧在我国尤为突出。相比其他国家,更高比例的我国受访者认为,其所在企业和机构拥有不得外泄的敏感数据。我国高管尤其担心数据遭黑客盗窃,或是意外泄露给同一云供应商的其他企业用户或本企业的非授权员工。

(五)缺乏行业标准将影响未来“云”之间的互联互通

目前,云计算在全世界还没有统一标准。虽然包括谷歌、雅虎、亚马逊、微软等大企业都在着手制订云计算标准,但是由于各自的云计算技术架构和应用模式存在差异,导致各自的标准也难于统一。在没有统一标准的情况下,单元设备、技术无法相互匹配,互操作、硬件转移等难以实现,在某个系统中开发的应用程序无法拿到另一个系统使用,这将不可避免地影响到多个"云"之间的互联互通。因此,建立一个可以让数据彼此互通的标准已成为云计算发展的当务之急。国内目前有三个组织正开展云计算标准的研究,分别是全国信标委、IT 服务标准工作组,以及产业联盟。虽然进行了一些前期工作,但是总体来看,我国对云计算标准的研究还处于起步阶段。

四、促进云计算产业发展的政策建议

(一)应在国家层面进一步统一云计算的认识,明确云计算产业的发展思路

在地方试点的基础上,下一步应该明确我国云计算产业的发展模式与思路。首先,应加强关于云计算发展战略的研究工作,组织科技界、经济界、企业界等各方面有识之士共同研究云计算的内涵和模式,研究我国发展云计算应用和云计算产业的总体思路,确定云计算发展不同阶段的战略步骤,并以政府机构的名义发布相关的研究成果,为云计算产业的发展指明方向。其次,应该研究借鉴美国、日本等发达国家的经验,总结各地方、各大企业探索云计算应用的利弊,在充分调研的基础上,制订未来几年云计算产业的发展规划或指导意见,为云计算应用发展建立一个良好的市场预期和政策环境。

(二)充分考虑云计算应用需要,加强"十二五"信息基础设施建设

"十二五"规划信息技术基础设施建设布局,一定要充分考虑云计算发展的需求,避免基础设施成为云计算应用的瓶颈。首先,应提高互联网的速度和可靠性。"十二五"时期将是云计算产业的成长阶段,此阶段的特征是产业规模的高速增长,这必将对网络速度和可靠性提出更高的要求。工业和信息化部已经提出,要以新一代网络为契机,进一步加强网络基础设施建设,尤其是下一代宽带互联网的建设,但是目前的规划主要是基于多网业务融合的需要考虑的。因此,应进一步评估云计算发展带来的网络带宽和可靠性要求,力求布局网络基础设施建设时以满足云计算应用需求为标准。其次,在基础设施建设规划中,应统筹考虑大规模数据中心的建设和布局。应在规划基础设施时,考虑全国性数据中心的建设和布局,基于云计算技术建设整合虚拟化、自动化、广域数据加速、安全以及绿色节能的新一代数据中心,为云计算市场增长提供有力保障。在市场准入方面,应考虑对有条件的云计算服务商发放全国性数据中心牌照,同时注意区域布局问题,避免不必要的重复建设。对大型数据中心的选址、建设标准等方面应有所规范,可以考虑在大型电厂附近、气候和地理位置适宜的地区优先建设大型数据中心,并鼓励大型电厂不经过骨干电网,直接为数据中心供电。

（三）以多种措施解决"云安全"问题

第一，制定云计算安全法律法规，明确各方责任。应以法律形式明确云服务提供商与用户之间的责任和义务，并以此法规为指导确定云服务的合同范本。用户与服务商之间需要签订协议，具体规定一些详细的责任条款及承担的后果。用户应理解法规的影响、服务提供商处理数据安全的方式，以及公司的知识产权是否存在风险等问题。

第二，建立云计算安全审计制度。应建立审计标准和制度，定期对云服务提供商进行以安全为主要内容的全面评估，以提高服务商内部操作的透明度，保证其可靠性。建立审计制度的目的在于通过第三方验证来确保、促使云服务供应商对客户数据提供保护。对审计的结果应该予以公示，不符合审计标准的厂商应勒令其停业整顿。

第三，支持国内制造和运营商的发展。目前，大型跨国公司仍然掌握着云计算领域的核心技术和设备制造能力。出于国家安全的长远考虑，应该鼓励和扶持国内相关企业的发展。在推动云计算产业的发展过程中，一方面，要积极参与国际合作，广泛利用开源等产业技术条件，建立自主可控的核心技术体系，在实现技术自主的基础上进一步做大做强；另一方面，在核心产业环节，应适度扶持具备关键技术能力与产业优势的企业，发挥积极的示范与导向作用。可以考虑以各个产业环节的骨干企业为主体，建立国内的云计算产业联盟，通过上下游产业的相互协调、相互带动，提高国内云计算厂商的制造和服务能力。

（四）支持云计算关键技术研发

依托重大科技项目或产业发展基金，增加对云计算应用设计的虚拟化技术、分布式存储、分布式计算等关键基础技术、共性技术的研发投入。建立云计算的国家实验室和产业技术公共服务平台，承担云计算关键技术研发的任务，并向产业界扩散。鼓励有条件的大型企业独立或联合高校、科研院所组建研发机构，从事云计算关键技术的研究。鼓励企业加强国际交流与合作，对云计算技术引进、消化、吸收、再创新，在商业化使用的基础上，逐步掌握云计算领域的关键技术，实现技术和服务模式的同步创新。

（五）在积极参与国际标准制定的前提下，探索制定国家标准

目前，以跨国公司为主导的国际组织已经开始成立相关机构，并在有关国家成立分支机构，积极倡导和参与云计算国际标准的制定。在这种形势下，应由国内社会团体出面，积极开展云计算国际标准研讨交流活动，争取获得同国际云计算机构对等交流的资格。鼓励国内企业或机构尽快加入云计算国际组织，成为组织成员，并在我国成立分支机构，直接参与国际标准的制定工作。同时，应该在接受国际先

进技术标准的同时，大力提倡自主知识产权标准的制定，并将知识产权政策、产业研发政策和标准化政策协调起来，逐步建立云计算的国家标准体系。政府部门在制定标准时，应该使标准的制定程序和过程更加公开透明，积极鼓励国内龙头企业参与国家标准的制定工作。

(六)适时建立中央政府“云”，引领和带动云计算发展

总结地方政府推进云平台建设的经验，适时启动中央政府云平台的建设。可先以某一种重要公共服务为试点，建立面向全社会的电子政务和便民服务云平台。在建设和运营过程中，探索发展云计算应用的问题与经验，为云计算行业的发展起到引领带动作用，并为政策制定提供依据。同时，可以考虑将各部委内部信息基础设施予以整合，按照统一的规划和标准，主要依托国内设备和自主技术，建立中央政府的“内部信息云”，使信息在中央政府各部委之间实现内部共享。“内部信息云”的建设将有利于降低建设成本，节约财政支出，通过统一的设备升级和安全管理，提高政府内部信息系统的可靠性。

思考与练习

一、简答题

1. 简述科研论文的特点。

2. 简述学位论文的选题原则。

二、写作题

1. 选择一本所学专业领域的经典名著，围绕这部著作搜集文献资料，列一个参考文献目录。

2. 在中国期刊网上查找专业科研论文，选择正文结构安排不同的两篇论文进行评析。

3. 思考一个毕业论文(设计)，拟出提纲。

参考文献

[1] 刘锡庆.基础写作学[M].北京:中央广播电视大学出版社,1985.
[2] 裴显生.写作学新编[M].南京:江苏教育出版社,1987.
[3] 郭长才,余国瑞.经济写作系统与技巧[M].北京:科学出版社,1991.
[4] 陈子典,李硕豪.应用文写作教程[M].长沙:暨南大学出版社,1993.
[5] 洪文明.财经应用文写作[M].北京:中国财政经济出版社,1998.
[6] 杨昌庆,夏晓鸣.现代实用文体写作[M].北京:中国档案出版社,1998.
[7] 徐江.写作原理新论[M].天津:天津人民出版社,1999.
[8] 陈虹,吴希艳.经济应用文写作教程[M].北京:中国财政经济出版社,2001.
[9] 张仲祥,彭书雄.经济应用文写作案例[M].北京:中国财政经济出版社,2001.
[10] 张元忠,杨君碧,简竟成.最新应用文体写作[M].武汉:华中科技大学出版社,2001.
[11] 戴德铸.现代公文写作教程[M].北京:中国大地出版社,2002.
[12] 程学兰.大学实用写作[M].武汉:华中科技大学出版社,2002.
[13] 闵庚尧.财经应用写作[M].北京:中国财政经济出版社,2003.
[14] 饶士奇.文书学[M].武汉:湖北科技出版社,2003.
[15] 霍焕民.应用写作[M].北京:中央广播电视大学出版社,2003.
[16] 罗昌宏商务文书写作新论[M].武汉:武汉大学出版社,2003.
[17] 李德华.财经应用写作[M].北京:中国财政经济出版社,2004.
[18] 李道荣,王梅芳.现代经济应用文写作[M].修订版.武汉:湖北人民出版社,2006.
[19] 宁致远.法律文书学[M].5版.北京:中国政法大学出版社,2007.
[20] 陈少夫,丘国新应用写作教程[M].6版.中山:中山大学出版社,2008.
[21] 郝立新.大学写作[M].武汉:华中科技大学出版社,2008.
[22] 赵福君.当代应用写作[M].北京:北京师范大学出版社,2009.
[23] 孟庆荣.应用文写作[M].广州:暨南大学出版社,2009.
[24] 许瑞蓉.职业应用文写作训练教程[M].重庆:重庆大学出版社,2009.
[25] 李国英.现代应用文写作[M].北京:首都师范大学出版社,2009.

[26] 赵涉芳.15 秒,让你的简历脱颖而出[M].1 版.北京:人民邮电出版社,2009.
[27] 郭冬.实用写作范例评点[M].北京:高等教育出版社,2009.
[28] 丁晓昌.应用文写作[M].苏州:苏州大学出版社,2009.
[29] 丁仕原,罗靖,王达.应用写作新编[M].长沙:湖南人民出版社,2010.
[30] 洪威雷.新编大学应用文写作[M].武汉:武汉大学出版社,2010.
[31] 焦东方,谢风来.文书拟写与处理[M].北京:科学出版社,2010.
[32] 邱平.新编应用文写作[M].2 版.广州:中山大学出版社出版社,2010.
[33] 张天来.应用写作[M].南京:东南大学出版社,2010.
[34] 邵青龙.财经应用写作[M].2 版.大连:东北财经大学出版社,2010.
[35] 成松柳.现代公关礼仪写作[M].武汉:武汉大学出版社,2011.
[36] 寿静心,张瑞.应用写作教程[M].北京:中共中央党校出版社,2011.
[37] 李小林.计划不该这么写——兼谈计划写作教学中学生易犯的毛病及诊治.应用写作[J]..2011,(2):48.
[38] 孟庆荣.邀请函和请柬的差异辨析[J]..应用文写作,2011,(5):29-30.
[39] 李威.漫谈致词的写作要求及技巧[J]..应用文写作,2011,(7):34-36.